"十二五"国家重点图书出版规划项目

中国通信史

（第四卷）

尼阳尼雅·那丹珠（白玉芳）著

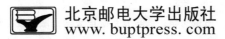

内 容 简 介

本卷叙写内容为中华人民共和国信息产业部、工业和信息化部领导下的中国通信事业进入市场化运营以来取得的成就。1998 年，邮电部撤销，成立了信息产业部，邮电分营、电信分营，原电信总局改为电信管理局，主管全国电信工作。2008 年，信息产业部撤销，成立了工业和信息化部，设电信管理局、通信管理局主管全国电信。2010 年 5 月 17 日，国际电联在上海世博会隆重召开庆祝国际电联成立 145 年的"国际电信联盟荣誉日"活动。2015 年 6 月，电信管理局改为信息通信管理局，中国电信业进入信息通信管理时代，中国通信业以全面现代化的通信科技、现代化的企业管理、国际化的电信资本运营模式、国际标准的网络制式，在国际电信联盟的世界通信网里，致力于连通世界，造福人类和平。

图书在版编目（CIP）数据

中国通信史. 第四卷 / 尼阳尼雅·那丹珠（白玉芳）著. -- 北京：北京邮电大学出版社，2019.4
ISBN 978-7-5635-5155-2

Ⅰ. ①中… Ⅱ. ①尼… Ⅲ. ①电信－邮电业－经济史－中国 Ⅳ. ①F632.9

中国版本图书馆 CIP 数据核字（2017）第 173617 号

书　　　名：	中国通信史（第四卷）
作　　　者：	尼阳尼雅·那丹珠（白玉芳）
责任编辑：	刘　颖
出版发行：	北京邮电大学出版社
社　　　址：	北京市海淀区西土城路 10 号（邮编：100876）
发 行 部：	电话：010-62282185　传真：010-62283578
E-mail：	publish@bupt.edu.cn
经　　　销：	各地新华书店
印　　　刷：	北京玺诚印务有限公司
开　　　本：	720 mm×1 000 mm　1/16
印　　　张：	19.5
字　　　数：	418 千字
版　　　次：	2019 年 4 月第 1 版　2019 年 4 月第 1 次印刷

ISBN 978-7-5635-5155-2　　　　　　　　　　　　　　　　　　　　定　价：88.00 元
・如有印装质量问题，请与北京邮电大学出版社发行部联系・

卷 首 语

1998年，邮电部撤销，中华人民共和国信息产业部成立。

邮电分营，电信进入市场化，电信市场新业务如雨后春笋般丛生。历经分分离离的拆分、重组、竞争洗礼的通信公司，致力于中国通信事业的持续发展，通信设施、通信网络、通信服务运营全面升级，中国的通信网络和用户规模，跃居世界第一位，发展速度也位居世界前列。

2008年，信息产业部撤销，工业和信息化部成立。在工业和信息化部的领导下，中国通信业完成了"八横八纵光缆工程""亚欧陆地光缆工程""村村通电话工程""乡乡通宽带工程"等国内和国际通信建设工程。其中，在全国边疆和农村地区进行的通信工程，是中国通信历史上继清代边疆地区电信初建、民国年间有所发展、中华人民共和国20世纪50年代"乡乡通电话"工程后进行的又一次世纪工程。这些工程的胜利竣工，使全国的自然村全部通上了电话，用上了计算机，边远和民族地区进入现代化信息通信时代，步入中华民族大家庭成员文化与经济交往、交流、交融，整体进步的康庄大道，在世界通信信息网里，演绎了中国通信历史的辉煌。

21世纪是中国和平统一大业来临的时代。在这个时代里，随着香港、澳门回归祖国怀抱，电信管理权由香港特别行政区政府管理，大陆与台湾之间敷设直通海底光缆，一张全面连通香港、澳门、台湾的中国信息通信网全面构架完成。这张信息通信网承载着一代又一代中国通信人开创建设中国电信网的沧桑，演绎着现代化信息通信网的辉煌。

2014年，国际电信联盟各成员国欢聚在中国上海世博会信息通信馆，隆重庆祝国际电信联盟成立150周年。此时走过百余年历史的中国通信业，已是移宫换羽，现代化的信息通信光芒，通过星罗棋布在中国大地山川的通信铁塔，通过连通世界的海底光缆、亚欧光缆，以日新月异的现代化信息通信传输方式，与世界各国电信/信息通信网络相连，传递着世界各国共同打造政治互信、经济融合、文化包容的利益共同体、命运共同体和责任共同体的信息，传递着世界各国人民交往、交流、交融，渴望世界和平，创造生存福祉的信息。

2015年，工业和信息化部所辖电信总局更名为信息通信管理局。信息通信管理局的成立，标志着电信时代的终结和信息通信时代大门的开启。曾经的电信时代远去。未来的信息通信时代将是承接以往，开创未来的时代。中国通信业任重道远！

序一

中国近现代通信文明信息的传递历史起源于清朝。

1861年,洋务运动兴起,清政府总理各国事务衙门成立,下设海防股,主管船政、电线、邮政、铁路。中国邮电通信管理体制由此发端。

1871年,丹麦大北电报公司水线在上海登陆,中国电文明信息的传递方式电报开源。从此开始,中国的电信事业之创始和建设发展,每一步都与国家命运息息相关,紧密相连。在八百里驿马与电报传递对比的弱势下,创业者们从一张白纸起步,以"一切用人行政始终保持独立精神,丝毫不受外力之束缚,实为此后我国电信建设树立良好之规模"为宗旨,开始了电信事业的建设。至清王朝逊朝,在邮传部的主持下,创业者们薪火传承地建立了中国第一张覆盖全国、连通海外的电报网;建立了电话、无线电网络;建立了电信教育体系;建成了可以仿制西方电报机的电信工业;为报纸媒体建立了新闻电报;为中国第一条铁路京张铁路架设了通信线路;在国际电信方面,首次列席国际电报联盟会议,挽回了国家通信主权,等等。其创业的过程可谓是开天辟地,惠泽千秋。

1912年,中华民国成立。在交通部的主持下,中国加入国际电报联盟与万国邮政联盟。在此时期,一代电信人以继往开来的接续传承建立了中国国际电台、全国广播网;收回了外国电报公司在中国收发商报的权利,挽回了中国电信业每年数百万元的电信利益。抗日战争爆发后,在国共两党共同组建的抗日民族统一战线上,中国电信业员工组成有线、无线通信队,随军作战,重新建立了国家通信干线网,开设了国际电台,建立了防空情报网、警报网;在沦陷地进行秘密通信,与大后方保持紧密的联系,源源不断地向世界传递中国抗日战争的信息,与全国人民共同迎来了抗日战争的胜利;成功地收回了原沦陷区的电信事业,接收了台湾电信,中国电信业也因此跻身于世界电信五强。

1949年,中华人民共和国成立。在邮电部的领导下,实现了邮电合一管理。至1999年,邮电分开。在五十多年邮电合一运营的历史里,中国邮电通信事业以"人民邮电为人民"为宗旨,发扬"独立自主,自力更生,艰苦奋斗,勤俭节约"的精神,以"自己动手,丰衣足食"的智慧,建成了全国统一运转、全程全网的邮电通信网络,建成了邮电教育、科研、工业体系,为中国航运、航天、广播电视、医疗救护、抗洪抗震通信网的建立输送技术人员和传递信息。在改革开放的年代里,中国的电信事业以"引进、吸收、消化、创新"之理念,进入国际电信资本运作,建成了中国卫星通信网、海缆通信网、数据通信网、程控电话网、光缆通信网、移动通信网、互联网。继1997年香港电信主权回归和1999年澳门电信主权回归后,大陆与台湾建成直达海底光缆,全面实现直接通电,一张全面现代化的信息通信网架海擎天，凝聚着海内外同胞"同为一个中华"的感情认知和心理认同。

在电信普遍服务上，中国通信业完全实现了市场化经营，实现了村村通电话，建立了国家宽带工程，使广大电信用户可以享受个性化、自由化的电信服务，中国的网络规模和用户总数在国际电信网里均跃居世界首位。如此之成就，是中国信息通信业依靠科技进步、跨越式发展得来的，更是依靠国家改革开放政策的扶持，依靠社会各界的支持，以及依靠全国通信业员工的努力工作造就的。

翻开《中国通信史》丛书，我们可以看到中国长达百余年的电信发展史实，电信网络以其承载的电信文化的科技性、网络性、前导性、多元性的特质，以信息沟通和传递的功能，记录并传播社会信息，隐形引领和支撑社会政治、经济、文化的发展与进步。一张电信/信息通信网络伴随着中国社会历史走过的道路，为社会民生的信息沟通服务，是传播政府管理、文化交流、国防建设、工业经济等信息的重要载体。因此，《中国通信史》丛书所叙写的不仅是一部电信史，还是中国社会史、文化史、经济史与军事史的一部分。

《中国通信史》丛书诚如作者所言，是电信业百年来一代又一代创业者、建设者、亲历者留下的真实历史资料。

一个半世纪以来，开源者草莽发轫，以电报开创中国封建社会信息传递方式的数千年之变；一个半世纪后的今天，我们薪火传承地建设了一张现代化的信息通信基础网。对于与众多同仁一起主持建设中国现代化信息通信事业的我来说，从这部作品里回望百年中国通信史之路，既对我们与通信工技人员曾经做出的努力和创造倍感欣慰，也深感中国通信业界人员作为社会企业公民使命的责任重大；同时也钦佩作者为出版本套丛书所付出的不懈努力。

在中国信息通信事业持续发展、科技日新月异的今天，走过一个半世纪的中国信息通信业，还有很长的路要走，愿与业界同仁共同缅怀历史，接棒再传，造福人类社会。

是为序。

吴基传

（原邮电部部长、原信息产业部部长）

序二

作为毕生从事通信事业的一员,很希望能有一本讲述中国通信发展史的书,曾经与有关同志说过此事,但一直未能实现,因此在知道白玉芳女士主动挑起了这个实现中国通信人共同愿望的担子时,欣喜之情不禁油然而生。

中国的现代通信事业是从处于半殖民地状态的封建王朝末期开始的,因此不像西方发达国家那样,随着技术的进步和业务的发展,基本上是一路顺风地前进的,而是历经坎坷,一步步走出来的。在向西方发达国家学习先进技术的同时,要与其作艰苦的通信主权斗争。由于中国通信人的努力,到中华人民共和国成立时,基本保存了全国性的通信网络,尽管规模容量很小,技术水平很低,但保证了全国政令、军令的通达。

中华人民共和国成立后,建立了自己的通信设备研发生产体系和通信人才教育培养体系,从国外引进了一些新的通信装备和技术(尽管受到较大限制),国家通信事业有了较快的发展。传输媒介从架空明线到地下电缆,后又到同轴电缆和微波;传输设备从只有几个电路的小容量系统到上千个电路的大容量载波系统;从电报自动转发到引入传真,再到海底电缆、数字通信、光纤通信、卫星通信等逐步展开,进步速度远超中华人民共和国成立前。当时我国实行的是计划经济体制,经济建设又碰到种种内外干扰,人民生活水平虽有较大提高,但仍处于低收入状态,因此当时的通信主要还是为党政军服务,经济、业务往来需求不大,个人之间的通信占很小的比重,并且主要靠电报,私人家庭电话是凤毛麟角。

改革开放迎来了中国通信事业的又一次巨大变化。当时有一句俗语"要致富,先修路",其中的"路"不仅是指交通,也包括通信,而且更迫切的是通信。经济体制逐步由计划经济向市场经济转型,这就要求提高效率和效益,同时实现农业转型、城市发展,所以大量农民工进城,突然爆发了全国性的大量人口流动,这就需要尽可能地满足他们与家庭的信息沟通。当时中国的通信人面临着前所未有的巨大压力,同时也面临着前所未有的发展机遇。在这样的条件下,电话普及率迅速提高,全国自动电话网快速建成。数字化、光纤化快速推进,经过十多年的努力,到20世纪末,中国通信网已面目全新,逐步向先进行列发展。目前无论在规模上还是在水平上中国通信网均处于世界前列。

概括地说,中国通信事业的发展可分为三个阶段:第一阶段(中华人民共和国成立前)是从无到有;第二阶段(中华人民共和国成立后到改革开放前)是从分散到集中;第三阶段(改革开放后)是由少到多、由差到优。发展进步的基本条件也有三个:第一是国家统一,领导坚强有力;第二是人民富裕,有了需求;第三是技术进步,即电子信息技术的超常快速进步、网络系统装备的加速更新换代,创造了有利于赶超的基础条件。正是几代中国通信人的不懈努力，成就了辉煌的业绩。

进入21世纪以来，中国通信进入了一个新的阶段，环境条件发生了很大变化，通信业本身也历经变革，体制上历经分合，增速上逐步趋缓，业务上新旧交替，发展前景似乎不清晰。

环顾世界，通信中标志性的几件大事都发生在西方国家，且大多在美国。在技术方面，从19世纪中期发明电报，后期发明电话，到末期发明无线电，美国开创了现代通信的基本方式。在体制方面，20世纪初，美国政府和美国电话电报公司达成基本垄断协议，世界各国大致循着这条路走下来了，区别在于美国是政府限定下的企业相对垄断，而很多其他国家是政企合一的垄断，包括中国在内。而到20世纪后期，又是在美国发生的几件事，引起了世界通信的变化。一是技术上发明了蜂窝移动通信和互联网：前者是通信方式的改变，极大地方便了用户使用，使用内容、使用范围有了巨大扩展，短短二三十年的发展就超过了固定电话百年的成绩，目前已远远超过并大大加快了现代通信在世界上的普及程度；后者则使通信从单纯的内容传递（中间管道）扩展到了两端，即信息源和信息应用，使信息成为一个完整的系统，并且日益渗透到经济、政治、文化、社会的各个方面。二是20世纪80年代初美国法院与美国电话电报公司达成协议，拆分美国电话电报公司，在原来自然垄断的体制中引入了竞争，由于自然垄断性质还在，所以实际上也还带有寡头竞争的局面。在美国的带头和坚持下，世界各国（包括中国在内）大多进行了体制改革，形成了多个企业并存、相互竞争的局面。三是这两点相结合，出现了互联网企业。互联网企业发展壮大后，产生了与通信企业的竞合问题。一方面，互联网企业是轻资产型企业，不会再投入大量资源去建设基础设施网，因此离不开通信网的管道，同时通信网已经建设的管道也离不开互联网这个大客户；另一方面，互联网企业体制比较灵活，创新速度快，其创新业务中有些与通信业务是同质或者替代关系，规模大了就对通信企业形成威胁，同时通信企业看到互联网企业的各种业务后，也想用自己的管道资源开展类似业务，但由于种种原因做得又不是很好。这个矛盾在世界各国都有，并已成为通信企业进一步发展的一道难题。随着国家改革步伐的推进和国企改革的深化，通信企业的改革局面面临新的考验。

展望未来，期许中国通信业界能以史为鉴，认真分析形势，认清事物本质，坚持改革开放，在新时期闯出一条新的发展路子，为中国通信业再创辉煌。本书作者查阅和引证了大量历史档案和资料，呈现了一百多年来中国现代通信发展的历程，既展示了巨大的成就，也不回避历经的困难问题，史料翔实、文笔流畅，再现了历代通信人的风貌，这是一个良好的开端，希望能引起更多人的关注，发掘出更多、更细的史实，供人们了解和思索。

朱高蜂

（原邮电部副部长、中国工程院首任常务副院长、中国工程院院士）

序三

不久前，很意外地收到了一封来自上海的中国满族作家尼阳尼雅·那丹珠（白玉芳）女士发来的邮件。素未谋面的她热情邀请我为她即将出版的《中国通信史》丛书作序。

中国电信业百年历史与中国近代百年史息息相关，并从一个侧面反映出中国百年由弱到强、由衰到盛的巨大变迁。我虽然对此一直关注，但见到的资料甚少，以丛书面世的更是难得一见。白玉芳女士自称是业余作者，也不是史志工作者，她的作品将是一部怎样的作品呢？

带着期盼，我尽快地浏览了白玉芳女士寄来的书稿。初读之后，我发现这是一部史实的、人文的、文学的中国近代通信史，全景叙写了中国电信业的百年事业发展之路，确是一本难得的好书。据我所知，她是当代电信人凭个人信念并以个人之力为中国百年电信写史的第一人。

在她的书稿中，扑面而来并洋溢始终的是她与生俱来的少数民族人士特有的热情、女性特有的细腻和社会工作者特有的敏感。此丛书立意写史，但史要守信，书应易读，把时间上前后百年、发展上错综复杂的电信发展史在有限的书籍中表现出来，还要让人信服，殊非易事。作者基于三十多年电信系统内工作的亲身经历，历时多年的辛劳，走访了很多业内人士，精心甄选珍贵资料，反复推敲，完成了《中国通信史》丛书的创作，她的努力实在难能可贵，我钦佩她的奉献精神，我为我们行业感谢她！

对于《中国通信史》丛书的出版，我向白玉芳女士表示衷心的祝贺，并希望白玉芳女士为我们行业创作出更多更好的电信文学作品。

赵厚麟
（国际电信联盟秘书长）

前　言

中国通信业发轫于清代洋务运动，颠沛流离于民国，繁荣于中华人民共和国。其百余年历史，留下大量历史资料于各地的《邮电志》《电信志》中。但是，由于政权的更迭、行政区划的变动以及电信行业的专业性，至本丛书前，没有贯通于中国通信业百余年历程的综合性叙述丛书。作为一名亲身经历，感知中国通信业巨变，由中国电信、中国移动通信培养的中国作家，有使命、有责任来记录中国通信业的百年历史。

本套丛书的体例和编写原则为：以编年体例撰写本套丛书，以时间为中心，按年、月、日顺序设立章节，结合国家重大历史事件中的电信史实与国际电信联盟电信技术开源历史记述电信历史事件，收录了电信同仁和电信用户的亲身经历，以此翔实记录电信社会的人文与科技历史。

关于本书的篇幅：以邮传部、交通部、邮电部、信息产业部、工业和信息化部的中国通信业管理体制划分为四卷，第一卷为1861—1912年；第二卷为1912—1949年；第三卷为1949—1997年；第四卷为1998—2016年。

本套丛书的通信科技定位为：列出中国通信业科技进程。中国通信科技进程分为如下三个阶段：一是清代从无到有的人工传递；二是民国年间从人工到中华人民共和国20世纪70年代半自动化的传递；三是中华人民共和国20世纪80年代到21世纪全自动化、信息化的传递。通过以上三个阶段的通信科技进步，中国通信业完成了电信的普遍服务，也实现了与国际通信网的全面对接。

本套丛书的主题定位为：致力于连通世界。中国的电信业源起于由鄂霍次克海而来的丹麦大北电报公司水线。中国电报发源于此。中国建成了遍布全国，连接欧亚、东南亚、东北亚的电报线。中国成为国际电信联盟理事国，为建设连通世界的中国通信网、国际通信网，为沟通世界人类文明做出了贡献。

本套丛书的社会人文历史价值定位为：一部中国社会历史与中国通信业历史相结合的史书。电信与邮政是中国通信业的主要内容，与中国社会文明史、世界人类文明史息息相关。中国百余年通信史，由一代一代中国通信业者继往开来，砥砺前行而创造。

由于一些条件的限制，本套丛书难免会有疏漏之处，敬请中国通信业前辈、同仁和广大读者批评指正。

本卷目录

(1998—2015 年)

凡例		I
第一章	**中华人民共和国信息产业部成立**	1
第一节	信息产业部的成立	3
第二节	国务院批准中国电信业重组方案	6
第三节	"1998"特大洪灾中的通信抢险	8
第四节	大陆与港、澳、台地区电信业务全面对接	11
第五节	国务院公布中华人民共和国电信条例	13
第六节	中国电信业专家任国际电联副秘书长	15
第七节	信息产业部出台电信服务标准与规范	16
第八节	通信管理局的成立与实施电信业监管	18
第九节	中国电信业入市与海外开拓	21
第二章	**中国电信业的历史性跨越**	25
第一节	互联网璀璨如锦	27
第二节	八横八纵贯通全国	29
第三节	国际光缆连接世界	32
第四节	移动通信漫游四海	34
第五节	卫星通信九天揽月	36
第六节	百年电报退出历史舞台	39
第七节	固定电话号码全面升位	49
第八节	长途电话人工接续制落幕	59
第九节	两岸首次携手推进信息产业技术共同标准	83
第十节	大陆香港台湾首度携手召开中国互联网大会	85
第三章	**中华人民共和国工业和信息化部成立**	87
第一节	工业和信息化部的成立	89

第二节	网络用户规模居世界之首位	91
第三节	电信科技点亮北京奥运火炬	92
第四节	海峡两岸签署四项协议	95
第五节	两岸空中双向直接通航	96
第六节	两岸海上直接通航	98
第七节	两岸直接通邮	99
第八节	两岸电信直通的人文记忆	102

第四章 电信业承担社会企业公民的职责 … 105

第一节	全面执行电信服务规范	107
第二节	非典疫病中送上温暖亲情	109
第三节	开展"村村通电话"工程	112
第四节	冰雪灾害中保持通信畅通	124
第五节	紧急抢通汶川大地震通信	127
第六节	履行企业责任送社会关爱	136
第七节	开展"乡乡通宽带"工程	142
第八节	菲特台风中的通信生命线	144

第五章 中国信息通信网辉煌耀世 … 147

第一节	两岸通信业界的交流与合作	149
第二节	国际电联在上海的世纪盛会	155
第三节	联合敷设厦门至金门海光缆	158
第四节	联合敷设福州至淡水海光缆	160
第五节	通信业进入移动互联网时代	165
第六节	主导全球信息通信标准领域	172
第七节	实施"宽带中国"战略方案	175
第八节	虚拟电信运营商进入电信市场	177
第九节	建立国家基础电信运营网络	182

第六章 中国信息通信网连通世界 … 185

第一节	共圆中华民族伟大复兴中国梦	187
第二节	服务全网的通信运营服务中心成立	189
第三节	中国电信业专家担任国际电联秘书长	190
第四节	TD-LTE技术成为全球共同演进方向	193
第五节	首届世界互联网大会在中国召开	201
第六节	中国国务院总理会见国际电联秘书长	204
第七节	电信/信息通信技术创造人类共同的未来	205

第七章	电信文明与中国社会	207
第一节	电信创建与中国社会变革	209
第二节	电信商用与中华民族形成	210
第三节	电信科技与中国工业经济	214
第四节	电信与新闻传播网络融合	217
第五节	电信垄断经营与三网合一	220
第六节	电信行政体制与国家管理	222
第七节	电信文明与中华多元文明	224
第八节	电信/信息通信光照世界	227
附　录	国际电信联盟与中国电信业沿革	233
附录A	国际电信联盟简介	235
附录B	中国与国际电信联盟	238
附录C	中国通信业管理机构及领导人	239
附录D	中国电信业的业务开端	245
附录E	中国电信业网络建设大事记	247
附录F	中国电报章程与电信条例	268
参考文献　图版文献		285
后记		288

表录

表1：1871—1998年电报种类、投递时间表	47
表2：1871—1990年普通电报资费表（部分）	48
表3：1882—1990年市内电话初装、月租费（以上海为例）	58
表4：人工长途电话接续顺序、接通时限表	79
表5：1923—1990年国内长途电话价目表（以上海为例）	80

凡　　例

一、《中国通信史》丛书所记述的是 1861 年至 2016 年中国通信业行政管理体制、业务管理体制的历史进程。本丛书所写内容的具体年代为清代、民国、中华人民共和国。

二、本丛书的中国通信业分为广义、狭义两个方面。广义上为邮政、电信、广播、航运、铁路、电视、航天通信、数据通信、网络通信等。狭义上为邮政、电信（含民国时期管辖的广播）。本丛书依据行业年代历史，分别以"电线""电信""邮电通信""信息通信"等名词叙写。本丛书叙写的内容为邮传部、交通部、邮电部、信息产业部、工业和信息化部管辖时期的电信和通信信息业务。

三、本丛书叙述的内容主要为电信国家管理体制和行政管理的建立和嬗变、电信网络和业务的初建和发展、电信科技和电信法制的递进和建立、电信运营和服务对象与方式的转变。另本丛书附有电信建设大事记、电信法规条例等历史文件的内容。

四、电报是电信开创之源。本书以美国发出第一封电报、丹麦大北公司电报水线在上海登陆为中国电信事业之开源，叙写清朝公众电报网、固定电话网、无线电通信网、长途通信网的诞生与日后现代卫星通信网、海缆通信网、移动通信网、互联网等信息通信网络的创建和发展。中国是国际电信联盟理事国，因此，本书还叙写了中国加入国际电信联盟，参与国际电信联盟组织的会议及活动等情况。

五、中国邮政事业与电信事业同为中国邮电通信历史中重要的组成部分。本丛书叙写了清代开创邮政总局、民国时期邮电营业合一、中华人民共和国邮电统一的过程，并简写了邮电分营、邮政总局划归交通部的历史情况。

六、本丛书引用了清代、民国历史史料中的内容，这些内容中有一些标点符号、字、词的用法不符合现在的使用习惯。例如，文中部分引用的原始资料在每个断句处都使用了句号，不符合现在的标点符号的用法，作者出于尊重的目的未对其进行改正。

七、本丛书引用了地方志中的邮电志、电信志史料，选用了清代电报诞生以来，电信历史事件与文字相配的线路图、机件图等历史图片，使用的统计数字来自清代、民国、中华人民共和国时期的电信类图书，电信历史事件的亲历者及电信客户的回忆；引用的电信学者之论点，见于其著作或者论文。本丛书使用了部分以上历史资料对于中国通信业的记录和评价。

八、本丛书各卷的章节布局按历史年代设置，部分卷的内容或有内容交叉。例如，1912—1949 年的电信网运营状况则根据当时的历史情况而综合设立章节，以求完整地叙述当时历史年代的中国通信业状况。

九、本丛书中使用的通信科学技术术语、名词、名称等，以清代以来有关电信书籍、资料刊登的为准，也采用社会习惯的俗称。

十、广播与电信业务关联，从1921年诞生至1949年皆由电信管理，因此本丛书就其开源与管理做叙述。本丛书简写了中华人民共和国成立后广播、电视中与电信关联的业务。

第一章

中华人民共和国信息产业部成立

> 1998年3月,信息产业部成立。合营百余年的邮电分营,中国电信事业的发展与建设在拆分与重组中进行……

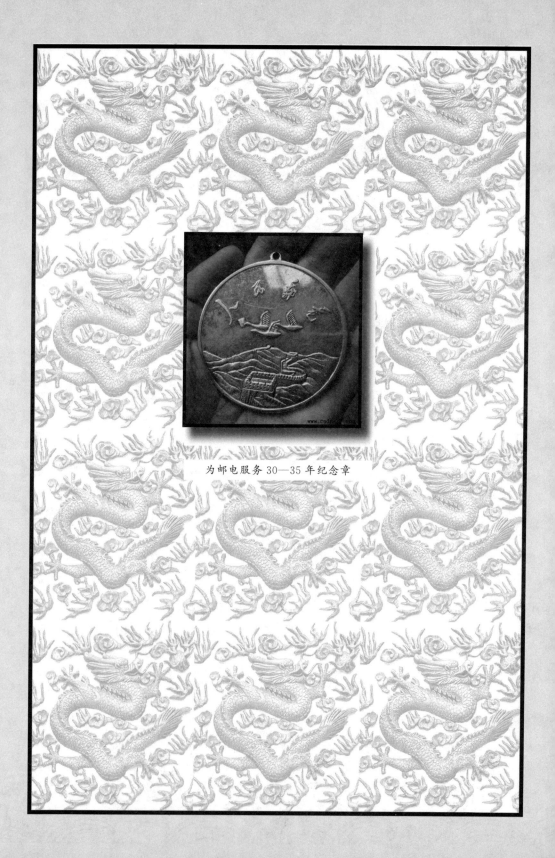

为邮电服务30—35年纪念章

第一章　中华人民共和国信息产业部成立

第一节　信息产业部的成立

1998年3月,第九届全国人民代表大会第一次会议审议批准国务院机构改革方案,在原邮电部和电子部的基础上组建中华人民共和国信息产业部。首任部长为吴基传①,第一副部长为刘剑锋②,副部长为杨贤足③、吕新奎④、曲维枝(女)⑤、周

---

① 吴基传：原邮电部部长。1998年3月任信息产业部部长。
② 刘剑锋：原电子工业部副部长。1998年3月—6月任信息产业部副部长。
③ 杨贤足：原邮电部副部长。1998年3月任信息产业部副部长。
④ 吕新奎：原电子工业部副部长兼国家信息化联席会议办公室主任。1998年3月任信息产业部副部长。
⑤ 曲维枝：1998年3月任信息产业部副部长。

信息产业部挂牌仪式

德强[1]。日后担任部长的有王旭东[2]，担任副部长的有娄勤俭[3]、张春江[4]、奚国华[5]、苟仲文[6]、蒋耀平[7]。

3月31日，信息产业部在北京西长安街7号正式挂牌。

信息产业部下设办公厅、政策法规司、综合规划司、经济体制改革与经济运行司、经济调节与通信清算司、电子信息产品管理司、电信管理局、无线电管理局、军工电子局、信息化推进司、科学技术司、外事司、人事司、驻部纪检组、监察局等部门。电信管理局下设综合处、业务资源处、市场管理处、互联互通处、服务质量监督处、电信设备管理处、战备应急通信办公室。电信管理局是对日后成立的全国各省、区、市通信管理局实行直接监督管理的机构。

信息产业部的主要职责是：研究拟定国家信息产业发展战略、方针政策和总体规划，振兴电子信息产品制造业、通信业和软件。对电信事业的发展目标是：推动电信业向信息服务型转变；加强电信法制建设，完善监管体系；加强业务创新，改善基础服务，丰富增值业务，发展互联网产业；

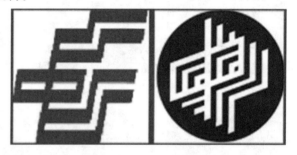

邮政总局标志　　中国电信标志（分家之初）

完善信息基础设施，推进"三网融合"；确保网络与信息安全，努力提高普遍服务水平。重点进行的工作是：不断提高综合信息服务水平；进一步加强信息基础设施建设；计划进行重大工程建设（集成电路、移动通信、TD-SCDMA、互联网、数字视听、宽带通信、电信普遍服务、网络与信息安全、加快信息产业"走出去"步伐、健全电信监管体系、营造良好市场环境等，全面推进中国通信事业建设）。

此时，中国电信业事业历经50年的发展，由电信以人薪火传承的科技发展，实

---

[1] 周德强：原邮电部副部长。1998年3月至2000年4月任信息产业部副部长。
[2] 王旭东：2002年11月任信息产业部副部长。2003年3月任信息产业部部长。
[3] 娄勤俭：1999年5月任信息产业部副部长。
[4] 张春江：1999年12月任信息产业部副部长。
[5] 奚国华：2001年11月任信息产业部副部长。
[6] 苟仲文：2002年2月任信息产业部副部长。
[7] 蒋耀平：2004年4月任信息产业部副部长。

现了1994年国际电联京都全权代表大会通过的国际电联历史上首个战略规划：提倡采取更为面向客户的工作方法和以国际电联成员日益变化的作用、需求和职能为中心的行动计划。中国电信业的电报、电话从主要为国家机关、军队、企事业单位服务的工具，成为普遍服务社会与民众的通信用品。

（1）传输设备。1998年全国局用电话交换机新增2 221万门，总容量达到1.35亿门；长途自动光缆线路总长度达到100万千米，其中，省际光缆干线总长度20万千米。全国长途传输数字化比重达到99.6%，局用电话交换机程控化达到99.8%。支撑网建设取得新进展，七号信令网、数字同步网、电信管理网基本建成。

（2）电话用户。1998年达到8 742万户（市话用户达到6 259.8万户，农话用户达到2 482万户），加上移动电话用户，全国城乡电话用户总数达到1.11亿户。全国电话普及率达到每百人10.64部，城市电话普及率达到每百人27.7部，其中，北京、天津、上海、南京、杭州、福州、武汉、广州、海口、昆明等省会以上城市已超过每百人40部。电话已进入千家万户，住宅电话比重达到79.8%。1998年，GSM数字移动通信网已覆盖330个地（市）和2 022个县（市），实现全国联网漫游，并与38个国家和地区的60家运营公司实现了自动漫游。

（3）国际通信。截至1998年年底，我国已与72个国家和地区的87家电信公司建立了直达电路，国际电信业务电路总数达到36 600条；国际及港澳台电信业务收入完成198亿元，比上年增长6.4%。除基本电话业务外，我国还与一些国家和地区开通了国际800业务、300业务及ISDN业务。大陆至台湾800业务、300业务及ISDN业务也已开通。

50年来，在人民邮电的大旗下，全国邮电职工兢兢业业、恪尽职守，自力更生、艰苦奋斗，在共和国前进的社会历史进程里，在20世纪50年代至70年代，为祖国建设了一个覆盖全国的有线长途网络。20世纪80年代至90年代，努力学习、刻苦钻研，走引进、消化吸收和自主创新相结合的道路。在短短的20年里，以通信科技的发展和职业忠诚，服务于社会各界，使我国的

中国邮电科技奖章　　邮电部劳动模范奖章

通信技术在广度、深度上获得了革命性的提升。中国一代又一代的邮电通信职工，继往开来，接力传递，用50年的时间，建立了与世界电信网同步发展的中国通信网，创造了中国邮电通信事业的辉煌历史。

1998年，因毛泽东主席题词而诞生的"人民邮电"分为邮政、电信。根据邮电部下发的1997（175）号文，为长期在邮电岗位上工作满30/35周年的26万名职工

颁发了荣誉奖章、证书。奖章图案上方为毛主席题写的"人民邮电",下方是鸿雁在万里长城上空飞翔,背面是"献身邮电 30/35 周年",中间为邮电标志。每一位获得者都视其为至爱珍宝,因为那是邮电人一辈子为中国邮电事业工作的荣誉象征,具有深远的纪念意义。

邮电合一的历史结束了,中国电信事业开始了新的路程。在信息产业部的统一领导下,随着世界电信市场的进一步竞争,通信科学技术的进步,中国电信业界将在持续进行的电信市场化改革中,以通信科技缩小数字鸿沟,更高层次地推进电信普遍服务。这是人类社会发展的一个历史使命,更是中国电信业的使命。

信息产业部的成立,标志着中国的电信事业以百余年的电信科技之路,完成了中国传统电报、市话、无线电、长途电话网全面转向现代化的架构,由电报起源的中国电信业,进入信息通信时代。

第二节　国务院批准中国电信业重组方案

1998 年 6 月,信息产业部在组织大规模的邮电分营的同时,亦进行电信体制改革方案的调研、论证、设计工作。根据国务院的意见,信息产业部组织内部相关司局以及中编办、国务院法制办的有关人员专程赴美国、德国、英国等国考察,详细了解世界电信业的发展、改革和监督走向。

8 月,信息产业部将原中国电信所属的数千家寻呼子公司剥离,组建国信集团公司(后整建制划入联通)。中国电信本身的重组拉开序幕。

9 月信息产业部向国务院呈报电信重组的初步方案。朱镕基总理、吴邦国副总理在这个方案上做了重要指示,建议国务院相关部门在听取电信重组方案汇报前,应多听听不同方面的意见,包括信息产业部内部的不同意见。

10 月 13 日下午,国务院副秘书长石秀诗主持召开座谈会,征求对中国电信改革方案的意见。国家计委、经贸委、财政部、信息产业部、广电总局、中编办、总参通信部以及航天总公司、联通公司的负责同志和部分专家参加了讨论。

在讨论中大家认为,电信改革方案必须充分体现政企分开、转变职能的原则,使企业真正成为市场主体,同时使信息产业部真正作为国务院管理全国信息产业的职能部门,站在国家立场上,对整个行业进行公开、公平、公正的监管。

与会各单位在中国电信重组方式问题上取得共识:不宜按地理区域横向分界中国电信;有必要保留一个有活力的主体电信企业,建设国家主体电信网,并为参与国际竞争做准备。大家认为,在保留主体电信企业的同时,还必须进一步破除垄断,广泛引入竞争机制,创造公平有序的竞争环境①。

---

① 吴基传:《大跨越——中国电信业三十春秋》第 319 页,人民出版社,2008 年 11 月版。

第一章　中华人民共和国信息产业部成立

11月4日上午，朱镕基总理亲自主持会议，专题研究中国电信重组问题。国务院副总理李岚清、温家宝、吴邦国，国务委员吴仪、王忠禹，国务院副秘书长石凯、石秀诗，以及国务院10多个部门的负责人参加会议。

听取了吴基传部长关于电信重组方案的汇报后，朱镕基总理做了重要讲话。他肯定了重组方案在政企分开、鼓励竞争等方面的进步，要求信息产业部作为行业主管部门，不仅要研究系统内部企业的发展问题，还应该统筹考虑铁道、电力和广播电视等各方面通信能力的合理配置。李岚清、吴邦国几位副总理也对重组方案发表了重要意见。会后，信息产业部按照会议精神，对重组方案进行进一步研究修改完善。经过几上几下的反复论证、修改，国务院通过电信重组方案，信息产业部加快了组织实施步伐。

1999年3月，移动通信业务开始从中国电信剥离，7月，全国移动通信资产和人员的整体剥离工作基本完成。中国移动通信集团开始独立运作。

4月，信息产业部宣布批准中国电信、中国联通、吉通三家公司进行IP电话业务试验。同月，由中国科学院、广播电影电视总局、铁道部、上海市政府投资联合成立中国网络通信有限公司①。8月6日，中国网络通信有限公司获得国家工商局颁发的营业执照，开始正式运营。

1999年12月和2000年1月、6月，国务院分别批复了中国移动通信集团公司、中国电信集团公司和中国卫星通信集团公司的组建方案。

2000年3月4日，信息产业部向中国联通、中国电信、中国移动、吉通公司、铁通5家电信企业颁发了IP电话经营业务许可证。使用IP电话卡可以以各公司的拨入号拨打国际、国内长途电话，这是新生的互联网和传统的电信业务的第一次融合。电信用户可以使用IP电话卡，在任何地区的市内电话上拨打长途电话、上网。IP电话业务既是各电信公司进入电信市场的一个起点，也是现代网络通信技术对传统电信业务的介入，对于电信业界来说，是一个新鲜事。

5月16日，中国移动通信集团公司成立。

5月17日，中国电信集团公司成立。

2001年3月1日，铁道通信信息有限公司成立。

12月19日，中国卫星通信集团公司成立。

中国电信集团公司、中国移动通信集团公司成立大会

---

① 中国网络通信有限公司：（俗称小网通）主要承担高速互联网络示范工程的建设和运营工作。

截至2001年年底，全国经营基础电信业务的企业有中国电信、中国移动、中国联通、中国卫通、中国网通、中国铁通、中国吉通7家。经营增值电信业务的企业达到4 000多家。其中，中国电信占51.2%；中国移动占38.1%；中国联通占10.3%。IP电话通话时长的市场份额为：中国电信76.3%；中国联通18.1%；吉通公司3.2%；中国网通2.4%。

2002年年初，国务院成立了由中组部、中央企业工委、国家计委、国家经贸部、财政部、信息产业部等领导组成的电信体制改革工作小组，根据国务院《关于印发电信体制改革方案的通知》，经过5个多月的筹备，将原中国电信所属南方和西部21个省（区、市）的固网资产留在中国电信公司。

将原中国电信所属北方10省（区、市）的固网资产与网通、吉通两公司合并，重组为中国网通集团公司。至此，历经50多年建成的统一运营、全程全网的通信网南北拆分，一分为二，新一轮电信重组方案完成。5月16日，重组后的中国电信集团公司、中国网络通信集团公司成立。他们与中国移动通信集团公司、中国联通集团公司、中国铁道通信公司、中国卫星通信公司共同运营，在中国电信市场形成"4＋2"格局。

六大电信公司的标志分别为：

中国电信　　中国网通　　中国移动　　中国联通　　中国铁通　　中国卫通

2004年年初，铁通由铁道部移交国务院国有资产监督管理委员会（国资委）管理，并更名为中国铁通集团有限公司，作为国有独资基础电信运营企业独立运作。卫星通信公司接办寻呼业务。

至此，中国电信业形成了由中国电信、中国网通、中国联通、中国移动、中国铁通、中国卫通六大电信运营商的竞争格局。

第三节　"1998"特大洪灾中的通信抢险

1998年夏季，由于气候异常，暴雨频频，中国多地遭受严重洪水灾害。特别是长江发生了自1954年以来最大的一次全流域性特大洪水，东北嫩江、松花江也暴发了超历史记录的特大洪水。据不完全统计，全国受灾面积3亿多亩，受灾人口2亿2 000多万人，直接经济损失2 000亿元人民币。灾区的通信线路遭到严重破坏。截至1998年8月31日，湖北、湖南、江西、黑龙江、吉林、内蒙古、福建、安徽、河北、重庆等省、市、自治区邮电部门的经济损失达17亿元以上。

在这特大洪水暴发的时刻,党中央、国务院领导带领全国人民紧急抗洪救灾。江泽民主席、朱镕基总理亲临抗洪第一线视察,指挥抗洪救灾工作。近三十万名解放军和武警官兵火速赶往灾区,同沿江数百万干部群众一起日夜奋战,与洪水展开殊死搏斗。"人在堤在,誓与大堤共存亡"的口号声响彻云霄。与此同时,中国举国上下、地不分南北、人不分老幼,纷纷捐款捐物,支援灾区;港澳同胞、海外侨胞也与祖国人民心连心,踊跃为灾区捐助。此外,国际社会也伸出了援助之手。

此时的抗洪抢险,急切需要通信畅通的保证。信息产业部立刻对全国抗洪通信工作紧急部署,信息产业部发出紧急通知,要求各地邮电部门立足于防大汛、抗大灾,把汛期通信保障纳入重要工作日程,切实加强领导,做到常备不懈。吴基传部长打电话给江西、广西一些受灾严重的省区邮电部门领导,详细询问各地汛情、灾情,并代表部党组向战斗在抗洪抢险第一线的广大邮电职工表示亲切慰问,希望他们进一步发扬团结协作精神,做好打持久战的准备,在抗洪抢险保通信的同时,认真做好其他各项工作,夺取抗洪和业务发展的全面胜利,并在一份抗洪情况的记录上批示:"抗水灾、保通信",体现了我们职工队伍能打硬仗。

信息产业部领导在抗洪一线

洪水灾害来临,部长吴基传,副部长杨贤足等领导亲赴抗洪抢险第一线,指导灾区通信保障工作。信息产业部派出三个工作组(由司局长带队),赴灾区帮助解决困难和问题。全国电信部门向灾区调拨各类应急通信设备147套,包括移动通信、数字微波、无线接入、海事卫星电话等。信息产业部向灾区提供资金补贴2.7亿元,全国电信部门向灾区调拨各类物资、器材价值达10多亿元,信息产业部门的机关、企事业单位和广大干部职工向灾区捐款、捐物近2亿元。

在电信总局防汛办公室的统一部署下,全国各地电信部门责无旁贷地担负起抗洪救灾保证通信的重任,各省各局均成立了以局长为组长的防汛指挥领导小组,建立了汛期昼夜值班制度,局长亲自参加值班。各主要专业成立了抢险突击队,人员、车辆、器材随时处于待命状态,一声令下,立即出动。北京、沈阳、四川、广东、

移动电话是抗洪抢险的重要通信工具

福建等机动通信局携带着便捷式微波设备10套、900M车载移动设备2套、海事卫星设备54台发电车两台等设备共71台（套），赶赴灾区。据信息产业部资料，为在抗洪救灾中保证通信畅通，全国电信部门共投入价值为近亿元的应急通信设备478台（套）。

在受灾区，各级邮电领导干部都坚守在一线抗洪，受灾各局均成立了抗洪抢险应急小组，紧急抢修受损设备。湖北、湖南、江西、黑龙江、吉林、内蒙古等灾区的应急通信队在洪水发生的第一时间，冲上了抗洪抢险的第一线，哪里的通信联系有困难，哪里的通信线路有危险，哪里就有他们的身影。他们不辞辛苦背着通信器材和设备，不畏艰难，在洪水里奔波，以移动电话、海事卫星通信等通信设备，在抗洪第一线架起了一条条连接党中央与人民群众心心相连的生命线。

如内蒙古扎乌通光缆干线被冲断，全扎鲁特旗只能靠一部短波电话与外界联系，哲盟邮电局长王德和员工们背着几百斤重的通信设备，冒雨走了10个半小时的路，终于将线路重新连接起来。又如在武汉，嘉鱼牌洲湾民垸溃口后，邮电通信员工坚守岗位，在道路冲毁、固定电话中断的情况下，死守死保移动通信基站，确保了移动电话畅通，为抗洪救灾提供了有力的支持。

1998年的抗洪救灾，前后长达三个月的时间，在滔滔洪水里，邮电通信员工以职业使命为抗洪救灾提供通信保障。他们的辛勤工作，换来了一句句发自老百姓内心的"电断了，水断了，路断了，只有电话没有断"。"只要电话没有断，希望就不会断，只要听到党中央的声音，就有了战胜洪水的信心！"的话语，那是老百姓对通信业的最高褒奖。

各电信公司抗洪抢险保障通信工作受到了各级党政军领导、防汛指挥部门和社会各界的高度赞扬和充分肯定，地处重灾区的湖北邮电部门，在洪涝灾害面前奋勇拼搏，表现突出，受到湖北省委、省政府抗洪抢险"第一号嘉奖令"的嘉奖。

在抗洪大堤上提供免费移动电话服务

第四节 大陆与港、澳、台地区电信业务全面对接

1999年12月20日零时,中葡两国政府在澳门文化中心举行政权交接仪式,国家主席江泽民宣告:

中国政府对澳门恢复行使主权,澳门回归祖国。

澳门电信原由葡萄牙管理,1930年与上海国际电台建立了直达无线电路,经营电报业务。1945年以后,上海与澳门恢复了通信联系,广州与澳门也有直达通信联系。澳门回归后,澳门电信①划归特区政府管理。

此时的欢乐,与澳门于1947年建立的广州至澳门无线电报电路②相连;与香港1998年春节庆贺回归的贺岁烟花汇演相连,那年,是香港特区政府通信事务管理局办公室对电信进行主权管理的第一年。

1999年,随着澳门的回归,澳门电信由香港特区通信事务管理局办公室管理。大陆、香港、澳门、台湾电信业实现了电信业务全连通。

大陆"139"数字移动电话网与台湾远传电信③、大哥大电信④、和信电信⑤、东信电信⑥、泛亚电信⑦全面开通联网漫游业务。

那年春节,一场由中国电信香港有限责任公司与香港电信公司赞助的贺岁烟花汇演璀璨开幕。是夜,第二幕"网网相连天地欢"的主题是:网网生辉,声传千里,万星旖旎,火珠幻舞,星河舞曲,爱的呼唤,银花霓影,寰宇奇观,心心相连,飞跃星河。在"Star Trek-the Wrath of Khan,Contradanza,Star Trek-the Voyage Home"的背景音乐中,姹紫嫣红,神秘梦幻般的焰火,如热烈盛开的牡丹,如俏丽美艳的紫荆,绽放在维多利亚港上空。丝丝缕缕、纵横交错的焰火,如千条万条的线,如遍布天际的网,敷设在浩瀚的星空,那是一张银色的电信网。它恢宏广阔,隐约中,仿佛可见大陆和香港、澳门、台湾的报务员、话务员、投递员、线务员的身影,他们穿行在浩瀚的网络间,化声光为笔,化图像为纸,正在描绘着一张全面连通的中国电信/信息通信网。

随着香港、澳门电信主权回归,台湾与大陆电信业界的连接更为紧密。2002年6月

---

① 澳门电信在回归前与大陆地区的通信由广州承担。其本地电信由澳门邮电司辖管。1981年9月29日,澳葡政府与大东电报局签订20年的专营合约,成立澳门电信。这是澳门第一个提供电话通信服务的企业,对于澳门回归后届满的专营合约,由澳门特区政府批准续期10年。
② 广东省地方志编纂委员会:《广东省志·邮电志》概述及第837页,广东人民出版社,1999年2月版。
③ 远传电信股份有限公司,1997年1月取得两张行动通信特许执照(GSM900与GSM1800),1998年1月正式开台。远传电信股份有限公司由远东集团与美国AT&T合资成立。
④ 台湾大哥大股份有限公司于1997年2月25日设立,是第一家取得GSM1800系统特许营运执照的民营电信公司,亦是第一家于台湾证券交易所上市的民营电信公司。
⑤ 和信电信于1997年1月13日获得营运筹设许可,后与远传电信合并。
⑥ 东信电信股份有限公司于2004年6月被台湾大哥大购并。
⑦ 泛亚电信股份有限公司于2002年7月被台湾大哥大购并。

26日，信息产业部发布《国际通信出入口局管理办法》，规定2002年10月1日起，与香港特别行政区、澳门特别行政区和台湾地区的通信，参照国际通信管理办法施行。

《国际通信出入口局管理办法》的酝酿和出台的时间里，大陆、香港、台湾电信业喜事连连。

一、大陆和香港

2000年12月3日，根据中国驻日内瓦代表团大使乔宗淮代表中国政府与电联秘书长内海善雄在日内瓦签署《国际电联与东道国协议书》，国际电信联盟2000年亚洲电信展在香港隆重开幕。这是国际电联第一次在中国举办的电信展。国际电信联盟高级官员、香港特区政府主要官员、各参展国通信部长和500家国际知名参展商代表及各国专家等共3 000多人出席了开幕式[1]。

2006年，第10届世界电信展在中国香港举办。这是世界电信展自1971年创办以来首次在日内瓦以外的城市举办[2]。回归祖国后的香港获得了这一历史性的殊荣。据媒体综合报道：12月4日—8日，由国际电信联盟主办的第十届世界电信展在香港隆重召开。这是国际电联有史以来最大的一届电信展，备受全球人士的瞩目。国际电信联盟秘书长内海善雄、香港特别行政区行政长官曾荫权、本年度诺贝尔和平奖获得者穆罕默德·尤努斯出席开幕式并致辞。全国人大委员长吴邦国在会上讲话，信息产业部部长王旭东针对媒体关注的中国电信业重组传闻，以及中国3G牌照发放政策做了详细解答。来自全球的600多家信息通信企业参加了展会，其中约1/3为中国内地企业，包括华为、中兴等在内的设备企业展出了最新的技术产品，代表中国国产3G标准的TD-SCDMA联盟展台更是成为展会关注的焦点。国际电联秘书长内海善雄在致辞时充分肯定了中国在ICT领域的发展成就。他说，中国已成为世界最大的电话市场，并即将超过美国成为最大的宽带、互联网市场，中国电信业的发展对世界电信业的贡献率达到20%，是行业创新的源泉[3]。

二、大陆与台湾

2000年5月25日，国际电联在墨西哥召开第四届亚太经合组织电信和信息产业部长级会议，中国信息产业部部长吴基传在接受海峡两岸新闻媒体采访时说，"随着现代电信技术的发展，海峡两岸间的电话、电子邮件等业务现在都可以直接开展，两岸直接'三通'（包括通航、通邮和通商）。这也是许多在祖国大陆投资的台湾同胞的心愿"。他呼吁，"为增进台湾海峡两岸间通信领域的合作，应在一个中国的原则下尽早实现两岸间的直接'三通'"[4]。

2001年9月10号，上海电信公司与台北中华电信公司互开两对互联网直通电

---

[1] 人民网香港12月3日电，特派记者陈少波报道：《国际电信联盟2000年亚洲电信展在港开幕》。
[2] 《回首世界展感受祖国巨变》国际电信联盟标准化局局长赵厚麟暨2006世界电信展前夕寄语。
[3] 内海善雄：《2006年世界电信展重要组成部分的世界电信论坛》致辞。
[4] 中国台湾网：《吴基传部长呼吁台湾海峡两岸直接"三通"》，中国台湾网：吴基传部长呼吁台湾海峡两岸直接"三通"人民网香港12月3日电 特派记者陈少波。

路，一对是 20M，一对是 45M[①]。

2003 年 2 月 18 日，上海电信公司开通两岸双向"新视通"。7 月，中国电信与中华电信两岸网际网路的互联作业相连不再经由美国的线路中转。

至此，大陆、香港、澳门、台湾电信网直接通电，电信业务对接工作全面完成。

海峡两岸通电工作正式进入中国通信业高层交流。2003 年 8 月 25 日，应台湾信息工业策进会和台达公司邀请，中国电信总局副局长常小兵率领 15 人代表团赴台湾交流访问[②]。在"海峡两岸信息与通信产业发展前景研讨会"上，常小兵副局长代表中国电信作"中国电信发展概况"的报告，受到与会者的欢迎。在亲如一家的友好气氛中，双方就今后两岸通信业的合作进行了探讨和展望。

第五节　国务院公布中华人民共和国电信条例

2000 年 9 月 25 日，《中华人民共和国电信条例》正式实施。

起草电信条例的路，从中华人民共和国成立之日起，走了 50 年。

1949 年，中华人民共和国成立以来，有关国家电信条例的法律解释、法律规定，至改革开放，当时除了一个由国务院和中央军委联合发布的《通信线路保护条例》以外，国家没有出台任何关于电信市场管理的法律和法规[③]。

1988 年，原邮电部电信总局转入新成立的部政策法规司，并负责起草《电信法》。时间过去了 10 年，由于中央尚未就电信管理体制作出决策，《电信法》只能在原有的体制框架内草拟，草案虽几易其稿，但始终都无法摆脱政企合一的桎梏，以致一直未能够通过部际协调这一关，更无法获得报请国务院送全国人大审查的机会。

1998 年 9 月，信息产业部电信管理局召开局务会议，决定草拟一份《电信市场的管理条例》。次月，报送部政策法规司。法规司在审查后决定以此为基础，将相关局司的管理职责吸纳，扩大管理范畴，提升法规层次，以《电信管理条例》的名义出台。随后，信息产业部开始积极与国务院法制办进行沟通，提出了在《电信法》出台前，先制定《电信条例》的建议。国务院法制办同意信息产业部的思路，并支持《电信条例》尽快出台，以应电信监管之急需。

为了借鉴国际电信立法经验，信息产业部组织电信立法考察团，赴美国、法国、德国进行考察，并对美国、日本、韩国等国家的电信法进行了深入研究，同时还与国务院法制办一起深入广东、福建等地电信企业进行现场调研。

12 月，信息产业部召开部长办公会议，讨论并通过了《中华人民共和国电信条例》草案，完成了电信条例内部起草的程序。

---

① 见原上海长途电信局 2001 年国际电路统计表。
② 中国电信 2003 年大事记。
③ 吴基传：《大跨越——中国电信业三十春秋》第 363 页，人民出版社，2008 年 11 月版。

1999年,电信条例开始进行部际协调。信息产业部将电信条例印发国务院所属的49个部、委、局、办,广泛征求意见。39个部门按时反馈了修改意见,其中有不少的建设性意见可以直接采纳。广电、计委、财政、质检、建设、工商等部门,从各自角度提出了一些有关权限划分的建议,信息产业部从电信的网络特性和服务特点出发,进行了耐心细致的解释,在国务院的协调下,与有关部门在大部分问题上达成了共识。

对于电信的定义,出席协调会的各部委和法学专家明确表示支持草案的写法,因为其符合技术发展要求,又有全国人大关于国务院机构改革方案作依据。1999年12月8日,信息产业部将历经18个月,20多稿的《电信条例》及广电部门的意见一并上报国务院。

2000年5月15日上午9点,国务院副总理吴邦国在国务院第三会议室主持召开会议,研究电信立法及地方通信管理体制问题。参加会议的有国家计委、财政部、人事部、法制办、中编办、中组部等部委的领导。会上,吴基传部长汇报了电信条例的有关情况,并就电信的定义提出"电信定义应该按国际电联统一的表达写"的意见。与会各部委表示赞成。吴邦国副总理在会议总结时明确地说:电信定义问题,还是要按照国际电联统一的说法,应包括语音、数据传输和图像传输等内容,不要去掉图像,网络统筹规划与行业管理还是要按照九届全国人大一次会议通过的国务院机构改革方案和国务院的文件办,电信网络应包括广播电视传输网规划。

2000年9月20日,国务院召开第31次常务会议,审议通过了《中华人民共和国电信条例(草案)》。25日,朱镕基总理签署第291号国务院令,《中华人民共和国电信条例》正式发布实施。

电信条例的出台,确立了电信行业监管的八项重要管理制度:

电信业务许可经营制度;电信网间互联调解制度;电信资费管理制度;电信资源有偿使用制度;电信服务质量监督制度;电信建设管理制度;电信设备进网制度;电信安全保障制度。尔后,国家又相继出台了《互联网信息服务管理办法》《关于维护互联网安全的决定》《外商投资电信企业管理规定》等,信息产业部以《电信条例》为依据,亦陆续出台了30多项配套规章,使电信法制逐步丰富、完善。

电信条例的正式颁布,在中华人民共和国电信史上具有里程碑的意义:

一、这是中华人民共和国的第一部综合性的行政法规,它结束了中国电信业基本无法可依的历史,标志着电信业进入了依法监管的历史时期[①]。

二、它总结了电信业的改革实践和发展经验,确立了电信改革发展的原则、方向和方针。条例中体现了政企分开、公平执行法、保护竞争、支持创新、发展科技、与国际接轨等原则。

三、从实际出发制定的经营许可、互联互通等八大制度,成为规范电信业的统

[①] 吴基传:《大跨越——中国电信业三十春秋》第367页,人民出版社,2008年11月版。

一准则,保证了电信业的持续健康发展[①]。

第六节　中国电信业专家任国际电联副秘书长

改革开放以来,中国通信事业持续稳步蓬勃发展,成就举世瞩目。1998年10月,国际电联三大组织之一的标准化局领导人改选,经中国政府推荐,由吴基传部长率团赴日内瓦助选,中国电信业专家赵厚麟当选为国际电信联盟电信标准化局第一位非欧洲籍局长,改变了一直由西方发达国家人士形成电联领导层的格局。

赵厚麟毕业于南京邮电学院,并在邮电部设计院负责电传、数据通信、非语音传输、电话交换、移动网络,参与制定各种通信网络国家标准,参加邮电部的北京—上海—杭州干线工程等国内网络重大工程规划、设计和建设。具有丰富的电信专业知识和电信行业管理经验。

1986年,赵厚麟进入国际电信联盟国际电报电话咨询委员会秘书局工作,负责国际电信联盟SG7(数据网络和开放系统通信)和SG8(远程发送器服务终端)的工作,负责协调国际电联电信标准化部和国际标准化组织、国际电气电子技术委员会及美国国际标准化组织、国际电气电子技术委员会联合技术委员会之间的协调。第二年他被该组织聘为终身职员,他是国际电联成立以来聘用的第一位中国籍终身职员。

赵厚麟(左一)与国际电信联盟官员合影

2000年5月,世界无线电大会正式批准了中国向国际电联提交的TD-SCDMA的3G标准提案。这是我国百年电信史上第一次向国际电联提出的完整的电信系统标准。会上,这份提案在16个国家提交的候选提案中脱颖而出,正式成为国际电联认可的三大国际3G标准之一。次年3月,TD-SCDMA又被具体负责标准制定的

---

① 高仰止:《转型期的邮电改革》第625页,文汇出版社,2013年5月版。

3GPP 组织接纳，成为 3GPP 标准的重要组成部分[①]。

2006 年 11 月 6—24 日，国际电信联盟（ITU）第 17 届全权代表大会在土耳其安塔利亚举行。这是 ITU 作为联合国负责国际电信事务的专门机构，在信息社会世界峰会之后召开的首次全权代表大会，各国给予了高度重视。土耳其总理埃尔多安出席了开幕式并致辞。来自 ITU 191 个成员国中的 164 个国家共计 2 017 名代表和相关国际组织、区域性电信组织及 ITU 部门成员的 93 名观察员出席了大会[②]。

为期 3 周的全权代表大会审议通过了 ITU 未来四年的战略规划、财务规划和运作计划以及各国关注的重要问题，形成了 59 项决议和 3 项决定，修订了 ITU《组织法》和《公约》的相关条款。

本次大会的一项重要工作是将选举产生新一届国际电联总秘书处领导班子。总秘书处的使命是向国际电联成员提供高质高效的服务。总秘书处对国际电联的活动进行行政和财务管理，包括提供大会服务，规划和组织大型会议，提供信息服务、安保服务，开展战略规划和行使以下机构职能：宣传、法律咨询、财务、人事、采购、内部审计等。总秘书处下设部门为：秘书长办公室、战略规划和成员部、人力资源管理部、财务资源管理部、国际电联电信展览部秘书处、大会和出版部以及信息服务部。

本次选举中，竞选秘书长的参选国分别为美洲区的巴西、欧洲区的德国和瑞士、非洲区的突尼斯和马里、亚洲区的约旦。副秘书长的竞选参选国有四个。中国在这次大会上竞选副秘书长和理事国。信息产业部王旭东

赵厚麟当选为国际电信联盟副秘书长

部长亲自率中国代表团参会助选。在激烈的竞选中，赵厚麟以 93 票的绝对优势，当选为国际电信联盟副秘书长。这是国际电信联盟成立 140 多年以来，第一位由中国籍人士担任的高级官员。人们纷纷向赵厚麟表示祝贺，他说：是中国电信业的辉煌成就和成功的国际开放战略，让中国电信人在国际电信舞台上拥有了话语权。

第七节　信息产业部出台电信服务标准与规范

至 20 世纪 90 年代末，随着 20 世纪 70 年代以来电信网络和传输方式的进步，

---

① 吴基传：《大跨越——中国电信业三十春秋》第 307 页，人民出版社，2008 年 11 月版。
② 综合媒体报道。

由电报而起的全国电信网络,发展成为传递社会经济、文化、公众信息必不可缺的传播基础网,基本实现电信普遍服务。电信服务的方式从电信业务到服务内容都已发生了历史性的变化,原有的服务方式呈现不适应之态势。

回顾中国电信服务规范标准建立走过的路程:由清代创建制初的电信基本服务,20 世纪 40 年代而起的社会监督服务;50 年代确定了"迅速、准确、安全、方便"服务方针;60 年代的调整管理措施,提高服务质量,改善服务;70 年代的以通信为中心,提高服务质量;80 年代的职业道德教育,端正邮电局风;90 年代的树邮电新风,创新邮电服务。

百年来的电信服务方式可分为三个方面来体现。

一、营业模式。由清代单独的电报局门店营业,专为用户拍发开始,至民国期间,电信营业厅综合办理电报电话业务,主要大城市实现部分旅社、宾馆代办,用户付押金,可拨打长途台挂号办理,大城市长途台设立电信服务热线,推出咨询邮电业务咨询。20 世纪 50 年代,全国各地邮电局所统一办理电报、长途电话业务,另在大城市开办传呼电话代办,全国各地各大旅社、宾馆代办长途电话。80 年代起,企业、宾馆、住宅电信用户登记使用用户电报、长途电话直拨。90 年代末,关闭长途台,固定电话、移动电话开放国内长途电话直拨业务;登记拨打国际长途电话。

二、资费标准。清代中国电报总局首次统一制定国内电报价目。20 世纪 30 年代制定长途电话按空间距离收费标准。50 年代中华人民共和国制定全国统一的电报和长途价目。80 年代制定移动电话、数据通信收费标准。90 年代制定互联网收费标准;IP 电话卡投入使用,长途电话费用开始发生变化,并最终实行电信资费市场化。

三、出账方式。由清代起至 20 世纪 80 年代前,统一实行册报方式,电信费用以由营业厅、长途台人工记账出报,账务室人工册账,向用户提供账单,不提供清单,用户至电信局营业厅或银行转账支付。至 90 年代,先是使用计算机人工输入记账,用户付费可查询索取清单,尔后实现电信账单自动化出账,并按用户要求出具账单,使用详细清单,用户也可持有效证件至营业厅,或上网查询使用的相关费用详情。

电信分营后,信息产业部于 2000 年出台《电信服务标准(试行)》。至 2005 年,经第八次部务会议审议通过《电信服务规范》,对电信服务进行规范。根据信息产业部制定的电信服务规范,各大电信公司执行服务规范要求,改进服务方式,使电信服务出现新的局面,就服务客户方面来说,主要体现在两个方面:

一、各大电信公司开出服务热线。中国电信(10000);中国移动(10086);中国联通(10010);各大热线以中、英文为用户提供咨询和办理业务的自动和综合服务。各大公司营业厅统一办理本公司各项业务,同时,亦开出合作营业厅。

二、推行大客户服务。电信分营后,新的企业机制和竞争格局下,各电信公成立了大客户服务工作的大客户事业部，建立了统一的大客户三级营销服务管控体系和营销团队，理顺了内部前后台管理流程，推出了一系列服务举措，以提升大客户营销服务水平，更好地满足大客户综合化、多样化和个性化的通信需求。以一站式全程服务贯穿于一点业务受理、一点故障申告、一点计费结算、一点技术支持的内涵，使大客户服务在全国范围内形成统一的品牌和形象，客户在任何地方都能得到统一标准的服务，共享全网的服务资源。

第八节 通信管理局的成立与实施电信业监管

随着中华人民共和国电信条例的出台，中国电信重组的方案已日趋明朗，电信企业独立运营在即，建立一个垂直管理的电信管理机构箭在弦上。信息产业部向国务院提交了《关于地方信息产业机构及通信管理问题的请示》。

《关于地方信息产业机构及通信管理问题的请示》的主要内容为：根据国务院机构改革精神，实行政企分开后，国家对通信业必须实行集中统一管理。提出了组建地方通信管理机构的基本设想，即有条件的省（区、市）可参照组建信息产业部的模式统一设立信息产业厅，但在信息产业厅下应单独设立"通信管理局"，不具备条件设立信息产业厅的省（区、市），必须设立通信管理局，通信管理局实行信息产业部和所在省双重领导，以信息产业部为主的领导体制。国务院领导在这个请示上作了重要批示，指出：鉴于通信管理体制问题涉及地方政府和广电等部门的职能，建议信息产业部先广泛征求相关部门的意见，再由国务院专题会议研究决定[①]。

2000年2月13日，吴基传部长与中编办张志坚副主任进行会谈，达成了两个共识：一是为保障国家通信与信息安全，通信业一定要实行集中统一管理；二是通信业要防止垄断，也要反对重复建设。关于组建通信管理局的准备工作启动。4月初，信息产业部组织将赴监管岗位的部分省（区、市）负责人在杭州举行了座谈会。中旬，信息产业部在北京召开了其余21个省（区、市）管理局负责人座谈会。

5月15日，吴邦国副总理主持召开国务院专题会议，研究通信管理体制问题。吴基传在会上重点汇报了通信业为什么必须由中央集中统一管理：

一、通信业的特点是全程全网，联合作业。通信网络和业务不受行政区域限制，主要通信企业也是全国性的，紧急通信、重要通信要实行全国统一指挥调度。通信行业还必须实行全国统筹规划，以保障全国通信网络畅通和东中西部地区协调发展。因此，通信管理体制必须与之相适应。

---

① 吴基传：《大跨越——中国电信业三十春秋》第368页，人民出版社，2008年11月版。

二、通信属于敏感性行业。随着网络经济的发展和电信市场放开，通信网络与信息安全越来越成为关系国家主权与安全的重要问题。特别是中国面临着加入世贸组织后的挑战，通信业更要实行以中央为主的集中统一管理，而不是放下管理权。

会上，吴基传部长还以世界各国的普遍做法为例，强调通信统一监管的必要性。吴基传部的汇报得到了与会领导的赞许，吴邦国总理说："我的意见，电信还是要由中央集中管理。"出席会议的领导也纷纷表态，认为电信管理的事权集中到中央比较好，并就通信管理体制的具体组建拟定单独设立省（区、市）通信管理局。

8月21日，信息产业部在深圳举办全国电信宏观管理培训班。这是第一次依法进行行政管理电信的专业培训。为期5天的会议期间，与会人员进行了有关电信条例、电信市场管理、电信服务质量、电信网间互联、电信发展研究、码号资源分配、通信设备认证、网络信息安全等14个专题报告。

8月24日下午，朱镕基总理主持召开第77次总理办公会议，审议通过了地方通信管理机构的组建方案。

9月18日，国务院下发《关于地方电信管理机构组建方案的通知》〔国发（2000）26号〕，明确指出：

电信业实行信息产业部与所在省、自治区、直辖市政府双重领导，以信息产业部为主的管理体制。全国电信管理工作由信息产业部直接领导。省、自治区、直辖市设立通信管理局[①]。

随后，信息产业部召开了全国邮电管理局局长座谈会，会上提出了电信兼管要转变的"八个观念：转变电信管理模式；树立有效竞争，用户第一的模式；把电信业放在国家经济、文化和科技发展的大背景中去认识；加强与地方政府其他部门的相互协作，切实做好网络安全工作等"。

组建通信管理局的工作在全国各省（区、市）启动。11月22日，湖北通信管理局在全国率先成立。随后各省通信管理局纷纷成立。2001年8月全国通信管理局全部组建完成。8月17日，信息产业部与国际电信联盟在海南沟通举办"电信竞争管制与互联互通研讨会"，全国31个省（自治区、直辖市）的通信管理局局长参加了会议。这是全国通信管理局组建后召开的第一次全国性会议。

全国各省（自治区、直辖市）通信管理局成立后，在信息产业部电信管理局的领导下，依法对电信与信息服务实行监管，提出市场监管和开放政策；负责市场准入管理，监管服务质量；保障普遍服务，维护国家和用户利益；拟订电信网间互联互通与结算办法并监督执行；负责通信网码号、互联网域名、地址等资源的管理及

---

① 吴基传：《大跨越——中国电信业三十春秋》第369页，人民出版社，2008年11月版。

国际协调；承担管理国家通信出入口局的工作；指挥协调救灾应急通信及其他重要通信，承担战备通信相关工作。其中对进入竞争的电信运营商和电信市场进行监管的主要工作如下。

一、建立运营商互联互通关口局之间的传输环网

各大电信公司进入竞争以后，签订了网络互联互通协议，实现了物理上的网络互联。但在硝烟四起的电信竞争中，为了各自的利益，人为阻断网络互通互联的事常有发生，曾经全程全网的全国通信网出现了人为阻断网络互通互联的情况，据有关资料统计，1998—2004年，上报到信息产业部的阻断互联恶性案件达540多起，至少影响到1亿人次用户的正常使用，造成10亿元的直接损失，20亿元的间接损失。2001年，江苏通信管理局率先在全国提出建立运营商互联互通关口局之间的传输环网计划①。2002年1月，首批连接江苏电信、江苏移动、江苏联通6个地市的关口局传输环网陆续开通。此网的开通，使管局对企业网络资源的调度情况一目了然，建立了有效的电信网络监督管理，解决了各运营商间互联通道中的电路资源准备，使电路的及时开放有了资源上的保证，避免了互联互通中的矛盾与问题。

二、建立全国31个省级网间结算及互联互通监测系统

2002年，江苏省通信管理局在汇报互联互通问题时，认为造成互联互通的关键是监管部门不能有效掌握通信企业之间网间电路和话务量使用情况，向信息产业部建言：建立一个独立于电信企业的公用电信网间互联交换局。信息产业部经过研究，决定依托7号信令网，建设全国31个省级网间结算及互联互通监测系统。该系统于2003年10月正式实施，2005年6月30日全部建成并投入使用。通过该监测平台，监管部门对各运营企业的网络运行情况明察秋毫，为互联互通提供了有力的监管②。

三、建立电信资费管理监管机制

电信市场化后，电信资费开始发生巨大变化，如长途电话价格，从以往的按千米按分钟计算，改为按秒计算，并实现统一定价，如以往边远省份到北京为1.00元/分钟，上海到苏州为0.20元/分钟，更改后，统一为0.07元/秒。随着电信事业的发展，家家有计算机、电话，人人有手机，用户使用电信资费呈现飞速增长之势，以秦皇岛市统计局数字为例：至1980年，城市住户平均每人每月通信费用的支出为0.02元，1984年秦皇岛被列为沿海开放城市的当年，仅上升到0.04元。至2007年200户市民抽样调查资料显示，以每户2.67人计算，年通信消费达到525元。

---

① 亦称为高层传输环网计划。
② 吴基传：《大跨越——中国电信业三十春秋》第378页，人民出版社，2008年11月版。

四、建立电信资费改革总体目标

电信的普遍使用，使电信资费成为社会普遍关注的敏感话题。2004年电信管理局根据信息产业部确定的资费改革总体目标进行了以下主要工作：（1）进一步将定价权下放给企业。同时要求各集团公司切实肩负起资费管理的责任。（2）对国内、国际和中国港、澳、台长途电话和移动电话的国内漫游费、固定电话营业区间通话费实行上限管理。（3）在全国范围内推行对移动电话实行单向收费的资费方案。（4）实行手机漫游费上限标准新方案。（5）推动降低固定电话音乐区间通话费。

一系列监管举措推动了电信资费的明显下降，使老百姓享受到了更多的实惠。据统计2007年整体资费水平比2002年下降53%，其中，移动资费降幅超过60%。同时，在电信管理局领导下，全国各省（区、市）通信管理局在服务于社会经济发展，服务于民生的电信监管工作中，还开展了"畅通网络、诚信服务""诚信服务、放心消费""阳光绿色网络工程"等主要工作。

正是建立了从信息产业部电信管理局到各省（区、市）的电信垂直管理体系，有效地开展了电信建设的统筹规划、资源共享、协调发展、协调设计、兼顾安全等一系列持续长效的电信监管，保持了全国通信网络安全运行，电信服务逐步改善、电信市场日趋繁荣、电信用户对资费改革基本满意的良好局面。

第九节　中国电信业入市与海外开拓

20世纪90年代起，因全球性的世界贸易组织（简称WTO）的成立[①]，全球经济结构发生改变，世界范围内经济体的兼并与重组风生水起，通信全球化也波涛汹涌。欧、美、亚各大电信巨头和分散的企业，通过兼并组合，形成新一批具有强大竞争实力的巨型企业集团，形成了由美国AT&T、日本KDD、新加坡电信、中国香港电信、澳大利亚电信组成的"世界伙伴（WOrld Partners）"联盟；美国Sprint、法国电信（FT）、德国电信（DT）组成"全球通信一体化（Global One）"联盟；美国MC和英国电信（BT）合并，成立"协力（Concert）"巨型电信……呈现出重新划分国际电信运营范围的态势。

在通信全球化浪潮中，中国电信业也在进行入市和重组，如何面对入市？著名电信专家高仰止先生在《转型期的邮电改革一书》中论述道：

WTO推进了电信全球化的趋势，为了适应这个新形势，各国电信业近年来出

[①] 世界贸易组织，1994年，关贸总协定乌拉圭回合部长会议上决定成立更具全球性的世界贸易组织，简称WTO，以取代成立于1947年的关贸总协定。其为当代最重要的国际经济组织之一，拥有160个成员国，成员国贸易总额达到全球的97%，有"经济联合国"之称。

现了大兼并、大重组的浪潮，原先分散经营的企业纷纷合并，电信企业越搞越大。目的很明显，就是要增强国际竞争力，争夺海外市场。从分散到联合、从国内竞争到国际竞争，这是全球电信业改革的大方向。与这个方向形成明显对照的是，我国电信业的重组，采取了肢解的方式，即所谓"四分五裂"方案（指中国电信一分为四，加上联通成五块）。这个改革方案或许对活跃国内电信市场经济有些好处，但对于"入世"后应付国外竞争者挑战来说是绝对有害无利的。中国电信本身实力不强，总资产不过日本NTT一家的三分之一，如果按照有些人的想法，再对中国电信进一步"横切""竖切"的话，那么除了便于国外竞争者各个击破以外，实在很难解释它的用意所在了。有一种议论，说是中国电信长期垄断经营，缺乏竞争意识和竞争经验，现在把它拆开后，组织他们相互竞争，这样一来就可以锻炼队伍，能更好地对付国外竞争。这种议论恐怕谁都不会相信。电信业应当改革，当前的改革要服从于"入世"这个大局。一切背离这个大局的改革都是不可取的。我们应当以中国电信为主体，实行大联合，组建自己的航空母舰，努力维护国家公用电信网的完整性、统一性和先进性。国内通信业间应当建立既竞争又合作的伙伴关系，通信业、广播电视业以及信息设备制造业间更应当紧密携手，风雨同舟[①]。

此时，由20世纪80年代初开始的中国复关谈判，经关贸总协定签署了《服务贸易总协定》（GATS），而移交到此后成立的WTO，各成员国开始聚焦中国金融、旅游、电信三大领域。WTO的相关规定，其135个成员中有37个要求与中国进行双边谈判。在电信贸易谈判中，究竟哪些不能让？哪些可以让？可以让多少？信息产业部从保护国家利益的高度出发，本着原则性与灵活性相结合的态度，为中央决策提出参考建议：

电信是涉及国家主权与信息安全的战略性行业，我们的底线是要守住两个关键点：一是涉及国家主权与安全的国际关口局的控制问题。二是电信企业的控制权，即外资比例问题，通行的做法是外资不超过49%。对此，中央和外经贸部都给予了支持与认可。

2000年5月19日，中国外经贸部二楼会议厅举行中国与欧盟签署双边协议仪式。中国正式加入WTO。根据我国加入世界贸易组织时的承诺，国内电信市场对外资开放的时间表公之于众：

增值服务（无线寻呼）至2003年，外资比例可达到50%。移动服务至2003年，外资持股比例可达到49%。固话服务至2004年，外资持股比例可达到25%，开放城市为北京、上海、广州。至2006年，外资在固话等基础电信业务公司中的持股比例可达到35%，开放区域扩展到14个省会城市和经济发达的城市。至2007年，取消地域限制，电信领域外资持股比例可达到49%。

入市两年多来，中国电信业有效地把握着电信市场开放的力度，使开放的中国电信业进一步与国际电信业接轨。中国电信业保持了持续快速发展的态势，截至

---

① 高仰止：《中国电信对外开放需注意六大问题（1999年）》第535页。

2003年年底，全国电话总用户数达到5.32亿户，其中固定电话达到2.69亿户，均分居世界首位；互联网上网人数7 800万人，居世界第二位，在全球电信业持续低迷的环境下，中国电信业的非凡成就，受到世界瞩目。其主要成就如下。

一、国内电信公司全部进入国际资本市场

随着邮电体制改革的推进，各通信运营商都加快了海外上市的步伐。中国电信、中国移动、中国联通、中国网通先后在香港及海外发行股票并上市，进入国际资本市场运作，成为世界电信大家庭里引人注目的成员。具体的时间段为：2002年中国电信股份有限公司在香港、纽约上市；中国通信服务股份有限公司于2006年分别在纽约证交所和香港联合交易所挂牌上市，首次公开发行股票31.5亿股，筹资56.5亿美元。后随着国内电信公司的重组而调整。2008年10月15日中国网通红筹公司、中国联通红筹公司成功合并，中国联合网络通信有限公司宣告成立。

二、收购外国电信公司资产和股份

2004年，中国电信收购了美国、日本、欧洲多家公司的多条国际海缆，总容量达66.4GB。2005年中国网通与北京奥林匹克广播公司（BOB）正式签订了合作协议，正式落实了传输权利。同时与140多家国际电信运营商建立了业务往来。2006年，中国联通公司与美国高通公司共同出资组建"联通博路"公司，与韩国SK电讯公司共同组建"联通时科"公司，并先后获得了澳门CDMA漫游、CDMA3G牌照及经营澳门本地业务的许可。2007年1月，中国移动通信集团继收购香港华润万众、入股凤凰卫视之后，宣布收购巴基斯坦第五大电信运营商巴科泰尔有限公司88.86%的股份。另外，中国移动公司还入股台湾远传电信（占总股数的12%），并与True Corporation Public Company Limited（简称"True Corporation"）签订战略合作协议。

三、设立海外公司网络运营本土化

中国电信、中国网通先后在北美设立公司，中国电信建立中国电信美国公司、香港公司、欧洲公司、新加坡公司、中亚代表处。其中中国电信美国公司实施了连接美国华盛顿、旧金山、洛杉矶和纽约的ChinaNet的延伸工程，实现了ChinaNet的美国本土化，并分别与西南贝尔、环球电信、德国电信、法国电信等海外主流运营商实现了对等互联，建设了ChinaNet网。中国移动成立香港有限公司，成为全港首个PCS流动网络商。

四、电信设备制造业进步迅速

中国自主研制的SCDMA技术、WiMax宽带无线电接入技术先后成为国际电信3G标准和4G候选频段；电信设备制造业也进步迅速，至2007年，我国的电话交换设备从1978年传统的步进制、纵横制的95%，进步到全部数字化、程控化的技术水平。1978年时还没有的光传输设备、软交换设备、移动通信设备等，国产化比例也都超过了95%，实现了中国电信业跨越历史的飞跃。

走过改革开放30年的中国通信业，以资本运作的方式走出国门，实现了中国通

信业跨国经营零的突破,并迅速形成姹紫嫣红花满园之势。从改革开放之初"引进来"的战略打开了中国电信业对外开放的大门,把国外的资金、技术、管理经验引进来,取我所需,为我所用,如今,历经30年的努力,中国电信业和平崛起,融入全球通信业经济一体化的浪潮之中,屹立潮头,高歌前行。

中国电信纽约上市

中国联通纽约上市

中国移动辛姆巴科公司获巴基斯坦"总统奖"

中国移动与 True Corporation 签约战略合作协议

第二章

中国电信业的历史性跨越

　　随着卫星通信、移动通信、光缆通信等重大通信建设工程竣工，中国电信业通信网络辉煌焕新，中国电信业的成就世界瞩目。

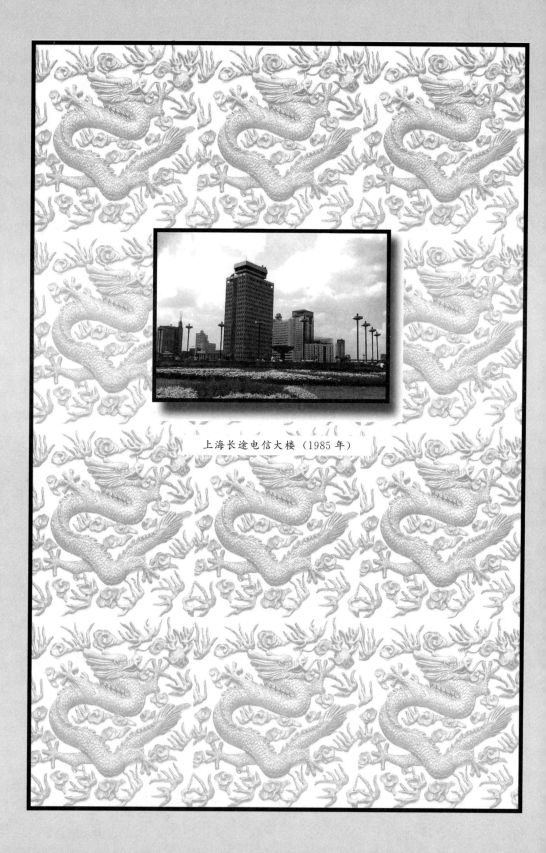

上海长途电信大楼（1985 年）

第二章 中国电信业的历史性跨越

第一节 互联网璀璨如锦

1998年3月18日,中美45MB因特网在上海开通。7月,中国公用计算机互联网(CHINANET)骨干网二期工程开始启动。二期工程将使八个大区间的主干带宽扩充至155MB,并且将八个大区的节点路由器全部换成千兆位路由器。中国公用计算机互联网的快速发展,吸引着大批海外留学归国人员、全国各大中城市的互联网创业人员。网络概念的股票漫天飞,电子信箱、BBS、新闻门户、个人主页等,中国的互联网建设如日中天。

克林顿在上海"3C+T"网吧上网

是年7月1日,美国总统克林顿来到上海陕西南路上"3C+T"网吧。在这里,他和上海复旦附中的学生一起在网上浏览了上海博物馆、上海复旦附中、上海美国中学的网页。如果说1972年的尼克松访华,中国让世界从卫星通信的信号上看到了中国古老长城的烽火台,那么,在26年后的那天,中国让世界看到了从烽火—电报—电话—移动电话—数据网络的信息通信之路;让世界看到了在世界高速信息公路上,一个多元文化的中国正在崛起,在这个美丽的国度里,人们在互联网、在固定电话网络和移动电话网络里,演绎着文化的替代更新,创造着信息的旋转舞步,展示着信息世界绚丽多姿的风采。

1999年1月,以中国电信业作为主要实施部门的"政府上网工程启动"大会在北京举行。同年年底,中央机关国务院各有关部委建立的站点超过66家,政府域名突破了2500余家。随后,中国电信业继续推出"企业上网工程""家庭上网工程"等互联网建设,使中国互联网稳健快速发展,一时间网博会、网洽会、电子商务等名词成为诸多企业的工作用语;网络学校、网上购物、网上炒股等逐渐被人们所熟悉。

中国的互联网发展使世界通信业折服。门户网站新浪、搜狐、腾讯成立;网络游戏运营商盛大成立;搜索引擎公司百度成立;电子商务公司成立;电子阿里巴巴成立;中华网以第一支在海外上市的中国概念网络公司股在纳斯达克首发上市;招

27

商银行成为国内首先实现全国联通"网上银行"的商业银行①；等等。互联网上真可谓是春风杨柳，花团锦簇。

1999年2月，国际电信联盟的全球电信标准化大会上，中国提出将IP互联网技术纳入信息网络的主导技术，推动国际通信标准的战略调整的意见被采纳，使国际电联技术标准作出了一个根本转变，长期以来被ITU确定为网络演进方向的"宽带综合业务数字网（B-ISDN）和ATM技术被实际放弃，IP网正式替代电路交换方式的宽带网，成为国际电联的国际标准，宣告了互联网将成为未来信息高速公路的主流技术基础。从此，国际电联8个最前沿的国际通信技术标准研究组把研究的方向全部转向IP。

中国移动正式推出"移动梦网创业计划"

2000年，在全国"社会信息化、信息网络化、网络应用化、应用社会化"的高潮中，中国移动通信与新浪等四家互联网服务商合作推出了"奥运短讯"合作的新模式。这是移动通信与互联网的首次嫁接，催生出海量的业务。11月10日，中国移动"移动梦网创业计划"正式发布。创业计划将为各SP提供公平、开放、共赢的商业运营环境，以其统一品牌、统一政策、统一技术、统一服务的旗帜，将众多SP招至旗下，在梦网平台上提供多样化的内容服务。在这个平台上，移动增值业务长产业链逐步建立。

2001年春节，上百家SP通过"世纪祝福"活动开始提供上千种"移动梦网业务"。是年的短信业务量达到159亿条。与之相呼应的是互联网的丰收。2002年第

---

① 中国通信学会编著：《中国通信学科史》第314页，中国科学技术出版社，2010年4月版。

四季度的财务报告中,代表国内互联网产业的三大门户网易、搜狐、新浪相继对外宣布盈利,中国互联网告别了烧钱时代,进入盈利阶段。在纳斯达克,三大门户网站的股价较一年前增长了几十倍。至2004年,10月26日,在海外上市的12家中国互联网公司股票市场价值总和达到了100亿美元。短短两年多的时间里,中国网络概念股的市场价值增长了十多倍。分析这12家互联网公司的收入组成,以"移动梦网"为主体的增值业务,占据了50%以上的收入。

移动梦网开启了中国通信业与互联网互联共赢的运作模式。而后,中国联通推出了"联通在线"无线数据业务,通过其自身的网络,联合搜狐、新浪、网易、首都在线等颇具知名度的ICP,向其手机用户提供基于短消息平台的订阅和点播业务。中国电信推出了"互联星空"计划,充分利用互联网数据中心等资源,加强与互联网内容提供商、应用提供商的合作,建立信息业务发展生态链,使之成为一个功能强大、统一标准的业务支撑平台。中国网通也与内容供应商紧密合作,面向广大互联网普通消费者提供各种丰富的增值业务。

网络的出现使文学领域的文风又一次发生革命。与19世纪的电报间接地推动改变了八股文也许是同出一辙,网络文学兴起,青少年们的网络语言精彩纷呈,错别字也屡见不鲜,让人好笑,让汉语学家担忧。网恋也走进人们的爱情,网聊、网爱、闪婚、闪离成为网络虚拟社会的一道道风景。在网络世界里,信息通信无所不在,通过网络信息的传播,文化的更新快节奏地进行着,天体科学和地球环境都已不再神秘,生命科学和认知科学发生裂变,东西方文化相互交汇、碰撞、融合、发展,世界各民族之间的认同性在虚拟世界和现实中如万花筒般旋转,呈现出世界化、全球化的景象。

第二节 八横八纵贯通全国

"八横八纵"光缆网是中国通信建设史上光耀华彩的一章。

八纵是:一、哈尔滨—沈阳—大连—上海—广州;二、齐齐哈尔—北京—郑州—广州—海口—三亚;三、北京—上海;四、北京—广州;五、呼和浩特—广西北海(工程总长4000千米,投资8亿多元,1998年3月全线贯通);六、呼和浩特—昆明;七、西宁—拉萨(工程总长2454千米,投资6亿多元,1998年7月全线贯通);八、成都—南宁。

八横是:一、北京—兰州(工程总长2052千米,投资4亿多元,1996年全线贯通);二、青岛—银川;三、上海—西安;四、连云港—新疆伊宁;五、上海—重庆;六、杭州—成都;七、广州—南宁—昆明;八、广州—北海—昆明。

"八横八纵"光缆网建设始于1997年。是年6月22日,按照中央军委的命令,成都军区、兰州军区派出的3万余名官兵开赴施工一线，担负兰西拉光缆通信工程的挖沟、放缆、回填土石方作业任务。这条光缆的施工难度在世界通信建设史上绝无仅有，整条光缆线路90%以上在高海拔区，要经过荒无人烟的柴达木盆地，翻越气候恶劣、严重缺氧的昆仑山和唐古拉山，施工条件异常艰苦。

在施工期间，官兵们每天要工作12个小时，他们不顾高原缺氧、烈日暴晒和冰雪飓风的袭击，抢镐挥锹大干。在沼泽地段施工的官兵，被蚂蟥、毒蚊叮咬得浑身是伤，面部肿胀溃烂，大家用衣服包住头部后继续战斗。在光缆过河截流施工中，官兵们不顾高原河水冰冷刺骨，奋勇跳入激流，组成人墙，不少官兵当场晕倒在水中，被扶上岸休息一会，又跳入河中投入战斗。"拦冰河战严寒高原作证，显神威展雄风昆仑为伍。"这副贴在兰州军区某部汽车帐篷上的对联，展示了施工部队官兵敢于战胜一切艰难困苦的大无畏英雄气概。这条施工难度最大、平均海拔3 000米、穿越高寒冻土区的兰西拉光缆，仅用了68天就完成了2 700千米全线光缆敷设任务，创造了中外通信建设史上的奇迹。

邮电部直属中国通信总公司下属的北京工程局、第一、第二、第三、第四、第五工程局的职工干部和部队官兵一起，战斗在光缆施工工地上。工程开工前，为了确保在严重缺氧的海拔5 000米的现场正常工作和光缆接续质量，通信建设总公司安排第二工程局先期进行光纤熔接试验。副总工程师任亚林带领13名同志，在生命的禁区——唐古拉山地区圆满地完成了这一艰难的试验任务，为工程的顺利施工提供了可靠的数据。

在施工工程中，通信建设四局在海拔4 800米的五道梁施工，因为高原反应19个人有16个被送下了山，第二工程局的处长段宝育，因感冒而引发肺水肿，送到医院抢救，第五工程局的医生张雪梅放下家中的幼子，毅然随队进藏，成为参加西藏高原光缆工程的唯一女性。在机房建设中，邮电部电信总局分管建设的副局长裴爱华，针对低温建设机房的困难，想出了在机房外先搭建起巨大的帐篷阻挡寒风，再在帐篷里盖房子的办法，完成了建设机房的任务。

兰西拉光缆工程竣工开通仪式上的中国通信工程建设队伍

第二章 中国电信业的历史性跨越

1998年8月7日,兰西拉光缆工程竣工开通仪式在海拔5 231米的唐古拉山山口隆重举行。信息产业部部长吴基传、总参通信部部长袁邦根少将为纪念碑揭幕,国务院副总理吴邦国通过电话对光缆的开通表示祝贺,并向参加光缆建设的全体邮电干部和职工、解放军指战员以及沿线各级地方政府和人民群众表示亲切慰问[①]。2000年10月27日,广州—昆明—成都的通信光缆干线正式通过竣工验收。历时8年、总长达8万千米的"八横八纵"光缆干线网全部竣工投产。

竣工后的通信光缆给全国各族人民带来福音。仅据西藏自治区社会科学院专家组对"八横八纵"光缆网中的兰西拉光缆干线一年的跟踪研究表明,兰西拉光缆通信工程,对西藏地区国民经济的贡献率已达93%,成为继青藏公路、青藏输油管道之后的西藏自治区的第三条"生命线"。

而今,一座由二十多块重达100余吨的红色花岗岩组成,高8米的"军民共建兰州—西宁—拉萨光缆通信干线工程竣工纪念碑",耸立在海拔5 231米的唐古拉山山口。碑的下部是紧握风镐的解放军战士和手持电话的邮电建设者的雕像,碑背面刻有藏汉两种文字的题记,基座上雕有藏族的吉祥八宝图案。回首唐代,文成公主远嫁吐蕃,曾在这里留下她金轿上的莲花座,一段藏汉和亲的故事千古流传;回首清代,当年为平定西藏、满洲、蒙古、汉、达斡尔、鄂伦春、鄂温克、锡伯等清军将士在拉萨、西宁等地与藏族同胞一起,在西藏架设电线,进行战事,维护祖国的民族统一和领土完整。而今,这一条兰西拉光缆接续百年电信史,

兰西拉光缆通信工程纪念碑

辉煌于现代化信息世界。来自于国内外的旅游者们在纪念碑上敬献的哈达,是对建设者的敬仰,更是对中国社会民族团结、共同发展的深情礼赞!

而今,一座座移动通信铁塔,耸立在青藏高原蔚蓝的天空,一排排电线杆蜿蜒在草原湖泊,一个点击,一个电话就飞跃五洲四海的电波,与环绕在高原上的高速公路,穿山越岭的青藏铁路一起,迎接着来自于海内外的游客们,来到西藏。

2011年,18位台湾同胞经成都进西藏,踏上"西藏印象"之旅。企业家、摄影家冯台源拍摄了西藏的电信设施,并在他的博客上写道:

21世纪,信息通信快捷通达五洲四海的今天,我和我的朋友们满怀敬畏、感激、欣赏、惊奇的心情,踏上了见证西藏的路程。我们当中最年轻的是台湾姑娘,

---

① 吴基传:《大跨越——中国电信业三十春秋》第126页,人民出版社,2008年11月版。

最大年纪的是85岁耄耋老者。由此可见，西藏是那样地为我们所憧憬。充满向往的旅途中，我们看到了有小江南之美誉的林芝、中国第四大的羌塘草原、著名的可可西里无人区、圣美的羊卓雍湖、蓝宝石般的纳木错湖……这些大自然的绝美景观，是十几亿年来地壳上风、水、火、土的变化，沧海桑田的科学平衡结果，是必然也是偶然，是地球给人类最珍贵的礼物。更为可贵的是，在西藏，我们看到了现代化通信的普及，那些沿街的电线杆和电信公司的营业厅，那些耸立在雪山和原野间的移动通信铁塔，给人们带来使用电信的便利，让人们充分地发现和享受西藏的自然景观和独特文化的同时，愉快及时地与朋友们分享西藏的神奇，分享西藏让人震撼的旷世美景。

移动电话是西藏民众普遍使用的通信工具　摄影：冯台源

第三节　国际光缆连接世界

1998年10月4日，由邮电部1993年发起建设的全长27 000千米，被誉称为"现代通信丝绸之路"，连接德国、土耳其、波兰、匈牙利、奥地利、伊朗、哈萨克斯坦等20多个国家的亚欧国际陆地光缆正式开通[①]。它与中日、中韩海缆，中俄、中朝陆缆，中欧、中美海底光缆构成了中国通信业面向21世纪国际光缆通信的网络格局。中国上海成为国际光缆中的重要中心，电信分营后，原上海市长途电信局海缆业务分别划归中国电信公司、中国网通公司。上海海缆登陆局分别是中国网通南汇海缆登陆局、中国电信崇明海缆登陆局。海缆通信业务通达全球236个国家和地区。

2005年是爱因斯坦逝世50周年，为纪念这位伟大的物理学家，联合国科教文

---

① 吴基传：《大跨越——中国电信业三十春秋》第270页，人民出版社，2008年11月版。

第二章 中国电信业的历史性跨越

爱因斯坦

组织将这一年定为世界上第一个"世界物理年"。"物理照耀世界"光束传递是"2005世界物理年"活动的中心内容之一。

早在1922年,爱因斯坦[①]来到上海,他荣获诺贝尔物理学奖的通知也是在上海的行程中收到的。当年,他在中国的行程和消息,由电报发往世界。时隔83年后,在中国科协、中国物理学会的组织下,经过中国34个城市数百名工作人员的共同努力,于北京时间2005年4月19日20点30分拉开"物理照耀世界"中国区活动的帷幕,上海崇明岛成为我国接收国际光信号的第一站。此时,中国在东部沿海与世界连接的光缆已有9条,其中崇明5条、南汇3条、青岛1条。这位伟大物理学家睿智的面容,将由这些电路的光通信信号传递再次来到上海,走向世界。

晚上19时,一封来自美国新泽西州普林斯顿大学的电子邮件在一个鼠标的点击下,穿过大洋波涛,从韩国将一幅"世界物理年"的地球符号和爱因斯坦头像的图片传递到上海崇明海缆登陆局及上海电信大楼的大屏幕上。在这一瞬间,整个会场的灯光全部熄灭,来自上海市中小学的数百名物理爱好者挥着手中的笔型电筒,那一束束摇曳的光亮与大屏幕上的光信号交融,它告诉全人类:科学造福世界;通信科技造福世界。

这光信号属于全人类,它每隔5分钟从中国的一个城市向另一个城市传递,跨越云贵川高原、三湘四水;飞过粤岭八桂、黄土高原;走过白山黑水、青藏高原……在31个省、自治区、直辖市的34个城市之间传递,最后汇聚到中华人民共和国的首都——北京。然后,它再度起程,从中国分别传送到俄罗斯和印度。在这个活动中,一份由上海学生翻译的电子邮件向江苏和浙江两省传递。这封邮件的主题是"寻找爱因斯坦第二"。是的,在人类前行的道路上,科学永远是一个神秘的命题。而作为信息高速公路上的通信技术,也会发生神秘的变化。在随时都会出现奇迹的21世纪,人们也期待着,"爱因斯坦第二"这样伟大的科学家,能伴随着变化无穷却又如影随行的通信科技再现,创造更为神奇的人类通信新天地!

2008年,又一条承担了70%国际容量,通信流量扩大160倍的国际海底光缆在中国上海登陆。它与一条条海缆一起,伴着海洋涛声,承载传递着来自世界各地的话语和图像,展示着中国电信业海缆建设的风云岁月。

[①] 阿尔伯特·爱因斯坦(德语:Albert Einstein,1879年3月14日—1955年4月18日):瑞士(是德国人,但是瑞士的公民)物理学家,相对论的奠基者,20世纪最重要的两大物理学家之一。

第四节　移动通信漫游四海

移动电话号码升位为 11 位

1999 年 7 月 22 日零时（北京时间），中国电信"全球通"数字移动电话号码升位为 11 位。

2000 年 4 月 20 日，中国移动通信业务从中国电信母体剥离，中国移动通信公司成立，开创了移动通信事业专业化运营的全新时代。

同时期，中国移动的 GSM，中国联通的 C 网和 G 网与中国电信、中国网通的"小灵通"之间展开激烈的市场竞争。一时间，各公司比建设速度、比规模扩张、比价格优势、比服务质量，移动通信公司先后推出了"全球通""神州行""动感地带"品牌。中国联通则推出了"世界风""新势力"等品牌，推出的业务套餐，使移动电话资费一再调低，顺应了电信用户个性化通信的需求，促进了移动电话通信市场的快速发展。

中国移动电话的发展受到国际电信业的关注。

2000 年 5 月，在土耳其召开的国际电联全会上，拥有中国自主知识产权的 TD-SCDMA 正式被国际电联批准为第三代移动通信国际标准之一。这是中国通信业在移动通信领域提出的第一个国际标准建议，标志着我国在国际电信制式标准问题上有了发言权。是年夏天，国际电联世界邮电部长会议在墨西哥著名国际旅游城市坎昆召开，改革开放 20 多年来中国通信业的巨变，让中国成为会议的焦点，中国信息产业部部长吴基传在会上的讲话格外引人注目：

经过改革开放 22 年的努力，中国已经成为世界上最大的 GSM 网络，用户超过五千万户，且每年都以翻番的速度高速增长。在中国，不论是经济发达的城市，还

第二章　中国电信业的历史性跨越

是相对偏远的乡村，不论是政府官员、企业老板，还是戴草帽收废品的百姓、起早贪黑卖菜的商贩都用上了手机。

吴部长的讲话引来了会场内雷鸣般的掌声。国际电联赞赏惊叹：中国改写了移动电话的身份和发展轨迹，使"大哥大"走向了大众化[①]。

2001年7月，曾经数千元的移动电话入网费在一降再降后全部取消。数字移动电话手机成为大众通信工具，一个小小的手机，已不再仅仅是打电话的工具，手机上网、手机钱包、手机电视……它是"芝麻开门的金钥匙"，是人们随身携带的"万宝盒"，小小的按键下，各种各样的软件都可以通过网络下载，创造出让人叹为观止的神奇。那曾经在神话里讲述的"千里眼、顺风耳"，每天每时每刻都由您自己掌控、演绎。

中国上海移动公司关闭模拟手机网络　　　　中国移动通信彩信业务商用

12月31日，中国移动关闭模拟手机网络，这一技术更新比美国早了7年。花开两枝的移动电话竞相绽放在数字通信森林，服务于电信用户。此时此刻，标志着上海诞生的中国移动电话，在中国改革开放的历史进程中从1982年的自主创新，到1987年引进、消化、吸收，再到2001年全数字化通信技术，以19年的时间，中国移动通信网络进入世界通信技术先进行列。

2002年10月1日，中国移动通信公司融彩色图像、声音、文字于一体的"彩信"业务正式商用。宣告了移动通信多媒体时代的来临。

2003年10月，中国移动电话用户数首次超过固定电话用户数。

至2008年，移动电话用户突破6亿户。移动电话用户一机在手，可以信马游缰走遍祖国960万平方千米的高山大川，可以走遍世界的五洲四洋，无论何时何地都可在移动电话里与亲爱的家人相伴相连。移动电话里的一个个新业务——理财通、彩信、彩铃、随E行、GPS定位、WLAN、移动证券、手机上网、手机报纸、手机地图、手机电视、PDA门户等犹如数字时代的列车，让人们"巡天遥看三千河"。移动电话成为人们随身相伴的通信用品，要是哪天一不留神忘带了，有人会说："那就像掉了魂似的。"

---

①　吴基传：《大跨越——中国电信业三十春秋》第170页，人民出版社，2008年11月版。

第五节 卫星通信九天揽月

上海莘庄国际通信卫星地球站全景

在改革开放中飞速发展的卫星通信事业如日中天,花开遍地,神五、神六上天,南极登顶冰穹A,并应用于科学研究以往被国人所羡慕的卫星电视频道如雨后春笋般,出现在电视屏幕上。曾经神秘昂贵的卫星天线,成为大众消费品,架在了普通百姓的屋顶上。以往鲜为人知的卫星通信,从最初轰动一时的仅有图像和语音功能的车载式卫星地球站;从以往战备通信小分队的电台,到现在各大电信公司成立的应急通信局,装备了无线电、计算机数据通信、供电等系统,能进行通信、图像传输处理,实现语音、图像、资料双向互通,实施现场指挥调度的"动中通"卫星通信车,信息瞬间传遍世界。从1972年进入中国的卫星通信事业,由最初在上海的起步,现已成为在国内有31个省、自治区、直辖市分公司(办事处),拥有17个全资、控股、参股企业的国家六大基础电信运营企业中重要的一员。

2007年12月25日,由中国卫星通信集团公司和中国航天科技集团公司共同发起投资组建的中国直播卫星有限公司宣告成立。这标志着以中国直播卫星有限公司为平台而进行的中国境内卫星运营行业整合顺利完成,卫星通信广播电视运营"国家队"正式面向公众服务。

国家发改委副主任张晓强、国防科工委副主任孙来燕、信息产业部副部长蒋耀平、国家气象局副局长张文建、航

中国直播卫星有限公司成立仪式

天科技集团公司总经理马兴瑞、中国卫星通信集团公司总经理芮晓武、教育部部长助理郭向远等8位领导共同为中国直播卫星有限公司揭牌。航天科技集团公司副总经理雷凡培、总会计师吴艳华、航天老领导刘纪原、高级技术顾问孙家栋、总经理助理赵晓晨、总工程师孙为钢，以及来自电信、广播电视部门、有关国家驻华使馆的各界人士参加了揭牌仪式。中国直播卫星有限公司董事长程广仁主持揭牌仪式。

在揭牌仪式上，张晓强、蒋耀平分别致辞，祝贺中国直播卫星有限公司成功揭牌，并对该公司的后续发展提出了要求和希望。马兴瑞和芮晓武分别代表中国直播卫星有限公司发起人单位向社会各界对公司给予的支持表示衷心感谢，并介绍了公司组建、行业重组的背景和意义。

从此，在浩瀚的蓝天上，中国人拥有的中卫1号、鑫诺1号、鑫诺3号、中星6B等地球同步轨道卫星，以及正在建设的中星9号、鑫诺4号和鑫诺6号卫星也按计划有序展开。

中国卫星通信事业从1972年中国电信业引进美国移动式卫星起步，历经35年的建设和发展，其所走过的历程，对于每一个曾经历过这段通信历史的人来说，是那样的终生难忘。

采访笔记

时间：2009年7月11日

马永庭（原上海市长途电信局七宝卫星通信地球站站长）：

我是1977年到卫星地球站工作的，亲身经历了我国卫星通信事业迅速发展。参与了建设应用于国际电路的太平洋、印度洋地球站，看到了国内的武汉、兰州、福州、南宁、广州、沈阳等13个卫星地球站的建设进展。1994年1月24日，上海七宝卫星地球站又开通应用于国内边远地区11个方向的1 100条电路。那年，我担任七宝地球站站长。春节前夕，我把从新中国成立以来就从事无线电工作的老同志们都请了回来，开了一个别开生面的座谈会。那天来开会的老同志，年纪最大的85岁，年纪小的也60多岁了，真可以说是五代同堂。看到现代化的卫星通信设备替代了笨拙的短波通信，老同志们回想起曾经工作的日日夜夜，回想起从短波开通中央人民广播电台到目前的卫星通信，看到无线寻呼从一个小组、两平方米的机房发展到国脉公司的大规模无线寻呼系统，看到从1982年的150MB20个用户的移动电话发展到A、B网的40 000多用户；了解到通过卫星传输的长途电路从1972年开出的第一条，发展到1994年的七万多条，老同志们都说咱们的通信事业真是发展得太快了！如今，通信网络进入新的3G无线电通信网络时代，电话、手机、计算机，成为人们日常所用的通信用品，通信改变了人们的社会生活。作为一个亲身经历这巨大变化的电信人,我觉得是很荣幸的。

2009年3月12日,原长途电信局副局长周克伦、原上海卫星通信公司总工程师毛关炯、上海现代建筑设计集团资深总建筑师蔡镇钰、原上海市邮电管理局电信处副处长赵兴生、原上海电信有限公司海外拓展处负责人姜荣宝一行5人,重访莘庄七宝卫星地球站。

30多年过去了,他们亲身领导和亲身参与建设的卫星通信事业已发生了天翻地覆的变化,当年,他们与中美两国工技人员一起,在这里建立了中国的卫星通信,建设了通达太平洋、印度洋电路的地球站;当年,从上海起步的卫星通信事业,成为全国卫星通信事业的摇篮,为全国培养了大批卫星通信技术人员。他们在监控室、在卫星通信天线下,回忆建站的艰苦历程,畅谈今天通信事业的巨大变化,感慨地说,从20世纪70年代卫星通信起步,我国的电信事业走上了现代化电信技术的革命之路。他们有幸经历和亲身参与是骄傲和自豪的。

卫星通信建设从这里起步

现在卫星通信天线成群

看看当年的终端机房

参观卫星通信监控机房

摄影:胡宝平

第六节　百年电报退出历史舞台

1998年，是电报进入中国第127年。

百年过去，一代又一代中国通信人承前启后，奋斗不息，使我国电报事业发展壮大，并逐渐占有电报市场。大东、太平洋电报公司走了，大北电报公司也于1961年终结了在中国90年的电信经营，撤离中国。

百年过去，中国百年电信之源——电报，在一代又一代中国电信科技事业上承前启后，奋斗不息，在中国改革开放启始，仅以20年的时间，电报——这一中国电信事业最初的业务，宛如川剧演员那美丽神幻的变脸，发生了历史性的根本变革。20年的时间里，一个又一个的电报通信新科技，创造出中国电报通信的辉煌历史，隐身走进信息时代。

让我们回到时间隧道里，去回望中国电报通信技术和传递方式最后变化的起端……

一、20世纪70年代的人工转报

撕纸条与半自动按钮系统操作情况

1978年，于1871年登陆上海的电报，已经走过了百年历史。作为中国重要通信枢纽和华东地区电报网络中心的上海市电报局，拥有国际、国内、市内报房，各区还有分区投递点，机构庞大，业务非常繁忙。而电报业务却还是以人工转报和半自动撕断纸条转报的方式，承担着华东地区60%以上的电报中转业务。

当时，人工转报是全国性的。什么是电报转报？就如同乘长途火车一样，电报是由大大小小的电报局沿途停站转达的。

这种人工和半自动转报方式手续复杂，而且很容易出现差错，以至于给用户带来损失和麻烦。如电报码的6008是"要"字，0008是"不"字，有的电报是因家人病故，需通知远方的亲属，是"要"来奔丧？还是"不"来？常有电报为此发生错误。又如在广西桂林兴安县邮电局，曾有一名用户发电报要求对方供应100把扫把，但由于邮电局报务员发错了数字，他竟收到了1 000把扫把，以至于他无奈地叹息："这1 000把扫把，要到什么时候才能卖完啊？"如此落后的通信方式，难以面对改革开放之初的通信需求。因为电报是当时主要的电信通信方式，并呈现出快速增长的态势。据原上海市电报局历史资料显示，电报业务交换量1977年时，仅为2.80万份，1978年就已上升到9.10万份。尽快研发电报自动转报技术，实现电报全自动转报已是迫在眉睫。

但是，有关自动转报的研究却举步维艰。因为，尽管国外在 1960 年代起就有了自动转报技术，而我们国家由于巴统组织的封锁，无法从国外进口专用计算机，一切只能自力更生。上海市电报局于 1972 年起与上海复旦大学、上海无线电一厂联合组成自动转报研制小组，在复旦大学老师的理论指导和报务员的工作实践中摸索着研究。这一干就是三年，直到 1975 年，这个项目才被上海市列入重点科研项目。

二、80 年代初的自动转报

1980 年，上海电报局研发成功 SHZB64 路自动转报系统，并于 1980 年 12 月 11 日正式投产使用。这一年，恰恰是中国公众电报事业诞生一百年。1880 年，清政府首先在天津成立电报总局，公众电报事业开始建设。曾记得，在中国自主电报事业建立的初期，

朱学范视察上海电报局

李鹏视察上海电报局报房

上海电报局因草创之初技术力量薄弱，所以，当大北电报公司报房搬到外滩七号时，也随之搬迁到旁边的 8 号，以至于被戏称为 7 号半的尴尬。而一百年后的今天，上海市电报局的科技人员以自己的智慧、勤奋和努力，实现了中转电报全自动转报，使百年电报业务走上自动化的道路！

64 路自动转报系统受到关心邮电通信建设的国家领导人高度重视。1984 年 6 月 22 日和 10 月 11 日，全国人大常委会副委员长朱学范和国务院副总理李鹏分别到上海市电报局视察，参观了自动转报系统后，他们非常高兴，朱学范副委员长题词："发展电信新技术，为四化作出更大贡献。"李鹏副总理题词："用现代电子技术装备邮电事业，以提高效率。"

1984 年以后，在当时电话、尤其是长途电话还处于严重滞后的情况，电报仍然还是长途通信的主力军。上海市电报局的电报业务像滚雪球一样，越滚越大。如 1984 年交换总量为 123.50 万份，1985 年就陡升至 182.25 万份。在这种情况下，64 路自动转报系统已经不能满足电报通信的需要，科技人员又开始研发更大容量的转报系统。

1985 年，256 路自动转报系统研制成功，极大地提高了电报业务处理能力。以前一封电报的转发要半个小时，现在只要 3 分钟，工作效率明显提高，大大节省了人力，降低了生产成本。轰隆隆作响的机房安静了下来，原来的国际、国内、市内报房合并为一个报室。许多报务员开始分流到其他岗位上工作。是年 6 月 1 日，于 1881 年诞

第二章 中国电信业的历史性跨越

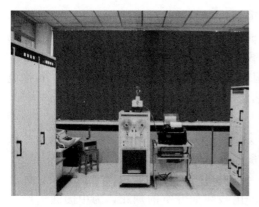

64路自动转报系统机房

256路自动转报系统机房

生的上海市电报局历经百年发展后,结束了其百年历史使命,与上海市长途电话局、上海市无线电管理处合并成立上海市长途电信局,走上了新的发展道路。

获得经济效益和社会效益的256路自动转报系统先后被评为邮电部科技进步一等奖、全国计算机应用展览一等奖、国家科技进步二等奖。但是当这些大奖一一来到的时候,并没有让上海市电报局的科技人员来得及好好地庆祝一番,因为,从1985年开始,电报业务更加繁忙了,每天进入256路自动转报系统的电报高达20万份,已经达到极限。因此,他们立即投入研发512路自动转报系统的战斗之中。

512路自动转报系统机房

1989年,512路自动转报系统研发成功,它安装在新建的上海电信大楼,这个系统与全国建成的电报全自动转报网络连成一体,日夜运转,为广大用户提供着方便快捷的通信服务。

自动转报系统的诞生解决了长期以来困扰电报通信因通信技术落后而出现的问题,如线路少转报时间长;转报环节多电报常出现差错、稽延;常因服务质量受到用户的申告和指责。电信服务三大难题的破解,为改革开放初期社会的电信需求提供了方便快捷的服务。邮电部副部长侯德原在上海考察时,以一句"西线无战事"表达了当时全国电报通信的平稳运行状况。

自动转报系统宛如灿烂的星辰，在中国通信事业的长河里熠熠发光，它如当年的津沪电报线一样迅速遍及全国，先后在成都、石家庄、杭州、武汉、哈尔滨、郑州、沈阳、天津、长沙、呼和浩特等大中城市电信局应用。

随着改革开放后通信技术的进步，中国通信事业发生了翻天覆地的变化，长途电话直拨、移动电话漫游、网络连通世界，古老的电报宛如一艘走过千里河川的大船，向着最后的港湾驶去。

1990年，全国省会自动转报网建成。是年12月11日，各省会自动转报系统电报齐聚上海电报局，举办了纪念自动转报系统诞生十周年会议。

1991年8月，在南京路上延续了120年的电报房，搬迁到上海电信大楼，标志着电报最辉煌时代的结束。延续了120年的电报宛如升空的烟花，为中国通信历史留下美丽的回眸。

全国省会自动转报网建成和自动转报系统诞生十周年纪念

1994年，按邮电部电信总局将国际电报电路归口到北京的通知，上海国际电报电路全部关闭。1998年，全国电报技术改造，电报电路进入分组交换技术。

电报那来时的路，留下了一代又一代中国电信人的脚步。

清代：1871年，大北电报公司水线登陆中国上海。1876年，台湾首建电报线。1880年，清政府成立电报总局，津沪电报线路建成。1885年，中国有线电报网建成。1899年，无线电报进入广州。1909年，清政府成立上海无线电报局。

民国：1924年，沈阳首建国际电台。1930年，交通部上海国际电台建成，国际无线电网络直通海内外。

中华人民共和国：1958年，电报实现半自动转报。1961年，大北电报公司撤离上海，电报主权全部收归国有。1969年，实现电报自动译码。1979年，电报实现自动转报。1990年，全国电报全自动转报网建成。1995年，上海国际电报电路全部关闭，国际电报由北京转接[①]。1998年，电报电路进入现代数据通信网络。

---

① 是年12月1日，上海国际电报电路全部关闭，结束了其至1871年开通第一条国际公众电报电路，作为国际公众电报通信主要出入口局的历史使命。

三、电报的人文记忆

电报来时的"嘀嗒"声,沉落在用户的记忆里。

朱和平

朱和平(云南生产建设兵团一师六团五营二连上海知青):

1970年6月月初,我去了云南生产建设兵团,当时规定是两年回家探亲一次。长到这么大,第一次离开上海,17岁的我离家才一个月,就想家了。

终于好不容易熬过了一个年头,就计划着如何才能提前回家,我想只有电报能帮助我,就写了封信回家,让家里给连里发封电报来。很快,一封"家里有急事,速回"的电报来了。我拿着这张电报去找连长,可是,他既不说让我走,又不说不让我走。我内心着急,赶快再写一封信给家里,于是,家里又来了一封加急电报,内容是:"母病重,速回!"这下,我终于如愿以偿地提前半年回家探亲。这是我人生中第一次以电报达到了我意愿。

邱蓓(原黑龙江生产建设兵团42师2团):

1972年,我们连队突然电报多了起来,内容还几乎一样,都是:"父病重,速回。"第一个回去了;第二个回去了;到第三、第四个,连长犯了嘀咕,可经不起一再的央求,也放行了。快麦收了,劳动力紧张了。这时候又有三封电报来,电报的内容还是:"父病重,速回。"连长发火了:"怎么都是爹有病?说谎也

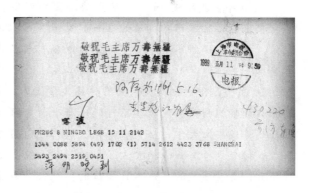

"文化大革命"期间上海知青拍发往黑龙江的电报

不换换样,不准。"可连长后来还是让她们回去了。那时正是麦收,一下子少了六七个好劳力。连长天天在会上说不能轻饶了超假的。就在这时,最后走的副指导员(上海知青)一天假不超,带着黑纱回来了。往后,接二连三地他们都回来了,个个都带着黑纱。其中有一位哈尔滨知青,是连里的小学教师,她回连后第一天上课,就哭着说她的学生:"都是你们嘴欠,你们骂人就骂人,干吗要骂人没爹?这下我没爹了。你们高兴了?"从此,再没听连里的孩子们说过"没爹"。

宁志超（内蒙古昭乌达盟插队知青）：

宁志超在内蒙古

1978年7月初，我接到了回上海工作的调令，可当时正是海日苏工程即将完工的关键时刻，我就要求人事部门与上海联系能否推迟报到一个月时间。就在我等待回复的时候，7月10日我突然接到上海的电报——"母病重速回!"我赶快跑到公社邮电所去，打平常根本就舍不得打的长途电话。一站一站地接到家附近的公用电话后，传呼的阿姨回答说我妈不在。我可急了，赶紧叫阿姨再去找找。不一会，回答说"锁着门"。这可怎么办？于是，我只好用了两天时间匆匆打包，来不及与大家一一道别，就急匆匆地赶回上海。可走进家门一看，妈妈好好的什么事也没有，我气得问妈妈，"你为什么打假电报？"我妈妈又高兴又不好意思地解释："听人家说，如果误了报到时间，调令是要作废的，所以就打了一封电报催你快点回来。"

陈光德（黑龙江黑河市二站公社插队知青）：

1969年，我刚满16岁，从上海到黑河插队，在二站公社当放映员。我对公社总机挺好奇，常跟话务员修姐在一起交流、学习，有电报从黑河传过来时，我一边记录，一边翻译，不熟悉的字，拿出电码本确认无误后，通过邮递员先把电报的内容告知下去，等邮政车送来（黑河离二站180千米）后再交本人。

1973年，公社推荐我到上海科技大学上学。推荐、考试、体检全部通过了，我到公社调我的档案，没有？不可能！马上打电报给袁采老师（他是当年公社知青办主任）："我要上大学，档案在哪里？"他回电报："应在公社档案柜，找组织委员。"

我把公社所有知青档案翻了个底朝天，就是没有，没戏！我成了"黑人"，在那个年代，没有档案的人是不可相信的！从此，我就被打入冷宫，任何"好事"都与我无关，后来，直到1979年知青大返城，我才回到上海工作。到现在，我还记得我名字的电报译码是：7115 0342 1795。

电报来时的"嘀""嗒"声，仍在每个报务员的心里响着。

朱梅蘋（原上海市电报局国内报房报务员）：

1976年，我进入上海市电报局国内报房做报务员。我发现，要当好一个报务员真不容易，首先是要熟记电报码。小小的一本电码本，有9 000多字，每一个字由4

个数字组成。所以，根据工种的不同，每人都要熟记3 000~6 000组的电报码。由于上海是全国重要的电报中转局，还要熟记世界主要大城市英文地名和全国各县市的拼音字母地名。那时，我常说我们报务员的脑子就像个仓库，如果不牢记这么多的电码和局名，是没有办法熟练地做好本职工作的。

在报务员这个岗位上，我深深体会到电报对于老百姓的重要。那时，电报是老百姓重要的通信方式，所以，电报局是24小时营业，我们报房是24小时不间断地工作。我们上班分为两班倒，一个班次是两头班上午7—12点，晚上18—23点，另一个班次是中班12—18点。值大夜班是23点—次日早上7点，他们上班也是一个晚上忙不停。

每当有重大事件发生时，更是忙得不可开交。例如，唐山大地震发生后，灾区需要大量的救灾物资，还有许多问询亲人情况的电报，但是，那时还没有自动转报，收发报基本上是靠手工操作。华东地区与外省、市之间的电报，也都要由我们转发出去，发到上海的电报，要通过译电员翻译，每份电报都要一字一字靠人工翻译成汉字，然后，输送给派送室及分区投送点，再由送报员一一投送到用户的手里。那时，最多的时候一天要送出7 000~8 000份。

大地震过后，又一个电报高峰来到。在1977—1979年两年的时间里，大批知青返沪回城。上海出去的知青有上百万，他们返沪要与家人联系，互相与家人要商量办手续、探亲回沪的接车等所有的事，有90%是通过电报来传送的。再加上每年春节期间，南来北往的人来到上海，那个时候不像现在，从外地来的要带当地的土特产，上海出去的要带上海的皮鞋、衣服，大包小包的都要有人接有人送，而出站进站的接送要以电报作凭证，才能买到站台票进火车站接人。在这个时期，我们报房每条电路的交换量最高时达10万份左右。每天下午4—8点，电报局科室机关轮流派人来支持报房工作。

上面讲的都是在特定的年代里我所经历过的关于电报的故事。就平常我们接触的电报而言，最多的还是与老百姓息息相关的事。例如，上海是全国药品种类比较齐全的城市，全国各地医院需要的急救药信息，有很多都是通过电报送到医药公司的。至今，我还记得上海医药公司急救药部的电报挂号是3892。还有新闻电报、气象电报、加急电报也是每天都有，而且都定点定时，需要按时处理，我们必须要在一定的时限里迅速地转发出去。所以，有许多重大新闻，我们都能先睹为快。有台风暴雨，也是我们先知道。

改革开放以后，电报加快了自动化的发展。1979年，我们有了自动转报，从36路发展到512路，电报全部实现自动化、智能化。随着电话、移动电话的普及，电报的业务量越来越低，过去忙一小时的工作量后来可以做一个月。这种变化，维持了一阵子，后来开出了礼仪电报，在与台湾通电后，还开出了与台湾间的鲜花电报。但是很快这些业务也萎缩了，电话、计算机那么方便，谁还来拍电报。轰隆响的报房一天比一天安静，报务员开始陆续转岗，到最后，报房没有了。

电报的辉煌岁月成为过去，留给我们这一代报务员的是永远的记忆。每每看到有关电报的故事，我总是会说，我，以前就是报务员。

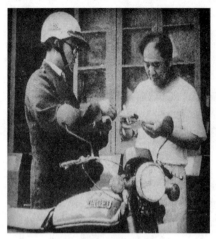

上海电报投递员投送电报

1998 年，是邮电分营的前夜。上海邮电部记者杨锡高曾以一篇《瞬间 20 年》的文章，记录了电报的过去和现在：

说起电报，有一个情形我们记忆犹新：冬夜蜷缩在热被窝里熟睡的你，突然被突突的摩托车声惊醒，接着是"砰！砰！砰！"的敲门声和一个男人的大嗓门"电报！电报！"一个电报搅断了多少人的好梦。但，这是无奈的事情。这样的情景如果说给现在的孩子听，他们一定会认为这是很遥远的故事，故事的开头一定要加上"很久很久以前"。他们哪里知道，电报曾经是很重要的通信手段，而且也是很重要的凭证。比如你要去火车站接人，那么必须凭电报才能买一张站台票。很长一段时间，拍电报都是 3 分钱一个字，人们为了节约 3 分钱就都练就了一身语文功夫，把电文写得越精练越好，哪像现在的年轻人，打起电话来没完没了，月底来了话费单，眼睛眨也不眨一下，居然还发明了一个新词"煲电话粥"。

电报从莫尔斯发明至今，走过了一百多年的历程。有过辉煌和不可磨灭的功绩。说起电报的辉煌，我总是情不自禁地想起电影《列宁在 1918》中的一个情节：斯大林手执烟斗，威严地在办公室里踱着方步，一字一句地口授着让秘书拍一份电报："我们不理睬他，人民委员斯大林。"显然，电报在这场伟大的战争中起着至关重要的作用。

今天，电报已淡出通信舞台，这是通信进步与发展的标志。告别了电报，我们打电话。在路上、在车上、去外地、去海外，我们有移动电话，还可以漫游，还可以上网发电子邮件。如果把电报的历史和现在相连的话，我用这样的一句话来概括：

电报成了遥远的故事，人们用上了一种叫"伊妹儿"的玩艺。

于 1871 年登陆中国的电报，伴随着中国历史走过 127 年后，退出了通信历史舞台，隐身进入信息时代。127 年的历史里，电报传递了多少烽火岁月，传递了多少悲欢离合，传递了多少儿女情长……

历史是由平凡与伟大共同创造。127 年的电报之路远去了，一张张当年收发电报、翻译电报、投递电报的通信业者影像还历历在目，是他们在百年通信历史里，留下了一段段载入中国社会发展历史的永恒记忆。

127 年的电报历史中，生命在生生死死中繁衍延续，文化也在消消长长中记忆遗存。信息的历史文化也是如此。岁岁年年，神鼓仍在祭祀中响彻四方；烽火仍在银屏上演绎；驿马奔驰的蹄声仍在书中回响……是的，电报并没有走远，1992 年，世界上第一条短信在英国沃达丰的网络上通过计算机向手机发送成功。1997 年 8 月 1 日，中国移动电话开出语音信箱、数据通信、主叫显示、短信等业务。2002 年移动电话彩信业务正式商用。电报神幻变身,她一半是雅致高贵,旗袍霓裳;另一半是科技的彩装,时尚靓丽,美艳迷人。2003 年,她以手机短信的方式首次登上中央电视台的春节联欢晚会,与"伊妹儿"一起翩翩起舞,吟唱着岩画、烽火、驿站、电报的新歌。

表1 1871—1998 年电报种类、投递时间表

年 份	等 级	业务种类	时限/分钟	
1881 年	一等	官电(国事电)	随到随传	
	二等	电报局业务和公务电报	随后	
	三等	公众私事紧急电	随后	
	四等	公众私事电报	随后	
	新闻电报	在私事电报之后,半价收费	随后	
年 份	等 级	业务种类		
1922 年	一等	政务公电		
	二等	公务电报		
	三等	特种电报		
	四等	寻常电报		
年 份	等 级	业务种类	来报/分钟	去报/分钟
1951 年	特	①防空情报;②航行安全	10	10
		③军委气象;④限时军事	10	10
		⑤报 汛	30~50	30~50
	甲	加急军事、加急军政	45	75
		线路公电		
	乙	军事、军政和各类加急电报	60	180
	丙	各类寻常电报、公电	180	300
	丁	书信电报	180	540
年 份	业务种类	局内最大时限/分钟	来报/分钟	全程时限/分钟
1985 年	一(A):天气电报	8	8	30
	二(B):水情电报、特急公益电报、特急政务、纳费业务公电电报、加急新闻、加急普通电报、公电、特急公务公电电报	20	40	90
	三(C)加急公益、政务电报、加急新闻、普通电报、加急纳费业务、公电电报、加急银行汇款电报	60	120	240
	四(H)公益、政务、新闻电报、普通电报、纳费业务公电电报、公务公电、邮局汇款电报	90	180	360

注:本表使用至 20 世纪 90 年代末。

中国通信史（第四卷）

表 2 1871—1990 年普通电报资费表（部分）

年　份	经营单位	通达地	字数与费用	
1873 年	大北电报公司	上海—厦门	10 个	2 元（银元）
1881 年	中国电报局	同府、同省	中文/每字	0.10（银元）
每隔一省在每字 0.10 元的基础上累加 0.02 元（银元）				
1912 年	全国	中文/每字 0.10（银元）		
1945 年	全国	中文/每字 20 元（法币）		
1958—1990 年	全国	每字　0.03 元（人民币）		

军政电报报封　　　　　　　　　　邮电部报封

电信总局电报报封　　　　　　　　邮电部邮送电报

 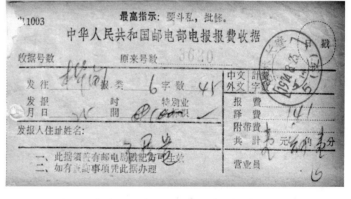

内部传真电报　　　　　　中华人民共和国电报报费收据费

第七节　固定电话号码全面升位

上海电话号码升八位指挥中心

1995年11月25日零点，上海在全国率先实行电话8位号码。

那时，上海的市内电话是怎样？全国的市内电话又是怎样？

据原邮电部统计数字显示，1949年新中国成立之初，我国仅有固定电话用户21.8万户。从1949年到1978年，29年的时间，我国电话用户仅增长了170.8万户，发展极其缓慢。20世纪80年代起，电话用户加速发展，短短十几年的时间，就走完了国外几十年甚至上百年的发展历程。1995年，全国共有30个省会城市升为七位号码，电话用户总数达到4 432万户，住宅电话比重占用户总数的70%以上，电话普及率达到4.66%，全国电话待装时间缩短到三个月以内。

一、上海市领导亲临割接指挥现场

当晚零点整，崇明路上邮电管理局大楼二楼"电话升八位工程总指挥部"内洋溢着一片欢乐的气氛，彩色大屏幕上179个绿色信号灯频频闪亮，这标志着上海又一电话通信的世纪盛事到来。继1989年上海升七位后的第七个年头，上海电话号码升八位工程又胜利完成。

那时，那夜，星光灿烂；那夜，日月同辉，那夜，是一个载于中国通信史册的日子，漫长的113年中国电话历史，由承前启后的电信人翻开新的一页。

中共中央政治局委员，上海市委书记黄菊高兴地宣布：
上海电话网于1995年11月25日零点开始正式启用8位号码。

国务院副总理吴邦国向邮电部发来贺信：
欣闻上海本地电话网电话号码从即日起由七位升为八位，这标志着中国电信事业发展跃上了一个新的台阶，是我国电信事业发展史上的一件大事，这是你们在党中央、国务院的领导下,认真贯彻邓小平同志关于建设有中国特色的社会主义理论,组织广大邮电职工干部奋力拼搏所取得的重大成绩,在此,谨向你们,并通过你们向全国邮电部门的干部、职工表示热烈的祝贺!

希望你们再接再厉,为加快国民经济信息化建设的进程,为在本世纪末、下世纪初使我国通信网络规模、技术层次、服务水平进入世界先进行列而继续努力奋斗!

上海市徐匡迪市长也发来贺信。

吴基传部长从加拿大打来电话表示祝贺。

亲爱的读者,在这中国电话通信史上的伟大巅峰时刻,请听那清脆悦耳的电话铃声,它将跨越百年的、在上海起源的固定电话号码历史讲述:

1882年(清光绪八年),丹麦大北电报公司在上海开通第一个人工电话交换所,电话号码从一位数开始。

1949年,经过长达67年的发展,上海电话升至五位数号码。

云南路分局工技人员升八位工程后合影留念

1957年9月1日,上海电话码由五位拨号升为六位号码。

1989年11月12日,上海电话码升为七位号码。

1995年11月25日,上海在全国率先实行电话八位号码,成为继巴黎、东京、香港后第四个升八位号码的城市。

二、回忆起那牵动人心的电话情

20世纪80年代初期,电话还不是大多数老百姓的需要。"又不做生意,要电话干什么?总不见得天天打个电话对时间吧,每个月还要交月租费。"

对老百姓来说,遍布上海居民小区的公用传呼电话,是他们最为方便的通信工具。那时上海的大街小巷都设有公用电话站,每逢年节、周日,是电话传呼最忙的时候,小小的电话传呼站前,等电话的、打电话的人多得排起长队。如果打电话的人说得时间稍微长了点,后面排队的人便会很不客气地催促:"快点说呀,做啥这么啰唆?"如此一来,为了打电话而吵架的事常有发生。

20世纪80年代的公用电话站服务员,多是退休工人担任,每天上班都忙得不

第二章　中国电信业的历史性跨越

亦乐乎，既要记录接听电话人的地址和姓名，还得要把打电话人的讲话时间记录下来，还要收打完电话人的电话费，然后，还要拎着大喇叭，到一栋栋居民楼的房前屋后，喊叫着"××号×××室×××听电话！"那时，这就是非常"方便"的、老百姓用的电话。但是，这样的公用电话传呼站只有几个大城市有，其他的城市和县城还没有呢！可就那么短短的几年，到20世纪90年代末，电话成为老百姓家里的生活用品，家里没有电话，那就是一个非常奇怪的事了。

上海里弄里的公用电话站

蔚兰

蔚兰（原上海人民广播电台著名播音员）：

很多年以前，我到同学家里去参加聚会，听着他家电话那清脆动听的铃声，真有点儿动心。可是，我算算加减乘除，觉得不划算，就打消了这个念头。真正动脑筋装电话，是我从市区的小房子搬到市区边缘的大房子里以后。那时，很多朋友、同学、亲友的来信寄到老地方，老邻居帮着转过来，有时还大老远地送过来，心里很觉得过意不去。这时，我就想到，要是有个电话多好啊，因为写信吧，十封八封的好对付，可是，要是50封、100封呢？要是有电话打过去，既直接了当，又真情实意，该有多好！

于是，我就去登记安装电话。可是，没想到，我住的地方缺线、缺号，等了一年，愣是没有装机的音讯。后来，我在电台主持了那名声很大、万事缠身的蔚兰信箱节目。听众来的那么多的信啊，找工作的、找对象的、等着见面的、要求死前通上电话讲上两句的……什么样的都有。我更盼望着电话能早日安装到我家。可是，很遗憾，没等到这一天，一个因为电话不通的不幸的事就发生了，这是我怎么也没有想到的，至今，一份内疚还挂在我的心里。

那是1988年岁末，嘉定县一个14岁的少女，她迷上了歌王费翔，给我寄来了一封信，可是，她来信要求我办的事，我没有办法办到。那时嘉定的电话是要挂郊县电话的，我在工作事务中抽出时间来，寻找了好几个地方拨打电话，但总是打不通。就在还未打通电话的时间里，一个不幸的悲剧发生了，我突然接到了这位少女的同学来的一封信。在信里，那位少女的同学说，那个少女因为等不到我的消息，竟然朝着费翔居住的方向，吞下大量安眠药，永远长眠了。这个天方夜谭般的真实事件，惊得我目瞪口呆。我想，要是在那时，我自己家里有一个随便拨打到任何地方的电话，该有多好啊！就在这千盼万盼之中，一天，我家的房门被一阵极有韵律的叩门声叩开了,几位身着墨绿色邮电制服的工人,为我家拉上了电话线。从此,我家的电话铃声不断。

现在,我已从岗位上退了下来,中国广播电视学会节目主持人委员会邀请我担任顾问,也是经常在全国各地跑。现在不管到哪,我都不用担心人家有事找不到我,又是电话又是手机的,电话通信太方便了。

王显玉(原上海市市内电话局中华路分局用户设备组"112"维修线务员、上海市劳动模范):

王显玉在为用户安装电话

我是1977年从市话局技校分配到中华路分局工作的。我负责从制造局路到鲁班路,从徐家汇路到江边码头这片3.5千米的电话维修。这一段线路,架空电路多,设备老,障碍多。一年365天,我每天都穿街走巷,登高攀墙,无论刮风下雨,寒冬酷暑,报修电话一来,我就赶快骑车去修,一点也不能耽误。

记得有一年的冬天,大雪纷飞,寒风刺骨,我接到通知,一个单位的电话坏了要维修。我去了一看,是这个电话室外约百米处的电话线被冻裂了。我架起梯子,一尺一尺地捯,一段一段地割接,终于修好了,电话铃又响了起来。看到我浑身上下都是雪,成了一个雪人,冻得脸煞白,那单位的一位老妈妈赶快把一杯热水送到我手上,她一边拍打着我身上的雪花,一边让我快喝口水,暖暖身子暖暖手。这杯水让我非常感动,到现在我还记得。

周仁杰

在上海电话升八位号码工程里,有一支老中青三结合的技术队伍,他们来自于数字传输、模拟交换、程控交接、网络管理等各个岗位,个个都是技术精英。一批80年代毕业的大学生,成长为一代年轻的程控专家,是升八位工程里独挡一面挑大梁的中坚力量。

场景回顾(一)

周仁杰(原上海市市内电话局高级工程师、中国联通公司监管事总经理):

1983年,周仁杰从上海科技大学毕业,来到市话局工作。1984年我国首次与比利时贝尔公司合作引进

S-1240 程控交换机，周仁杰也在反复的筛选中荣幸地成为首批到比利时安特卫普高级培训的一员。在比利时学习期间，周仁杰预感到自己以后有可能参与在上海电话通信设施中占主导地位的 S-1240 程控交换机升位工作机会，于是，他带着明确目标——全面掌握升位去学习、实践。梦想的实现往往是要付出代价的，在向比利时老师请教的同时，他还经常利用下课后的时间，在实验机房里、在计算机上，苦苦探索，期望找到方法和答案。

学习结束回国时，周仁杰对我国引入的主导程控交换机的了解已达到了一个较高的水平，对升位方法有了初步的认识，但还没有结果。这个问题，周仁杰没有放弃，在他负责中国从比利时第一个引进的 S-1240 程控交换机开局过程中，利用下班后的时间，在不对工程产生影响的情况下，一个人继续探索。真是功夫不负有心人，经过漫长孤独地探索后，他成功地实现在非常短的时间内，完成 S-1240 程控交换机的升位，并将升位方法在我国电信界权威杂志《电信科学》上首次发布。

1988 年，在上海电话号码由六位号码升七位号码的重大工程中，周仁杰作为一个年轻工程师大胆地向局领导提出由我们中国人自行完成引进的 S-1240 程控交换机升位的建议，并提交了具体实施方案。在日本东京六位升七位号码工程出现问题而失败的情况，在我国上海的升位工程中绝不容出现，领导最终决定由上海市话局工程技术人员与贝尔（上海）公司外国专家共同负责实施这个方案。周仁杰作为S-1240 交换机升位的中方负责人，用已经实验过的方法，解决了一系列的复杂问题，并为邮电部副部长在模拟机房演示了升位过程。在 1989 年 11 月上海电话号码正式升位工程中，圆满地完成了占主导地位的 S-1240 程控交换机升位。同时，亦为 1995 年的升八位号码工程奠定了基础。

场景回顾（二）

郑杰（原上海市市内电话局研究所所长、上海长途电信局局长、现中国移动浙江公司总经理）：

郑 杰

1984 年，郑杰从上海交通大学毕业，来到上海市话局总工程师室引进办公室工作。在这里，郑杰有机会接触到世界一流的电话交换技术，为了学习、消化并创造性地去发展新的通信科学技术，为此，郑杰对交换机的研究倾注了很多的时间和精力。

1989 年 9 月，上海升七位电话号码工程进入最关键的时刻，上海市电话局部分区局在试割接时出现严重问题：修正数据无法灌入资料缓冲器，F150 系统无法升七位，这将要影响上海整个的电话升七位工程。在这紧要关头，负责制订 F150 系统升位技术方案的郑杰出人意料地提出了在同步运行的备份数据缓冲器里先灌入七位拨号数据，割接时将其与数据缓冲器互换的大胆方案。在场的专家们担心万一主数据缓冲器数据丢失，将影响整个系统的升位，可看到郑杰拿出一组在F150模型机上试验了一个星期得到的数据，以及列出的一条条应急措施时，不由得为他的独特见解所折服。至此，这一升七位工程的难题破茧化蝶，顺利完成！

这一升七位工程中的成功经历，使郑杰成为全国闻名的F150程控交换机权威。以后，郑杰以务实、勤恳的通信科技研究，又陆续开发出F150系统所必不可少的系统数据软件、用户数据软件、系统控制工作站软件包等，破解了日方的技术封锁，为国家节省了上百万美元的软件制作费。在F150交换机上所取得的成就，还不仅仅体现在上海，郑杰还成功地让乌鲁木齐市一套已停机一年半，连日本专家也无法解决其运行技术难题的F150系统交换机成功开机，正常使用，让日本专家大为震惊。正是在通信科学技术研究上取得的成就，使年仅30岁的郑杰成为上海市话局副总工程师，研究所所长，并受命负责实施上海电话号码七位升八位的技术总指挥工作。他以科学慎密的运作方案，完善周到的升位技术措施，与同仁们共同努力，使上海电话号码升八位工作顺利而圆满地完成，为上海城市电话历史写下了辉煌的一页。

张渊（原上海电话局云南路分局纵横制机房机务员）：

记得八年前我们在市话技校念书的时候，班主任、校长语重心长地教导："你们现在学习的纵横制电话交换机是全上海最新式的。不久后，所有老式的旋转制交换机都将被它取代，以后的几十年甚至到你们退休，上海电话局都要运用它，你们得努力啊！"

于是，我们个个豪情满怀，打算拿学到手的知识为维护纵横制交换机而奋斗终身。哪知道，等淘汰了市区所有的旋转制老设备之后，我们在所谓的"新机房"中工作了仅三年，尚属新生力量的我们这一批技校生，就已沦落到了被"淘汰"的地步——更新式的程控交换机大量引进，挤迫得纵横制设备提早退休，我们又被迫转岗改行。上海的电话发展得这么快，令当初的技校校长、班主任也看走了眼。

1988年上海电话号码升七位以前，上海市内电话曾是那么的尴尬：白天在单位里想起有件事要同家人、朋友交代，拿起电话听筒，绝不会有像现在这种召之即来的爽气的程控电话拨号声，十有八九听到的是那种从纵横制或老的旋转制机房里传出的"嘟、嘟、嘟"的忙音。这时，你要不停地拍打着电话机上的叉簧，耐心地等待，总算盼来一个拨号音，拨出号码，听筒里是长时间的沉默，与手执听筒的你对峙干耗着。许久许久，才又传来讨厌的忙音。直气得你一下扔下电话，冲出房门跨上自行车，索性亲自跑一趟，去把你要关照亲人、朋友的事当面说清，倒要比接通电话所耗的时间少许多！

那时候，"打电话难"名列市区诸难排行榜首位。社会上对电话局意见很大，每个分局坐"112"台的值班人员，每天除了受理大量的用户申告外，还要不时遭受到难听的辱骂，"你们电话局的人是吃干饭的？"这实在是委屈了我们电话人。局外人可曾知道，在当时老式的交换机设备中，拨通一个电话需要经过多少道繁杂的步骤？就从你拿起电话到听到拨号音这一看似再简单不过的过程来说吧：得先后占用用户电路、标志器电路、绳路、记发器电路和铃流电路。在这个过程中，几百只相关的继

第二章　中国电信业的历史性跨越

云南路分局升七位工程

电器必须环环相扣运转正常，只要有一只继电器上的一付簧片触点上沾了点污垢，吸收灵敏度降低，那就难以将拨号音送到耳边，这是导致通信不畅的一个原因，更重要的还是由于交换机容量与市民的通话需求量反差太大，"杯水车薪"供求矛盾异常尖锐造成的。20世纪80年代，全上海电话容量仅四五十万门，而当时人口远少于上海的香港却拥有二百多万门电话，两者相差悬殊，市话通信落后状况实在有损作为东方大都市的上海城市形象。

终于，上海电话局大展神威了。这七八年是上海电话有史以来发展最快的时期。我和同一届的学友是幸运的，个人的工作和成长融入了上海市内通信发展史上最为辉煌的一页。我们目睹上海电话由弱到强，迅速壮大起来，并亲身参与这个过程。短短几年，上海电话交换机全部实现了程控化，为纵横制设备历史使命画上了圆满的句号。

1989年11月12日零点，总指挥从喇叭里宣布，上海电话由六位号码升七位号码的割接工作开始，全局上下齐动手的那声号令声犹在耳边，我和同事们在云南路机房紧张操作的场面恍若昨天。

时间过得真快，一眨眼的工夫，年历就翻过了六本，上海电话又要从七位升八位了！只不过这次升位比上一次准备得更为完善缜密，我和同事们也不必那样忙碌紧张了，但心中的那种激动兴奋劲却同六年前一般无二。跳过了工作历程中的"逗号"，我们这批上海电话变化发展的历史见证人，又将在职责岗位上给自己标出新起点，以实际行动和辛勤工作为"逗号"后面作出闪亮注释。

回想起上海电话号码升位工程的那历史一刻，上海邮电人分外怀念"风雨市长""辛苦市长"倪天增[①]同志。

包文俊、程瑞欢：

自1986年分管交通邮电工作以来，倪副市长常说："不要给邮电部增添负担，上海的事情尽量由上海自己解决。"他还说，"上海邮电建设成绩不小，发展是快的，但电话待装户仍然那么多，电话越装，范围越大，形成了规模效应，比如有五六家亲眷，一家装了，其余的几家不装不方便，都会要

倪天增在升七位割接仪式上

[①] 倪天增（1937—1992年）：毕业于清华大学建筑系。历任华东工业建筑设计院助理的技术员，华东工业建筑设计院第一设计室副主任，上海工业建筑设计院四室主任工程师，上海工业建筑设计院副总建筑师，上海工业建筑设计院副院长。1983年，出任上海市副市长。

求装，所以，邮电通信一定要加快发展。"

从1986年起，在每一次通信建设领导小组会议上，倪副市长就上海邮电建设的发展规划、资金筹集、协调管理等具体问题，都做过许多重要指示。

上海邮电建设的每一个成就，都凝聚着倪副市长爱民想民的心血，他多次深入到邮电第一线指导工作的那一幕幕都在我们的眼前。我们记得，在上海邮电建设发展过程中，在"114"查号台、汾阳路电话分局，他与话务员和机务员亲切谈话。后来在升七位号码工程中的汾阳路电话局的扩容、新建，就是倪副市长根据当初的察看，做了各方面的工作，最后拍板实施的。为了了解上海应急电话的使用情况，他还在寒冷的冬天深夜零点，冒着漫天大雪，与有关单位人员一起实地察看徐汇、南市、虹口等5个区的部分夜间应急电话服务点，亲切慰问服务点值班人员。在察看中，倪副市长看到了应急电话给老百姓提供的方便，他称赞应急电话确实"急人民所急，想人民所想"。

1989年11月上海电话网为实现七位拨号，三次试割接，倪副市长都非常仔细地听取汇报，通宵达旦地在现场指挥。

1992年6月7日，倪副市长因急性心肌梗塞抢救无效，年仅54岁就带着一身的疲惫离我们远去，没能与我们一起分享上海电话用户达到50万户的那一刻。回想上海通信事业的进步，我们深深地怀念他！

与倪天增副市长一样过早离去的，还有上海邮电系统的三位领导。从20世纪80年代初到21世纪初，20多年过去了，当年带领上海邮电职工共同创业的三位管理局领导都因操劳过度，而相继过早地去世，他们把生命献给了上海通信建设事业，献给了中国通信事业。他们是：

上海市邮电管理局局长徐志超（57岁）；

上海市邮电管理局副局长张柏龄（47岁）；

上海市邮电管理局党委书记陈素贤（女、58岁）。

浩浩天波环震苍穹，浩浩天波激荡人间。当年，他们带领邮电职工日夜奋战的忙碌身影，仍印在邮电职工的脑海里，是那么的亲切；当年，他们宣布割接命令的话语，仍回响在邮电职工的耳边，当年，那一幕幕改变通信面貌的场景，是那样让邮电职工引以为豪。可以告慰他们在天之灵的是，他们为之奋斗一生的通信建设已发生了翻天覆地的变化。

三、实现全国使用程控电话交换机系统

1997年8月26日，北京人民大会堂嘉宾、记者云集，人们在等待中国电信发展史上一个重要时刻的到来[①]。这一天，我国四川凉山彝族自治州普格县，将以其最后一个实现使用程控电话交换机系统的身份，记录中国百年通信历史上一次历史

---

① 吴基传：《大跨越——中国电信业三十春秋》第67页，人民出版社，2008年11月版。

第二章　中国电信业的历史性跨越

普格县程控电话割接现场

吴基传部长与普格县电话割接现场通话

性的跨越。是日上午9时，邮电部长吴基传通过普格县刚刚开通的程控电话与当地进行了通话后，向与会的中外记者庄严宣布：至此，中国县以上城市全部实现电话交换程控化，中国程控电话交换机总容量突破一万亿门！

四、全国电话号码升位——走进新时代

2001年7月1日起，国家正式宣布取消市话初装费，与此同时被取消的还有移动电话入网费、农村电话初装费以及附加在电话上征收的其他政府性基金项目，各大媒体闻讯纷纷加以大篇幅报道。

20世纪80年代改革开放以来，在一代电信人的努力下，通信科技精彩纷呈，国家取消附加在电话上征收的政府性基金项目以后，电话、移动电话从权利和财富的神坛走下，进入千家万户，成为老百姓社会生活的通信用品。全国电话用户从1979年的203万户，发展到2002年的3.88亿户，电话普及率达到30.22%。仅用十几年时间我国就走完了发达国家几十年的电信发展历程[1]。至2007年第三季度，我国固定电话用户达到3.7亿户，电话普及率达到68.2部/百人，用户总规模在世界的排名从1989年的第16位历史性地跃升至世界第一位。

上海的电话号码升为八位，只是中国有线通信网建设交响乐中的一部"东进序曲"。随之响起的是全国电话号码升七、八位的雄壮大合唱"走进新时代"。

1996—2008年，继上海电话号码升八位后，北京、广州、天津、重庆、武汉、沈阳、杭州、宁波、温州、苏州、成都、深圳、哈尔滨、南京、西安、佛山、大连、福州、泉州、郑州、洛阳、南阳、济南、青岛、石家庄、无锡、徐州、南通、东莞、长春等城市先后升为八位号码。地级市、县升为六位号码，五位号码退出历史舞台。中国城市电话号码升位，是电话普及的果实，是中国社会电信信息文明前进的象征之一。

电话的普及为中国改革开放事业中的经济建设，为中国边远及少数民族地区的

---

[1] 秦黎：《取消初装费》人民网，2002年11月15日。

经济发展和社会进步提供了一条条高速的信息通道，同时，也连接着一条条民族文化复合、发展的信息通道。在祖国的东西南北、高山峻岭、草原森林间一首首世代传唱的部族古歌，随着电话的铃声，走出山寨，走遍全国，走向世界，在世界民族之林里展示中华民族文化的悠久与辉煌！

表3 1882—1990年市内电话初装、月租费（以上海为例）

年 份	经营者及费用
1882年	大北电报公司：100银元/年
1902年	华洋德律风：70银元/年
1909年	上海电话局：48银元/年
1933年	美商上海电话公司：营业12.24银元/住宅 7.58银元/月
1945年	美商上海电话公司：营业法币180元/住宅 120元/月
1947年	上海电信局：营业1 000万元/住宅 600万元/月（旧币）
1958年	邮电部规定： ①初装费15元； ②月租费甲种用户11.25元、乙种用户16.25元
1973年	上海电信局：月租费甲种用户4.50元、乙种用户7.50元
1980年	邮电部和国家物价局开始实行初装费。 上海市内电话局初装费： ①大企业1 000元/小型企业500元； ②私人住宅—不收初装费，收保证金60元
1980年8月1日起	月租费：宿舍18.00元/私人9.00元
1986年	初装费： ①工矿企业2 500元/机关团体1 000元 /月租费15.00元； ②公费干部宿舍500元/私人住宅300元/月租费15.00元
1987年	初装费： ①工矿企业3 500元/机关团体1 500元/月租费30元； ②公费干部宿舍800元/私人住宅500元/月租费24.00元
1990年以后	初装费：2 000～4 000元（最高时），逐渐递减500元
2001年7月1日以后	初装费：取消

注：市内电话收费种类繁杂，本表简制部分内容，详细请查阅《上海邮电志》。

第八节　长途电话人工接续制落幕

长途电话的接续历史分为三个阶段：人工接续—人工接续与半自动接续—全自动直拨。

中国长途电话人工接续制始于1901年京津间长途电话。

中华人民共和国成立以后，全国长途通信以北京为中心，各大区设省中心长途台，各县市设市、县长途台。依据1981年12月1日止中华人民共和国行政区划数字统计，全国直辖市、省、自治区、市、县各级长途台约为2384个。

挂发长途电话全国统一拨入电话号码113，查询台拨入号码116。

全国长途台的业务领导局：北京长途台为全国长途台业务领导局。各省、直辖市长途台为各大区业务领导局。以上业务领导局设置军政台，负责接转中央、地方领导及重要军政专线挂发的长途电话。

全国长途台话房设置：业务领导局长途台话房设置：班长台、挂号台、分发台、接续台、查询台、统计台。各地区、市长途台设置：挂号台（兼分发、查询），接续台。各县长途台：与县内电话台同设，挂号、接续、查询。

国际长途台：北京、上海、广州。

始于1901年的人工长途电话接续制，终于1996年。

据上海市长途电信局1996年年鉴资料记载：

为适应全国人工长途台结构性调整的趋势，自1996年2月5日起，凡上海至全国长途自动直拨已通达的城市，原则上不再受理挂发国内人工长途电话，全部由用户使用长途直拨功能直接进行拨打。上海郊县各长途台于7月1日正式关闭。各类人工电话由上海市长途电信局国内、国际长途台承担。

长达73年的上海长途电话人工接续制，终于走下了历史舞台。起始于1923年的两个人工长途电话坐席，在经历了诞生、成长、辉煌、萎缩的发展历程后，又戏剧性地回到了两个长途电话接续坐席。这数字虽然是相同的，所涵盖的内容却是空前绝后的巨大变化！

一、长途电话人工接续制的记忆

上海长途台的变迁是这段历史的一个缩影。

上海最早的长途台设在中华路734号上海电话局内。1925年设接续座席两个。1933—1937年设于上海电话局闸北分局内。日本占领时期搬迁至四川北路1761号内一座口字形的大楼。这座大楼由日资建造，原为三层，后加为四层，长途台在三楼。至1949年5月，接续座席为20席。

中华人民共和国成立后，邮电部制定"有线为主，无线为辅"的长途通信发展方针，建成的中国长途电话网分为华北、华东、西北、中南、西南、东北六大区，业内称为省中心。上海长途台是华东省中心,是华东五省一市长途台的业务领导局。全国各地的长途话务员以北京长途台为中心,以手中的塞绳和电键,连通全国各城市长途台,全网一盘旗,全网一条心,全程全网。

1951年5月,中华人民共和国成立后的上海长途台,走进一批年轻的话务员,从此,他们在接续台上,与全国各地的话务员姐妹一起,在相当长的历史时期,成为中国长途通信事业的建设者。那时,长途电话在中国就是财富和权力的象征,要分等级和保密。长途电话接续种类,是历史真实的记录:

一类:上空电话。二类:战急电话,中央首长电话。三类:特种电话(气象、疫情、自然灾害)。四类:地方首长电话。五类:加急军政、新闻电话。六类:加急普通电话。七类:普通军政电话。八类:普通电话。

20世纪40年代末上海长途台话务员

多达八个种类的长途电话里,只有两个种类属于老百姓。在住宅电话对于平民百姓来说为零的年代,没有急事大事,平民百姓是不会跑非常远的路,到邮电局去打长途电话的。能够在家里接长途电话的是政府要员。在全国大大小小的长途台里,都有一本保密电话号码本,那里面记着政府要员的住宅电话。

1951年5月上海长途台第一批长途话务员

话务员都能在监听时(不得超过3秒)知道和了解大概的电话内容。长途话务员值班时,通常负责2~3个对方局,4~5条电路,其接续工作要求是:学会单手写字,交叉操作;熟记百家姓、全国29个省、自治区、直辖市的名称和简称,熟记本地区县市的经转路由和常用电话号码。长途话务员要熟记电话号码2 000~3 000个是寻常事,记得最多的是哈尔滨长途台的勾艳玲。她以熟记全国各大城市15 000个电话号码,被誉为有超常记忆的人,被载入吉尼斯世界记录大全,是长途话务员中的佼佼者。

在长途电话人工接续制的日子里,凡是国家有重大事件,邮电部均下达重要通

第二章 中国电信业的历史性跨越

勾艳玲在工作（王德孚摄）

信任务，经北京—各省市自治区—各地市—县长途台逐级传递。当时军队通信设施十分落后，许多电话由地方转接，而党委政府机关、各级首长电话，20世纪60年代重要的一类上空电话，也通过地方长途台的人工接转。1961年4月进入福建省永安邮电局长途台担任长途话务员的张丽卿回忆到：

  1961年8月，我刚当上长途话务员不久，那是我值大夜班的一天，我接到通知说，今天有重要电话，你们要注意。那天晚上电话特别多，有北京的、有福州的、有铁路的、有地方的，然后是沿着鹰厦铁路各个县市电话一个接一个，忙了一整夜，每个电话都非常顺利接通。事后才知道，原来是爱国华侨陈嘉庚先生在北京逝世后，灵柩由火车专列运回厦门集美鳌园安葬。中央非常重视，陈嘉庚的追悼会，毛泽东、周恩来、朱德等中央领导都有参加（集美鳌园有石雕和图片文字说明）。运灵柩的专列一路绿灯，都用长途电话一站一站联系安排。

  1962年，战备最紧张阶段，台湾国民党空军派美蒋最新式的U2型侦察机（超音速，可飞万米以上高空）飞临福州侦察。我们每天都要接好几个"上空"电话。"上空"电话一来，一路开绿灯，无论什么电话都要给它让路，就是中央首长在通话也要"拆线"，让他先讲。记得有一天，局领导给我们开会，传达上级嘉奖令，通报表彰我们局协助部队击落美蒋U2型侦察机立下的战功——载波室及时调度电路，话务员迅速接通电话。

福建永安长途台话务员张丽卿

福州军区和福建省邮管局表彰信

61

二、青春的宣言——前进，电信工人新一代！

1969年8月，一群年轻的姑娘走进桂林市邮电局。

时正值"文革"邮电军管时期，桂林市邮电局由桂林军分区管辖，实行半军事化管理，又由于强调通信工作的保密性，要求话务员的选择必须是"出身好"。因此，这批话务员中有许多部队子女，在那个军装奉行的年代里，她们穿着爸爸发给的军装，唱着一首《通信兵之歌》，来到设立在桂林市尧山越校①的桂林市邮电训练班：

前进，前进，年轻的通信兵，我们是首长的耳目，军队的神经，敬爱的党啊，哺育我们成长，毛泽东思想武装我们力量无穷。政治坚定，技术精通，勇敢顽强，分秒必争，手指弹出进行曲，军号声声震敌营，千山万水传号令，银线万里报凯声！

在这里，年轻的姑娘们，开始了她们长途话务员的职业教育。负责教育长途电话知识的是长途台班长唐顺利。

在第一堂课上，她说："从今天起，你们就是一个长途话务员了。长途话务员是人民邮电中十分重要的一个岗位，话务员工作的第一个要求就是要忠于毛主席，忠于党，忠于社会主义祖国，通过我们手中的电键和塞绳去传递党中央的号令。所以，作为一个长途话务员应该遵循'迅速、准确、安全、保密'的工作准则，按照轻重缓急，

桂林市邮电局长途台话务员（1969年）
第一排左起：唐茂荣　杨　祯　陈安娣　徐玉娥
第二排左起：白玉芳　耿翠萍　刘继红
第三排左起：陈见香　朱桂花　于　荣　赵成凤

依次接转的工作要求，接好每一个长途电话。你们还要学好长途电话的业务知识，要学会塞绳、电键的使用，熟记常用电话号码，熟记广西86个县市的地名和经转路由。"

为期半年的长途话务员职责和长途电话业务学习结束后，她们成为"不穿军装的通信兵"，走进桂林市长途台，开始跟班实习。第一次呼叫长途电路里的对方局话务员，第一次真正的通报长途电话，第一次证实长途电路两端的用户，第一次向用户通报通话分钟数，年轻的姑娘们踏上了长途话务员的职业生涯。她们满怀着憧憬，走进榕湖照像馆，拍摄了一张集体照，在照片的上方，题写着她们的心里话：前进，电信工人新一代！

---

① 尧山越校：1960年中国为越南设置的学校。

第二章　中国电信业的历史性跨越

在群众文艺很是时兴的年代，她们以文艺演出的形式，站在青春的舞台上，发布中国长途话务员的职责骄傲和工作宣言：

我是革命的话务员，手握塞绳和电键，迅速准确又保密，毛主席号令传万里。

她们走上长途电话接续台，成为长途话务员：

信号灯，亮晶晶，闪闪耀耀为人民，分分秒秒传口令，塞绳条条接北京。号盘转，电铃响，长话机房摆战场，打不断，拖不垮，步步紧跟毛主席。

那年，一个微风习习的秋夜，桂林邮电局的大操场上放映着一部国外电信记录片，那电影里的一句解说词，让年轻的长途话务员们对长途电话的未来充满遐想：

随着海缆的开通使用，长途电话进入全自动直拨，往日繁忙的机房变得宁静……

什么时候我们也能像她们那样？长途话务员们美丽的憧憬，延续着一代又一代话务员的期盼——长途电话直拨，什么时候才能实现？

三、20世纪70—80年代长途话务员接续的上空电话

20世纪70年代越战时期，为保证广西重要城市柳州的通信，柳州邮电局长途台、长机室、市内电话机房于1972年6月从人民北路迁入马鞍山下的洞内机房[①]。

在这山洞的新机房里，话务员们被告知，如果遇到紧急情况，一定要坚守机台，接通每一个长途电话。从此，这个设在山洞内的长途台，上空电话的铃声日夜不断。当时，美国无人驾驶的侦察飞机时常进入广西境内，许多上空电话均由长途台转接。每逢空军雷达站挂发上空电话，其在长途台专设的直达电路即发出红色信号，并伴以警报声，长途话务员立即以雷达站所报的受话单位，摇出对方长途台，呼叫"××上空450""××上空453"，接转着一个个上空电话，正是在这样的防空网里长途台与空军部队雷达站共同编织了一张硕大的防空网，保卫着祖国的领空。广西击落的第一架美国进入中国广西领空的无人飞机，就是由柳州和南宁长途台之间传递的，柳州长途台还因此立功受奖。

设置在马鞍山洞里的柳州长途台
（柳州长途台话务员李柳群提供）

20世纪80年代初，中国民用航空的紧急通信也在空军部队雷达站的"上空"电话里传递。不同的是，此时的上空电话，不再仅仅是硝烟弥漫，而是民用航空紧急事宜。

1982年4月26日晚上，柳州长途台机房里就响起了震耳的警铃声，机台上红

[①] 直到改革开放的20世纪80年代，长途台和市内电话机房才搬迁到洞口新建的二层小楼，后于1983年9月迁入新建在市内的电信大楼。

色的信号灯闪着红光,塞绳一插,电话的那头是空军雷达站战士紧张急促的声音:"××上空450!"

这是一类电话,所有的长途电话必须为它让路,哪怕是正在通话的。这在柳州长途台来说,已经是太平常了,在当时,这样的电话每天都有。可这天,话务员们发现,上空电话的呼叫频次与以往完全不同,机房里警铃不断地响起,上空专线里,空军雷达站不停地挂发着桂林、南宁的上空电话,一个接着一个,空气也立刻紧张起来。是不是真的敌机临空了!

在接续这些上空电话的时候,正在通话中的长途电话屡被拆线,话务员既要不断地向对方局发出上空电话的呼叫,又要通知被拆线而中断电话的用户:"对不起,现在有重要电话,请等一下。"当然,这个用户的通话时间将被分段记费,且中断一次扣除一分钟。如此之多的上空电话,不由得让南宁、桂林、柳州的话务员们互相地打听着,可是谁都不知道是怎么回事。终于,不知道是谁忍不住了,她向值守南宁台的话务员建议:"怪了,今天的上空电话怎么这么多,哎,你听一下,到底是出了什么事了。"

"哎,他们好像是在找一架飞机。"值守南宁台的话务员听了以后向大家报告。

找飞机,是一架什么样的飞机呢?上空电话仍旧不断,直到大约九点钟,上空电话平静下来。桂林台的同事传递了一个不幸的消息过来:一架由广州飞往桂林的飞机在阳朔附近失事。机上人员全部遇难。后来听说,那架飞机是先撞到山边,撞破了翅膀,于是,飞机就剧烈地摇晃起来,机舱里的人就像是红薯,一个一个地从天上往地下掉,紧接着飞机又撞到了山上,粉碎性解体。在这次空难中遇难的一个空姐,是桂林局市话班一个话务员弟弟的女朋友。她本来不是这次班机的乘务员,因为值乘的另一个空姐生病,她顶替了上去。结果,她去了天国。据说她掉在了一棵大树上,尸体一点也没有损坏。她的去世,让同事的母亲和弟弟非常悲伤。

事后公布的空难情况如下:时间:1982年4月26日。地点:广西阳朔。飞机状况:三叉戟(Trident 2E),1975年原英国德·哈维兰公司制造。机上人员:机组8人、乘客104人。伤亡情况:全部遇难。

四、电信用户和话务员的人工长途电话记忆

在机长的历史时期里,长途电话主要是为党、政府、军队服务的。对于老百姓来说,打长途电话是个很奢侈的事。20世纪60年代末,大批的知识青年从北京、上海、天津、哈尔滨以及浙江、杭州、温州等地赴黑龙江生产建设兵团和黑龙江沿岸插队落户,守卫边疆,他们的远去和归来,使当地的通信繁忙起来,谈起以往打长途电话的故事,是许多知青在20世纪70—90年代社会生活的深刻记忆。

瓦爱(原北京军区内蒙古建设兵团一师八团上海知青):

说起长途电话,使我想起当年在内蒙古建设兵团时,我在团部总机当话务员的

第二章 中国电信业的历史性跨越

情景。有一天我心血来潮想给远在上海的家里打个电话,但是我又怕控制不住自己,聊的时间太长付不起长途电话费,所以,我在打电话之前特意让我的好友在旁边帮我看好时间,我能和家人讲上两三分钟的话也蛮好的。没想到七转八弯通过好几个总机的转接,彼此都没有听清几句话,还把我的家人吓了一大跳,以为我在内蒙古出了什么大事呢。等我的家人搞清是怎么回事,就一再叮嘱我以后没什么急事千万不要再打长途电话,还是给家多写信比较好。

殷实(上海赴大兴安岭知青):

以前装私人电话的费用是个天文数字,"楼上楼下,电灯电话"还是个美妙的幻想或理想。因为我在大庆工作,孩子10个月大就放在了上海,由父母亲抚养。爱人和我都特别想孩子,那时,打一个大庆到上海的电话,是以三分钟起算,每分钟1.1元,我们就从每月的生活费里挤出点钱来,每周都会和远在上海的父母亲约好,我如期到邮电局定时给上海挂长途传呼电话,等两三个小时,有时甚至大半天,就想听听孩子的声音。

2007年10月23日赴北京采访殷实

张连珠在维护电话线路

张连珠(黑龙江红色边疆农场知青):

1969年我被调到团部总机班,被炸毁的小炮楼上的仅有五六平方米的房间是我们的工作间又是休息室。4个女孩24小时值班。我们每天在机台前头戴耳机,胸挂送话器,左手拿插头,右手握摇把,号牌一掉马上就问:"喂,要哪里?"然后迅速接通电话。电话太多、线路很忙时,不能及时接通的电话我们都记录下来,不忙的时候再拨过去。天气不好时,电话杂音太大,听不清楚,特别是长途电话,我们就一遍遍地相互传递,经常是嗓子喊哑了,手臂摇酸了。对我们来说最难的是线路故障,不论是炎炎夏日,还是数九寒冬,故障就是命令,我们背起话机,手拿工具沿着线路,深一脚浅一脚地查找,线断了就接上,混线了就得爬上四五米高的线杆上,拉起一根线用力甩,把它们分开,有时候用力过猛就会从线杆上摔下来。故障没排除，就得爬上去接着干。我们的工作看似轻松，就是接接插插的，但是我们的担子很重，师部的指示要通过我们传下来，连队的生产生活情况也要通过我们报上去，春耕、秋收季节更替，更是忙得不亦乐乎，我在这个岗位上工作了7年。掌握了电话机的基本维修，故障判断、排除等技能，并能及时果断地处理各种应急问题。在工作中做到了百问不烦，百接不厌，排除一切困难，让用户满意。

邓宝妹（原上海赴黑龙江知青）：

当年我在黑龙江要往上海打长途电话，先要坐火车从新天到小杨气（相当于从上海到苏州）去一个在邮电局线路队工作的朋友家里。他当时因为工作关系家里已有电话。电话要从加格达奇转到哈尔滨，再由哈尔滨转到上海。为了打一个电话，要用将近12个小时。

白玉芳（原桂林市邮电局长途台话务员）：

对于许多电话用户来说，在深更半夜接到一个远方打来的长途电话，也许就意味着带来的是家里出事的恐惧。1970年的一个深夜，天津长途台的话务员在电路上向桂林报来一个长途电话，"桂林，天津到你六类叫人（普通加急电话），流水001，要桂林电表厂，找孙树林"。

接到这个电话的我心里暗自欢喜，因为这个受话人，我认识。"文革"之初，我父亲曾由部队派往电表厂支左（当时称为"三支二军"），这个厂里有一批从天津分配到这里工作的年轻人，由于同为北方人，我家与他们成为好朋友。我立刻把电话接到厂门口的值班室，请值班的人帮着到宿舍去叫人。一听说是长途电话，值班人马上答应骑自行车去叫人，说只要十分钟就能到，来了以后打电话通知长途台。可十五分钟过去了，人还没有来，我再一次拨通了电表厂值班室的电话，"请问一下，孙树林来了吗？"

"我就是孙树林。我，我，我早就到了。"

"哎呀，我是小芳啊，到了怎么不打电话通知我们长途台啊？"

"我已经到了一会了，我不敢接这电话。小芳，你知道吗？一听是长途电话，我吓得腿都软了，话都说不出来，有长途电话准是家里有天大的事了。"他在电话的那头声音颤抖，结结巴巴地说着。这话让接电话的我心头也颤抖起来，是啊，每个大夜班里，接这样的电话，还少吗？可今天，是我为一个认识的人接的长途电话，也是第一次碰到怕接长途电话的人。我按规定的始话监听（超过了3秒），果不其然，在接通电话后的那一瞬间，电路的两头就传来了悲伤的哭声。

也许这样的工作经历太多太多，一个个最普通的老百姓的长途电话，落在了我和许多话务员的心坎上，我们知道在那个居民住宅电话为零的年代里，没有重大的急事，谁会在深更半夜去大老远的唯一夜间营业的邮电局去打电话？谁又会花上一两个小时，甚至半天的时间去营业处坐等一个长途电话？所以，尽管营业处的电话都比较难接，如有的受话用户没有电话，有的线路不好、声音小，有的找一个受话人要屡费周折，等等，可长途话务员们之间紧密配合，互相协助，没有电话的就找附近有电话的用户帮忙，或与打电话的用户约好通话时间，下班以后上门去寻找接电话的用户，声音小的就主动代传，千方百计帮助用户完成通话。

五、长途电话人工接续制与半自动接续制并存

中国长途电话半自动始于1976年3月31日。是日，中国通信业以上海电话设备厂生产的长途准电子布控自动交换机，初装来去话电路各64路，首先在北京、上海、天津、石家庄、济南、南京、杭州、合肥间开通长途电话直拨。随后，其他大中城市之间也开始出现由话务员接续的半自动直拨长途电话。

上海国内长途电话室第一长途台（1990年摄）

20世纪80年代中国实行改革开放以后，社会对长途电话需求日益剧增，长途电话开始规模性地走上了第二个历史阶段——人工接续与半自动接续并存。

在这个时期，上海于1983年12月21日开出半自动接续制业务，建立第二长途台。设立半自动立接制坐席40席，至1986年，增建江苏方向电路扩容至50席。半自动接续制的工作方式是：用户拨通228484的挂号台后，由

上海长途台第二长途台（半自动接续台）

话务员记录，直接拨叫对方的电话。当时主要是接续上海到北京、南京、杭州、无锡、苏州等地的长途电话。

据原邮电部历史资料统计数字显示：1984年全国长途电话达到3.15亿张，与1949年同比增长近34倍，全国各地的长途台业务量迅速增长，进入人工接续与半自动接续并存的长途电话业务量开始飞速增长。据上海长途台有关资料统计，1984年，

长途台电话的日交换量已达到30 008张,并以每年50%~80%的速度增长。长途电话业务收入则从1979年的974.89万元猛增为1985年的3 370.90万元。

然而,此时长途电话的转接主要还是新中国成立初期的四级网络人工接续制,需要话务员一站接一站地传递。如用户从上海崇明挂发一个发往桂林的长途电话,需由崇明—上海—南宁—桂林四个方向的话务员转接。所以,打长途电话非常不容易。

上海四川北路长途电信局的电信营业厅里挤满了挂发长途电话的用户(1988年摄)

在当时,居民住宅电话还没有普及,用户打长途电话,多在邮电局的邮政局、电信局的营业处。在上海,所有的电信营业厅门庭若市。每天,营业室里几十张长凳上坐满了人,一个电话等上一天半天的时间绝不是危言耸听,为了不错过接通长途电话的机会,人们带着饮料、点心轮班等候着长途电话的接通。当时上海电信用户的一句顺口溜"打市话拨肿了指头,打长话坐散了骨头",成为人们使用长途电话的生动写照。

这样的长途电话让港商、外商头痛。有一位经常从上海挂发天津塘沽电话的香港客商在电话里对话务员抱怨:"你们上海的长途电话这么难打,我等电话的时间,在国外开车都开到了。"有一位前来上海投资的外商,在领略了上海电话的难拨打、难接通以后,迅速地拎上装着美元和港币的皮箱打道回府。

打长途电话难,成为一个社会问题。上海文汇报曾刊登一篇批评文章《国内电话国外转》,使上海长途台成为一个新闻事件的主角。事情源于一位日本外宾从上海打北京长途电话两小时不通,他只好先打电话到东京,再由东京的同事转告北京,才解了燃眉之急。这个故事在上海传为奇谈。原国内长途台主任华菊英对前来采访的新闻媒体感慨地说:

我们的话务员就像田径场上的选手一样,每天都在奋力争先,每天都在做最后冲刺。但长途电话的真正出路应该是邮电通信科技的进步,只有迅速发展自动电话,才能减轻长途台的压力。总有一天,人工长途台会变得越来越小,我们盼望着这一天。

为了改善长途电话难打的问题,上海长途台的长途电路不断增开,话务员也不断增加,长途座席增加为154席。540平方米的话房里,排列着3排呈马蹄形的接续座席,分为三个大区,省际、华东、浙江。由上海长途台话务员与上海市内电话局所辖的郊县长途台话务员共同转接上海发往全国各地、全国各地发往华东方向及上海郊县的来、去、转长途电话。

第二章　中国电信业的历史性跨越

但是，电路增开、接续座席增加并不能从根本上解决问题。如上海到北京方向的长途台，开出了来、去、转话一共7个接续座席，每天，上海与北京长途台的14个话务员，报电话、接电话，忙得不可开交，待接的电话仍然是多得数不清。长途话务员们在改革开放的大潮中，摇的是一支小舢舨——人工接续制，在传统的长途电话通信之河里艰难前行。长途电话多得像海潮一样，上海长途台实在是太忙了！

长途电话记录台（部分），分发台

信号灯不停地闪亮，话务员们头不抬、口不停、手不停地工作着。一张（个）长途电话8项内容记录，要按规定逐字逐句复述解释，一个姓名的解释就颇费周折，如崔永元，要解释为：山佳崔、永远的永、元旦的元。一个班4个小时，每个话务员要挂发350张（个）长途电话，可仍然满足不了用户的需求。满台闪亮的信号灯后面，是用户在无奈地等待。那信号灯后面是用户的埋怨，挂个长途电话一两个钟头都打不进去，只得一上班就派人不停地拨打"113"挂号。让我们走进那时的上海长途台，去看那忙碌而有序运转的场景。

长途电话记录台、分发台：

话务员将挂好的长途电话记录单放进传输线，一张张长途电话记录单像白色的蝴蝶，通过传输线的运转集中飘落在分发台上，3个负责分发话单的话务员也是手不停地忙碌着，她们把每一张电话记录单按照区域和方向集中起来，一叠一叠地叠好，送进传输线，再通过不停运转的传输线分送到各个接续座席上。

长途电话接续座席：

所有的话务员都在手不停、嘴不停地忙碌。她们眼观7路，耳听14方，既要忙着通报传输线刚送过来的一叠叠长途电话记录单，要拨叫预占对方长途电话和对方挂过来的长途电话，及时记录用户的开始讲话和完成通话的时间，还要一一地把通话的时间告诉用户。就是这样忙碌地工作着，每个座席的台子上都还是堆着两叠厚厚的话单，一叠是报出去的要由

长途台省际区负责接转各省间长途电话

多个话务员中转的去话单，另一叠是对方局的来话单。还有两叠是已经接过但是没

长途电话查询台

有接通、用小夹子夹起来等待再接的电话记录单,这一叠叠待接的电话记录单,就像是一本本小人书,话务员在不停地翻看着。而不停运转的传输线,还不时地把一叠叠刚挂好的长途电话记录单送过来。话务员的自然需要怎么办?有情况立刻举手报告,等待值班班长派人前来顶替,下机喝水、方便。方便的时间,不能超过15分钟,没有特殊情况,一个班次内下机不得超过两次。

116长途电话查询台:

话务员记录着一个个催询电话,然后拿着一叠催询记录单,在每个坐席间穿梭。在接续台上,她们翻着一叠叠待接的长途电话记录单,找出催接的电话记录单,在备注栏里写上催接的时间,再告知负责接转的话务员,有了这个查询记录以后,负责接转的话务员要在一个小时以内给用户电话是否能够通达的答复。

长途电话统计:

三个统计员每隔一小时跑一遍,在全台接续座席上收取已接通的长途电话去话记录单,给每一张完成接续的长途电话记录单划价。这是长途电话收费的第一道手续,然后将这些话单送到大统计班去,按账号人工一张一张地结算,最后送到账务室收费。

如此庞大、忙碌的长途台,如此传统的人工接续,让来访的美国国会电信代表团成员叹为观止,他们很是震惊地说:"如果美国的电话都像你们这样用人工接转的话,全美国的妇女都要去做接线员了。"

正是因为如此地忙碌、落后,长途台所接续的长途电话里,有15%要超过一小时以上。上海每天挂往全国各地的人工长途电话中约有30%销号。这样的通信情况为社会各界不满意,话务员常会听到用户不高兴的抱怨声,"长途台,你们的电话太难打了!""长途台,我的电话已经挂了好几天了,天天挂,天天不通,你们上班在干什么?"

上海人工长途电话如此难接有三个原因。

一是上海到全国各省的长途电话线路少。比如上海到广西南宁,仅有3条电路,而通过这条线路接转的广西县市有86个之多。

二是上海的长途电话点多线长中转电话多。改革开放以后,乡镇办企业,党政机关、军队、企事业单位都开展多种经营全民经商,当时有一句顺口溜为"九十九个已营业,还有一个在开张"。所以,从上海打出去的长途电话,以商业经营电话、

第二章　中国电信业的历史性跨越

营业处电话居多；外省市打过来的长途电话，以旅社、饭店、厂矿、商业单位的电话居多。话务员每天接转的长途电话，90%是连接各省会以下县市及上海郊县再转的，这些电话都要经过4个以上的话务员传递。

三是上海市内电话中继线缺线缺号。在上海长途台，拨打市内电话的中继线分配到每一个接续座席，等待市内电话的拨号音是千呼万唤，不能说是盼星星盼月亮，起码可以说等得心都发焦。在接转对方局回叫的长途电话时，如果是上海市内电话的用户正在通话中，那就惨了：一边是对方的用户在等待，另一边是几个转接的话务员不时地在电路里催接，而这边是既要等拨叫发话用户的线路，又要等找发话人的时间。如果是接转的由外地发往浙江和华东的电话，还得等这些方向的电路和发话用户。而这些远途多转电话在等候长时间接通以后，往往有相当多的电话因为电路音质不好，而造成不能通话，这样的工作状况非常糟糕。

为了提高长途电话的接通率，对话务员开始以产量计算奖金。台领导在全台大会上号召话务员们努力工作，多接电话。"谁电话接得多，谁拿的奖金就多。谁奖金拿得多，谁就是英雄。谁奖金拿得少，谁就是狗熊。"这一句话成为话务员努力工作的宣言。当时，超产计件奖励的方法是在完成定额的前提下，对超额部分适当以奖金代酬。每超产一张长途电话发给奖金2.45分。实行计产后，效果十分明显，1983年话务员每月人均接通1 967张，1984年则上升到3 350张。

蔡惠英（原上海长途台国内室副主任）：

因为实行超产奖，奖金水平上涨。没有以产量计算奖金前，话务员每个月的奖金是5元，实行超产奖后，多的可以拿到15元。后来，超额接一张电话从2.5分提高到4~5分，奖金的额度又有了相应的提高。但是，由于社会对电信需求的势头随着经济的增长日益水涨船高，长途台的话务量居高不下，工作仍然是非常繁忙。

蔡惠英

是的，就是有奖金的鼓励、有话务员的努力工作，每天待接的长途电话，还是如潮水、似雪花一般向每一个接续座席涌来。话务量已经远远超出了邮电部核定的单员生产量。为此，话务员们常在业务高峰时段加班加点。但是，每天3万多个从上海挂出去的长途电话，仍有约7 000个电话因为各种原因打不通而销号。接通率只有75%。用话务员的话来说：这么多的电话永远也接不光。据有关资料记载：20世纪80年代中期的改革开放带来经济的迅速发展，上海长途电话业务量也迅猛增长。从1980年代中期起，长途电话业务收入以每年40%～70%的速度递增。如1950年为248.3万元，仅占长途电信收入的17.4%。1985年则为3 370.9万元，占长途电信收入的57%。在那个时候，上海长途台的话务员很是自豪地向局里其他部门的同事宣告："你们发的工资，就是靠我们一个个长途电话接出来的！"

然而，长途话务员的骄傲很快成为历史。为了加快建设中国长途通信网，邮电部制定"以光缆为主体、数字微波和卫星为辅助手段"的通信技术政策，继1987年12个城市投产10 400路端长途程控交换机后，广州、深圳、天津、石家庄等10个城市又投产11 520路端长途程控交换机。

1988年年底，国家重点通信枢纽工程——上海电信大楼竣工验收，正式启用。电信大楼傲然屹立在人民广场西侧，这座大楼集聚陆（电缆、光缆）、海（海缆）、空（卫星、微波）等一系列完整的现代化通信设施，是一座集电话、电报、数据、图像、移动通信等各项电信业务的综合性国际、国内电信枢纽。它的建成，为上海乃至中国长途电信事业的发展，奠定了坚实的物质基础。长途电话全自动直拨电路的增长和通信设施的完善，使科技解放长途电话生产力成为现实。至1988年，我国长途电话业务电路总数达到68 460路，与改革开放初期的18 801路相比，10年间翻了3.64倍。全自动直拨电路比重达到50.6%，并迅速地逐年增长。长途电话人工半自动接续开始进入现代化的计算机系统。在电话里，话务员常会听到稚嫩的童声："爸爸，是找你的电话，是长途电话。"当话务员告知用户挂发的长途电话对方没有人接，或是对方不在时，开始有用户很是骄傲地告诉长途话务员："这是我自己家里的电话。你再帮我接，什么时候接通了，你就什么时候帮我接过来。"

六、长途电话实现全自动直拨

1988年，全国人工长途电话业务量终结历年持续递增约12%的历史，首次出现下跌。如当年，人工长途电话业务总量下跌为2 239.48万张，1989年则持续下降为2 030.38万张。这个变化说明，直拨长途电话开始越来越多地走进老百姓家庭，就是经长途台"113"记录挂发的长途电话用户，也不再仅仅是单位，开始有了私人用户。话务员在接转长途电话时，不再因为中继线的问题而出现拨打市内电话的麻烦。

半自动长途电话OPS坐席

1989年4月，上海国内长途台与国际长途台合并，在上海电信大楼设立半自动长途电话OPS坐席，开出特服号码为"173"的半自动长途电话立接台。在现代化的空调计算机计算机机房里,话务员们穿着白色的工作衣,端坐在一台台计算机前,敲打键盘,接着一个又一个长途电话。

在话务员们亲切的话语声中,在轻轻的键盘敲击声中,将有一个更大的变化发生,这个变化将使长途电话最终实现全自动直拨,终结长途电话人工接续制。我们仿佛看到,长途电话婉如一位穿着旗袍的少女,从20世纪的初年起,手握一把银色的团扇,走过千山万岭,来到了一望无际的田野上。此时的她,就要换上国际流行装,走进一个崭新的天地……

七、国际国内长途电话实现全自动直拨

西藏开通全自动长途电话直拨

1990年9月13日,在北京、拉萨两地同时举行了我国通信历史上一个划时代的开幕典礼——西藏自治区正式开通全自动直拨电话,进入了国际、国内长途自动电话网。拉萨是我国最后一个开通长途电话全自动直拨的省会级城市。这标志着,一代又一代通信科技人员力经百年奋斗,完成了西藏电信事业从草创电报网到全面实现现代化通信网络的百年之伟业;这标志着,一代又一代长途话务员憧憬的长途电话全自动直拨梦想终于实现。这标志着,藏族人民载歌载舞地登上了由千万条信息天路搭就的,将使民族政治、文化、经济发生深刻变化的银色平台;这标志着,中华56个民族同胞团结友好、平等和谐、共同发展,以现代化的通信走出中国,沟通世界,全面进入世界信息高速公路。

在邮电通信科技"春风已度玉门关"的岁月里,全国长途通信电路猛增至394 928路,这一张连通全国的长途电话全自动直拨网络里,用户要打长途电话,只需拨一个零,就跨越千山万水;拨两个零,就到了五洲四洋。不再有长途台挂号,再由话务员转接的麻烦。经长途台话务员转接到对方城市里的电话在逐渐减少,需要接转的大多是县、乡的电话。

曾经繁忙的全国第二大的上海长途台变了,接续座席上的电话记录单不再是雪花飘飘,每天上班要接的电话越来越少。以往长途电话难打、难接的现象成为远去的历史。许多常挂电话的老客户从长途台隐身退出,长途电话从需要话务员抢着接到等着接。

由于全国各地长途台业务量大幅度萎缩,电信总局于1991年制订"长途电话人工与自动长期并存的决定",全国人工长途台进入了结构性调整阶段,开始分期分批

关闭人工长途电路。据上海市长途电信局有关资料记录：

1991年，上海长途台共关闭102条长途电路。1992年，长途全自动直拨比重达到90.94%。大面积关闭长途电话人工电路后，许多城市邮电局长途台陆续并入"114"查号台。

1993年9月11日，上海市长途电信局国内第一长途台关闭，搬迁到与立接台合并后的新长途台。话务员开始批量分流：

上海新的长途台

有的离开长途台，到移动电话营业窗口工作，为移动电话客户提供服务；有的到合并后的长途台，因为当时国内尚有一部分边远地区的乡镇尚未开通全自动直拨，长途电话人工接续还需要存在。

林淑英（原上海长途台国内室副主任）：

1993年，长途台开始关闭电路并座席。话务员即将开始大面积的分流。在第一长途台关闭前，我们室领导班子商量了一下，决定安排每个话务员身着工作服，戴着耳机在第二长途台接续座席上拍一张工作照。因为，长途台历来就是保密单位，参观都要由局保卫部门备案批准，怎么可能拍照片，我们想为话务员们留下一个记念，毕竟做了这么多年的话务员了。我记得，那时，我拿着相机为同事们连着拍了好几天，这是上海长途台话务员唯一的一张工作照，给她们长途话务员生涯留下弥足珍贵的永久记忆。

上海第一长途台关闭以后，那扇话务员们曾经穿梭进出的大门并没有关上。终于有一天，一个消息传来，说是长途台真的要拆了，以往的座席就要拆除搬走，曾经的历史将化为空白。长途台的姐妹们怀着恋恋不舍的心情传告着，结伴着再去看上一眼。

那，是一种怎样的难分难舍啊！

人类社会文明与文化，总是在盼望与留恋中前行。

走进长途台，眼前是一片沉默和寂静。没有了以往明亮的灯光，没有了以前的一片忙碌。一排排接续座席依在，但已斑斑驳驳；一条条传输线还在，但已裂痕累累。

话务员姐妹们沿着那排长长的接续座席，一个座席、一个座席地走过去，再轻轻地抚摸一次那曾经陪伴着她们迎来一个个早班、度过一个个中班、送走一个个夜班的座席，深情地凝望着那机台上标写的地名：北京、乌鲁木齐、拉萨、天津、长春、哈尔滨、呼和浩特、银川、沈阳、武汉、成都、南宁、昆明、贵阳、西安、太原、南昌、杭州、福州……

29个省会城市啊，154台座席，一席一席紧密相连，犹如是一张中国版图，是那么亲切地展现在她们的眼前；满怀着留恋，再扳一扳那熟悉的电键，再拿起那曾经连接五湖四海的塞绳，耳旁仿佛又听到对方话务员姐妹亲切的呼叫："上海，我到你八类叫人，流水（每一张电话的编号）……"

八、长途电话人工接续制终结

1994年，上海市长途电信局向社会开放"长途电信咨询台"电话号码为"696820"，为用户提供新电信的业务服务。

在这个变化中，曾经是全国第二大长途台的上海长途台即将进入历史性的又一次大面积关闭。此时的上海长途通信事业已全面实现了"一年一个样，三年大变样"：1995年全市长途电话业务总量为9.22亿张，其中，国内长途去话4.4亿次，其中国际及港澳电话0.4亿次。长途电话直拨比重达到99.81%。

上海长途电信局长电信咨询台

以上这一组数字让我们看到了科技解放生产力的现实。如果没有长途电话全自动直拨，按照原上海长途台国内长途话务员人数来计算，以每个话务员班产量300张，年产量为79 200张计算，长途电话业务总量平均增加19倍，需要的长途话务员是11 614人，需要的话房是19层大楼。

一幅个人化的通信美景呈现在世人的面前：于1901年开始的长途电话人工接续制，因人工长途电话业务量急剧萎缩，全国各地长途台纷纷并入市话查号台，大批长途话务员陆续转岗分流，长途电话人工接续制历史性地开始落下帷幕。

这巨大的历史变化，源于全国各级政府和社会各界以及通信用户的大力支持；源于邮电科技人员在改革开放年代的努力奋斗和奉献；源于通信技术的进步，从人工接续到计算机程序控制，长途电话实现全自动直拨，通信科技造福人类。

然而，长途台真的消失了吗？

不，它没有消失，1999年，电信分营，长途业务咨询台一分为二，曾经的长途话务员分别到电信公司"10000"，移动通信公司"10086"为电信用户服务。

对于千千万万的老百姓来说，长途台已融合在千家万户的电话、计算机里，融合在人们手上的移动电话及林林总总的电话卡里，长途电话从单一的人工接转转变为多元的通信方式。不过，对于一些特需用户来说，长途台依然存在，拨入号从"113"变成了"95113"，接转的电话也没有了种类的区分，以往以塞绳和电键为用户服务的话务员，变成了现在的综合电信服务人员。她端坐在那一台计算机前，语音仍是那么的

上海电信公司"95113"咨询服务坐席

亲切和蔼，就像一朵小小的兰花，在长途电话直拨的现代通信科学技术百花苑里，散发着让人回味的、淡淡的清香。

在人民邮电的岁月里，一代又一代长途话务员兢兢业业，恪尽职守。以平凡的工作，保证了国家神经系统的畅通无阻，为国民经济的正常运转提供了通信保障，为老百姓的通信需要提供了优质的服务。她们无愧于历史所赋予的重任。

九、岁月留痕——长途话务员的记忆

回首长途电话人工接转工作的日子，全国各地长途台话务员姐妹们全程全网，密切配合，以"人民邮电为人民"的使命，在接续每一张长途电话时，全国一盘棋，全网一条心，齐心协作，尽心尽力，忠于职守，急用户之急，帮用户所需，接转了像满天星星一样多，数也数不清的长途电话，为用户解决了许多的急事、难事。

在21世纪的今天，仅记录下20世纪60—90年代，在上海长途台600多名话务员之间发生的，为用户排忧解难的几个小故事，作为长途话务员在长途电话人工接转岁月里的深情回望：

没有电话——我来传

1987年8月27日上午11点，值守贵阳台的话务员徐莉萍接到对方话务员的请求："上海，我的用户有困难，请您帮助解决。"

"好的，请把用户接过来。"

打电话的是贵阳水文地质大队谢同志，他12岁的女儿已于25日在贵阳上车到上海，列车开后，他马上拍电报给上海的亲戚，请他们到站接车，没想到电报因地址有误被退了回来，这下可把他急坏了：女儿独身一人，眼看快到上海了，要是没人接，万一出了事怎么办？老谢忙挂了个上海的长途电话，希望通过公用电话找到亲戚。可真是船破又遭连夜雨，他亲戚所住的水电路一带是新建成的住房，门牌号码还没有完善，所以，也就还没有公用电话。无奈之下，他只有求助上海长途台的话务员。

"您放心，我一定帮你把消息送到。"小徐一诺千金。那天，正下着大雨。下了班后，小徐来到了水电路上，她一幢一幢楼房地找，一个楼层一个楼层地问，终于找到了谢先生的亲戚家。一个少女的上海之行圆满完成。

谢谢你们，祖国的长途话务员

1992年9月的一个深夜，国际台长途话务员刘红接到加拿大话务员报来的国际长途电话，要找四川重庆南岸四十三中学的郜时戎或者是石慧莲通电话。

电话报到重庆，不一会儿，传来了重庆话务员的回告：受空（受空，长途台话务员的工作语言），这个学校没有电话。不能接通这个电话的原因很快回报给加拿大话务员，用户请求将这个电话改为接到重庆市大田八街×号的传呼电话。可是，重庆话务员回答：对不起，那里没有传呼电话。

如此一来，按照一般长途电话业务操作规程，这个电话不能接通的原因将通报给加拿大方，通知用户做销号处理。然而跨海越洋的这个长途电话，用户是有急事啊！刘红听到了用

刘红在国际台工作（中）

户急切的话语："我们老夫妇是加拿大籍华人，已订好9月3日的机票回国探亲，我们想电话通知重庆的亲戚去上海接我们，请祖国的话务员小姐想想办法，帮我们接通电话。"

刘红一边安慰用户，一边拨通重庆长途台值班班长的电话。值班班长了解这个情况后，立即答应帮助想办法为老夫妇完成这个电话通话："我们这有一个邮电所的同志能帮助去叫接电话的人，只是路远，还要坐船渡江，估计要等五六个小时才能找来受话人。"

五点多钟的时候，等待了六个小时的越洋电话终于接通了。通话完毕以后，放下了重要心事的加拿大籍华人老夫妇连连感谢上海长途话务员的帮助，由衷地说："谢谢你们，祖国的长途话务员。"

几十个长途电话的查找——为用户解忧

1993年9月的一天晚上，长途台班长台的铃声响了起来，值班班长林花拎起电话，"上海长途台班长台，请讲"。

"长途台，请你们帮帮我的忙。"电话那头的人声音很是焦急，"人命关天的大事啊！"

上海至南昌的长途电话接继台

原来打电话的人是上海新华树脂厂闸殷分厂的负责同志，他说，今天发现原料仓库不小心将1.4吨的二甲苯错发给江西万年化工厂，如果不慎用错，就要出大事的，可是，提货单上只是写了提货单位而没有写地址，不知道这个万年化工厂在江西什么地方。所以，请长途台帮忙找到这个单位。

林花立即与南昌长途台联系，先后查找了江西几十家化工厂，一个一个电话地问，一个一个电话地找，足

77

足两天的时间，打了几十个电话，终于在一个乡办企业里找到了这家化工厂，避免了重大事故的发生。

为了一个垂危的病人——四地长途话务员共同努力

1996年的大年初四，"济南，贵州水城矿务局王家寨煤矿的电话没有人接。"上海长途台话务员陈根娣将这个原因通报给济南长途台。

"上海，这个电话有急事，是水城矿务局一位退休工人回济南来走亲戚，现在发急病，生命垂危，得赶快跟他家里的人联系，请帮帮忙。"济南台的话务员说。这是人命关天的大事，陈根娣立即向值班班长报告，并通过业务联系向贵阳班长台请求帮助。由于当时水城矿务局的电话线路还没有进入程控网，她一次一次地请对方局话务员开出水城线路，请求水城话务员不断地拨打王家寨总机。

上海长途台班长台

不停地拨打电话，终于接通了王家寨总机，然而不巧的是，矿里放假了，工区的区长家里没有电话。陈根娣立即将事情的来龙去脉说了一遍，请对方接电话的人去叫一下，以帮助这个电话完成通话。王家寨总机的话务员被上海话务员急用户所急的心情所感动，他答应立刻亲自去找那位工人的家人。就这样由济南、上海、水城、王家寨总机四个话务员的接力相传，这个倾注着人间关爱的电话终于接通了。

亲爱的读者，当您阅读到这里时，如果您曾经是人工长途电话的用户，请接受长途话务员亲切的致意，并向您表示衷心的感谢，感谢您在长途电话人工接续的日子给予我们的配合和支持。在未来的日子里，让我们一起，带着长途电话人工接续制岁月里那份温馨的记忆，共同步入信息化通信的美好岁月！

来话记录单

去话记录单

转话记录单

表4 人工长途电话接续顺序、接通时限表

年/月	接续顺序及接通时限	
1926/5	普通	加急
1934/3	普通通话	加急通话
	传呼通知	预告通知
1936/12	叫　人	叫　号
	传　呼	特约通话
	定时通话	夜间半价（3小时前）
1937/3	叫　人	叫　号
1946/8	军政电话	加急电话　（2小时）
	寻常电话（3小时）	
1947/1	新闻电话（规定时间12—14时及21—23时）	
1949/5	1：防空情报　（立刻）	6：加急电话　（3小时）
	2：加急军政　（1小时）	7：防空公务　（3小时）
	3：紧急防空公务　（1小时）	8：寻常军政　（3小时）
	4：特快电话　（1小时）	9：公务、业务　（4小时）
	5：紧急公、业务　（2小时）	10：寻常电话　（5小时）
1955/1	1：防空情报　（1分钟）	8：加急公、业务　（30分钟）
	2：特设军政　（10分钟）	9：普通军政等　（45分钟）
	3：紧急防汛、防疫　（10分钟）	10：普通企业等　（45分钟）
	4：特快业务　（10分钟）	11：加急一般　（60分钟）
	5：加急军政　（20分钟）	12：普通公、业务（60分钟）
1977	6：加急企业、新闻　（30分钟）	13：普通一般　（60分钟）
	7：普通军政专线　（30分钟）	
	1：防空情报　（立即）	5：加急军政、新闻　（30分钟）
	2：中央首长、特种　（10分钟）	6：加急普通　（30分钟）
	3：紧急调度、公、业务　（20分钟）	7：普通军政　（60分钟）
	4：中央部、地方首长　（30分钟）	8：普通　（60分钟）

注：1977年的标准延续使用至人工长途电话接续结束。

表5　1923—1990年国内长途电话价目表（以上海为例）

年/月	首先通达	时间	费用
1923	上海—南翔	次/5分钟	0.05/银元
1937	上海—南翔		0.10/法币
1939	上海—南翔		0.40/日元
1949	上海—南翔		300/金圆券
1950	上海—南翔		1 200～4 050/人民币（旧币）
1955/3	邮电部统一规定：以人民币元/分钟计算长途电话费用 无锡1.50元/分钟；南京3.75元/分钟；杭州2.25元/分钟；北京9.00元/分钟			

1955年8月1日起至1990年，全国统一执行的13级长途电话资费。

级别	空间距离	每分钟基本价目
1	25千米以内	0.05元
2	25～50千米	0.10元
3	50～100千米	0.20元
4	100～150千米	0.30元
5	150～200千米	0.40元
6	200～300千米	0.50元
7	300～400千米	0.60元
8	400～600千米	0.70元
9	600～800千米	0.80元
10	800～1 000千米	0.90元
11	1 000～1 500千米	1.00元
12	1 500～2 000千米	1.10元
13	2 000千米	1.20元

第二章　中国电信业的历史性跨越

长途话务员的职责——分秒必争 保密安全

北京长途台　　　　　天津长途台　　　　　济南长途台

呼和浩特长途台　　　　拉萨长途台　　　　　乌鲁木齐长途台

武汉长途台　　　　　哈尔滨长途台　　　　　南宁长途台

吉林市长途台　　　　石家庄长途台　　　　　珠海长途台

长途话务员的职责——分秒必争 保密安全

贵阳长途台　　　　　杭州长途台　　　　　济南长途台

太原长途台　　　　　南京长途台　　　　　昆明长途台

威海长途台　　　　　龙山长途台　　　　　重庆长途台

西安半自动长途台　　福州半自动长途台　　郑州半自动长途台

第九节 两岸首次携手推进信息产业技术共同标准

两岸携手举办"海峡两岸信息产业技术标准论坛"

2005年3月,中共中央台办与国民党参访团会谈达成促进两岸经贸交流与合作十二项初步协议。加强两岸信息产业标准的研究和制定,促进两岸经济合作深入发展为协议内容之一。

一、"海峡两岸信息产业技术标准论坛"首次在北京开幕

7月5日,由台湾主要电子信息企业发起设立的华聚产业共同标准推动基金会,与中国通信标准化协会、中国电子工业标准化技术协会共同主办"海峡两岸信息产业技术标准论坛"首次在北京开幕。这是两岸信息产业界首次举办的高层技术论坛,是两岸首次携手在技术标准方面建立长期交流机制,共同推进中国人自主的信息产业技术标准,为两岸交流合作搭建沟通的平台。两岸180多名专家、学者、企业家将围绕AVS(音视频编解码技术)、TD-SCDMA(第三代移动通信)、移动存储、高清晰度平板显示四个领域的技术标准议题进行交流和探讨。

信息产业部副部长蒋耀平出席论坛,并在致辞中表示:海峡两岸在信息产业发展上各具优势,互补性强。大陆具有广阔的经济发展腹地,巨大的市场潜力,较强的研发实力;台湾信息产业发展起步较早,在生产管理、市场开拓、技术创新等方面具有丰富的经验。信息产业部将进一步促进两岸信息产业合作,实现优势互补,互利共赢,共创辉煌。信息产业部将积极为两岸业界标准合作和技术创新提供良好的发展环境,推动建立两岸民间合作与交流机制,充实合作内容,完善合作模式,拓宽合作渠道。

江丙坤（前排左二），蒋耀平（前排右二）
出席论坛嘉宾和代表合影（摄影：董会峰）

华聚基金会董事长江丙坤在致辞中表示，台湾虽然在信息产业方面具有相当强劲的全球竞争力和研发能力，但因为市场规模有限，因此在产业标准的领域一直缺乏企图心和行动力。如果台湾与大陆携手合作，就会有完全不同的局面。因为，大陆有足够大的市场规模，拥有制定产业标准的绝对优势。所以，只要两岸在信息产业上通过技术的合作，化异求同，采取同样的技术标准，两岸可以在全球信息产业上扮演知识及技术领航者的角色。

二、第二届"海峡两岸信息产业技术标准论坛"在台北召开

2006年5月10日，第二届"海峡两岸信息产业技术标准论坛"在台北亚太会馆开幕。两岸业界知名人士、专家、学者一百多人与会。开幕式还吸引郭台强等台湾工商界巨子前来旁听。

华聚产业共同标准推动基金会董事长江丙坤致欢迎词：大陆一九七九年改革开放以来，每年有百分之十以上的经济成长，已经变成全世界第七大经济体。在大陆变成"世界工厂"、世界市场的时候，台湾尤其是企业界如何发挥地理、同文同种优势，捷足先登，取得优势，相信是两岸企业家最关心的事情。近几年来，我们看到世界的进步，而台湾经济却低迷，所以希望能够利用这次论坛，不只是为信息产业找到升级和转型的机会，更希望以此为契机，来营造两岸和谐的气氛，进一步繁荣台湾经济。

率团来台的中国通信标准化协会名誉理事长、信息产业部副部长蒋耀平，则就深化两岸信息产业交流与合作提出三点看法和建议：加强两岸业界合作，推动两岸信息产业的共同发展；以技术标准领域合作为重点，提升两岸信息产业的创新能力；以技术标准论坛为平台，凝聚两岸业界的发展合力。"不积跬步，无以至千里；不积小流，

无以成江海",两岸信息产业合作及美好未来,需要脚踏实地、从点滴做起。希望业界深入研讨,献计献策,交换意见,凝聚共识,共创两岸信息产业互利双赢新局面。

作为主办单位代表,华聚产业共同标准推动基金会执行长林坤铭、中国电子工业标准化技术协会秘书长常利民、中国通信标准化协会秘书长周宝信也分别致辞。

本届论坛为期两天,设六个议题,同上届相比,新增"绿色能(电)源"和"半导体照明"两个论坛。会上,江丙坤与蒋耀平互赠了礼品。

第十节 大陆香港台湾首度携手召开中国互联网大会

2005年9月1日,由中国互联网协会、香港互联网专业人士协会、台北县计算机商业同业公会首度携手以"拓展区域合作,把握产业机遇"为主题的2005(第四届)中国互联网大会在北京国际会议中心举行隆重的开幕仪式①。

本届大会上与会行业协会组织了10多个国家和地区知名企业、投资机构共话国际合

2005(第四届)中国互联网大会在北京开幕

作:1 200多家互网渠道代理商、500多家无线与宽带服务提供商、200多家数字娱乐企业机构、800余位个人网站的创业者共3 000多人出席。国家科学技术部、教育部、信息产业部、文化部、国务院新闻办、国务院信息化工作办公室、北京市政府、中国科学技术协会、中国科学院、中国工程院等有关领导出席大会。

据新闻媒体报道,中国互联网协会常务副理事长高新民、香港互联网专业人员协会葛佩凡主席、台北县计算机工会陈芬玉总干事为大会的开幕剪彩,并分别发表一句话感言。

高新民:"我衷心希望2005年中国互联网大会成为共同推动基于网络中国文化的繁荣昌盛的起点。"

葛佩凡:"我衷心祝愿中国互联网同业可以携手飞跃国际市场。"

陈芬玉:"我希望这次互联网大会能够成为'两岸实时互联、即刻相通'最大的

---

① 中国互联网大会从2002年举办,第一届大会的主题是"互联网应用呼唤创新",2003年第二届大会的主题是"透视互联网迈向'e时代'",2004年第三届的主题是"构建繁荣、诚信的互联网"。

动力。"

信息产业部电信管理局韩夏副局长为大会致辞：近年来，我国信息产业不断高速发展，已经成为我国国民经济的主要支柱产业之一。据统计2004年我国信息产业增加值完成9 087亿元，占国内生产总值的7.2%，其中通信业完成3 437亿元，作为信息产业的一部分，我国互联网行业也在稳步前进，截至去年年底，我国互联网用户数已经超过9 000万户，互联网用户规模和网络规模均居世界第二位。互联网已逐步深入国民经济各领域和广大人民生活群众的各个方面，并且正在以超出人们想象的广度影响人们的生活。互联网行业是新型行业，它的发展日新月异，我们清醒地认识到我国互联网在迅猛发展的同时，仍然存在一些问题，与发达国家相比，还存在一定差距。因此，我们要认真总结和汲取互联网发展过程中的经验和教训，从我国国情出发，采取切实有效的措施，共同促进和保障我国互联网持续快速健康协调发展。

中国互联网协会高新民常务副理事长为大会致辞：2005年第四届中国互联网大会，将更加密切地跟踪互联网技术发展的前沿，加强研讨的深度，推进区域合作，把握产业发展的机遇，同时这次互联网大会还将在香港和台湾同行们的支持下，开展海峡两岸在互联网发展领域方面的合作，共同推动互联网事业的发展。

中国互联网协会秘书处孙永革副处长代表2005中国互联网大会组委会在此次会议上为大会致辞：互联网没有国界，中国互联网也没有国界，我们引进来、走出去，促进国际国内互联网产业之间进行经验、知识、信息、技术、资本、管理、业务等各个层面的交流合作，使我国互联网发展能够不断注入新鲜血液，不断创造源泉。首度携手，深度合作，以拓展区域合作，把握产业机遇为主题的2005年中国互联网大会，我们与香港、台湾的互联网同仁将在产业合作方面进行一些探索，相信通过我们的合作，能够为推动中国互联网的发展发挥更大的作用。

本届大会上，近100家主流媒体聚首8大分会场50多个交流区间的100多个研讨主题。与会代表就"2005中国互联网大会发布会（Internet2005）""2005互联网产业数据发布会（Data2005）""2005互联网趋势论坛（Trends2005）"的议题，围绕产业细分领域和主要失常增长点，举行多个场次、多种形式的国际国内企业交流合作洽谈会。与会各界畅谈推动中国乃至亚太地区互联网业的融合发展，深入促进各个地区、国家互联网业界与中国在互联网发展的经验、知识、信息、技术、资本、管理、业务等各个层面的交流合作。来自信息产业部、中国工程院的专家和其他一些国家重点企业的代表亦在会上发言，共同描绘中国互联网发展的蓝图。

注：本节内容选自综合媒体资料。

第三章

中华人民共和国工业和信息化部成立

2008年，中华人民共和国工业和信息化部成立。这年，中国通信网络用户规模居世界之首位，海峡两岸实现直接通邮。此时，已是距海峡两岸于1996年建立卫星通信直达电路，电信业务直通以后的第12年。始于1979年的海峡两岸通电、通邮工作圆满完成。

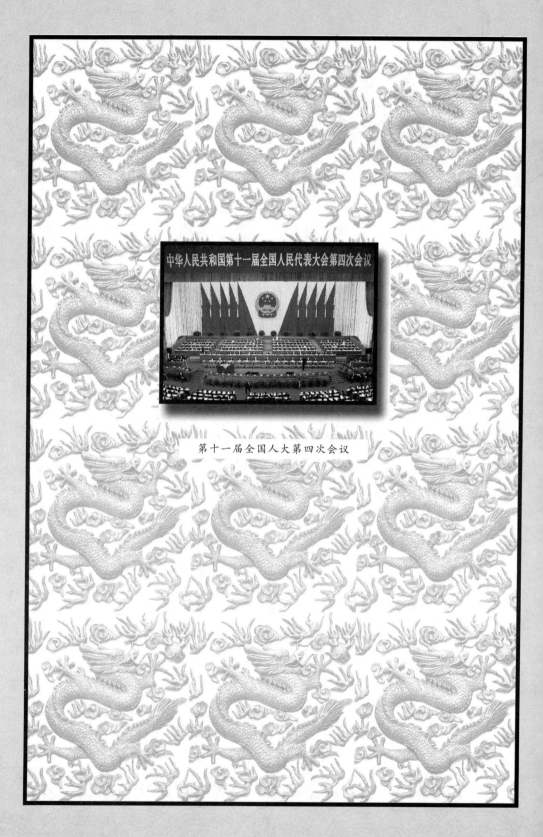

第十一届全国人大第四次会议

第三章 中华人民共和国工业和信息化部成立

第一节 工业和信息化部的成立

2008年3月11日,十一届全国人大一次会议举行第四次全体会议,国务院机构改革方案提请十一届全国人大一次会议审议。会议表决通过关于国务院机构改革议案的决定,国务院实行大部制改革。原属信息产业部的国家邮政总局划归新成立的交通运输部,邮政与电信彻底分开。将原国防科工委、信息产业部、国务院信息化工作办公室、国家烟草专卖局4部门合并为工业和信息化部。李毅中①为首任部长,王旭东②、奚国华③、苗圩④、陈求发⑤、娄勤俭⑥、欧新黔(女)⑦、杨学山⑧为副部长。后任部长的有苗圩,任副部长的有刘利华⑨、苏波⑩、尚冰⑪、马兴瑞⑫、许达哲⑬、毛伟明⑭、怀进鹏⑮、辛国斌⑯、陈肇雄⑰、冯飞⑱。

李毅中

王旭东

奚国华

苗圩

陈求发

娄勤俭

欧新黔

杨学山

---

① 李毅中:2008年3月—2013年3月任工业和信息化部部长。
② 王旭东:信息产业部部长。2008年3月任工业和信息化部副部长。
③ 奚国华:信息产业部副部长。2008年3月任工业和信息化部副部长。
④ 苗圩:2008年3月任工业和信息化部副部长。2013年3月任工业和信息化部部长。
⑤ 陈求发:2008年3月—2013年1月任工业和信息化部副部长。
⑥ 娄勤俭:信息产业部副部长。2008年3月—2010年8月任工业和信息化部副部长。
⑦ 欧新黔:(1949—2009),2008年3月任工业和信息化部副部长等职。
⑧ 杨学山:2008年3月—2015年3月任工业和信息化部副部长。
⑨ 刘利华:2011年2月任工业和信息化部副部长。
⑩ 苏波:2013年5月—2015年4月任工业和信息化部副部长。
⑪ 尚冰:2013年10月—2015年8月任工业和信息化部副部长。
⑫ 马兴瑞:2013年3月—2014年1月任工业和信息化部副部长。
⑬ 许达哲:2013年12月任工业和信息化部副部长。
⑭ 毛伟明:2013年12月—2015年7月任工业和信息化部副部长。
⑮ 怀进鹏:2015年10月任工业和信息化部副部长。
⑯ 辛国斌:2015年10月任工业和信息化部副部长。
⑰ 陈肇雄:2015年10月任工业和信息化部副部长。
⑱ 冯飞:2015年10月任工业和信息化部副部长。

刘利华　　　　苏　波　　　　尚　冰　　　　马兴瑞　　　　许达哲

毛伟明　　　　怀进鹏　　　　辛国斌　　　　陈肇雄　　　　冯　飞

6月29日，工业和信息化部正式挂牌，下设办公厅、政策法规司、规划司、财务司、产业政策司、科技司、运行监测协调局、中小企业司、节能与综合利用司、安全生产司、原材料工业司（国家履行《禁止化学武器公约》工作办公室）、装备工业司、消费品工业司、军民结合推进司、电子信息司、软件服务业司、通信发展司、电信管理局、通信保障局、无线电管理局（国家无线电办公室）、信息化推进司、信息安全协调司、国际合作司（港澳台办公室）、人事教育司、机关党委、离退休干部局等部门。

工业信息化部隆重挂牌

工业和信息化部对通信业的主要管理职责是：拟定并组织实施工业、通信业、信息化的发展规划，统筹推进国家信息化工作，统筹规划公用通信网、互联网、专用通信网，依法监督管理电信与信息服务市场，会同有关部门制定电信业务资费政策和标准并监督实施，负责通信资源的分配管理及国际协调，推进电信普遍服务、开展工业、通信业和信息化的对外合作与交流，代表国家参加相关国际组织，等等。

第二节　网络用户规模居世界之首位

2008年5月24日，工业和信息化部、国家发改委和财政部联合发布《关于深化电信体制改革的通告》，将现有六大基础电信营运商合并为三大集团：中国联通将与中国网通合并，中国卫通基础电信业务并入中国电信，中国铁通并入中国移动，鼓励中国电信收购联通CDMA网，重组完成后将发放3G牌照。

10月15日，中国联通和中国网通正式合

中国联通公司成立仪式

并。新的公司名称为"中国联合网络通信有限公司"。是日的成立大会上，工信部副部长奚国华、新联通筹备组组长常小兵、国务院国有资产监督管理委员会副主任孟建民为联通公司新标揭幕。

10月21日，中国电信正式接手CDMA新网络，至此，中国通信业形成中国电信、中国移动、中国联通三大公司皆全业务运营竞争的格局。

第三次重组后的中国通信业，站在了又一个通信科技历史的起点前，各通信公司正在兴建的新一代宽带无线移动通信网，将以先进通信科技支撑的信息网络，成为社会民主、经济发展、文化进步的一个快通道。

此时，经过改革开放和三通以来的多年发展，中国大陆通信业形成了完整的工业体系、巨大的生产能力和庞大的内需市场，工业增加值占GDP的43%，台湾在电子信息产业的技术研发、生产工艺、企业管理和市场开拓等方面也发展到具有一定的优势和经验。两岸工业、通信业合作潜力巨大，抓住机遇，加强合作，实现优势互补、共同发展，已是两岸各界的共识。

截至2008年8月，中国已建成覆盖全国、通达世界、技术先进、业务全面的国家信息通信基础网络：

固定电话用户由1978年的193万户增至2008年8月的35 407.1万户。

移动电话用户由1982年的1.8万户猛增到2008年8月的61 601.7万户。

全国局用交换机容量由1978年的0.04亿门升至2007年的5.1亿门，增长125倍。

长途光缆线路长度达到79.2万千米，互联网宽带接入端口8 539万个。截至2008年6月月底，我国网民达2.53亿人，首次大幅超过美国的2.18亿人，跃居世界第一位。网络规模发展速度也位居世界前列[①]。

---

① 据中国互联网络信息中心（CNNIC）发布的《第22次中国互联网络发展状况统计报告》。

第三节　电信科技点亮北京奥运火炬

中国移动通信集团公司签约奥林匹克

中国网络通信集团公司签约奥林匹克

2008年8月18日，中国第一次举办全世界瞩目的体育盛会——第29届奥林匹克运动会。中国移动、中国网通以中国通信业在改革开放30年以来的丰硕成果，骄傲地以领先于世界电信业的电信技术精彩亮相，在"绿色奥运，科技奥运，人文奥运"的中国北京奥运会上，共同打造出一个"同一个梦想，同一个世界"的中国通信业的"数字奥运会！"

为迎接百年以来第一次在中国北京举办的奥运会，早在2004年，中国移动通信集团公司、中国网络通信集团公司就向北京奥组委提交了应征文件，同年7月，北京奥组委正式宣布中国移动通信集团公司、中国网络通信集团公司为2008年北京奥运会固定通信服务合作伙伴。

2007年4月26日，经国际奥委会批准，2008年北京奥运会组委会在北京世纪坛宣布第29届奥运会火炬传递计划路线和火炬样式。火炬以中国传统祥云符号和纸卷轴为创意，火炬境外传递城市19个，境内传递城市和地区116个。

作为本届奥运会的通信服务合作伙伴，中国移动通信集团公司和中国网络通信集团公司做好了充分的准备。

一、中国移动通信集团公司

以具有中国自主知识产权的TD-SCDMA网络系统首先在北京、天津、沈阳、秦皇岛、上海、广州、深圳和厦门等奥运城市投入使用。同时，中国移动GSM网珠穆朗玛地区覆盖工程誓师大会在中国移动西藏公司举行，这项世界海拔最高的移动网络工程，将在海拔5 800米和6 300米处建设直放站和基站，为"奥运圣火跨越珠峰"活动提供通信保障。至奥运会正式开幕前，西藏珠峰通信工程也全部完工。

二、中国网络通信集团公司

建成了全球第一张基于 ASON＋MSTP 的奥运智能光传送网络，为奥运会提供高品质、安全稳定的视频传送业务、专线业务等通信服务。第一次采用浅压缩高清视频传送技术。中国网通首次采用长距离非压缩的方式传送高清电视信号。将原始的高清电视信号完全没有损伤地在国际间传送，第一次提供基于 VLAN 的多媒体实时传送服务。中国网通为美联社、路透社、法新社、新华社、盖蒂图片社等五大通讯社组建了一张连接各场馆和 MPC 的专网，通过 VLAN 的方式对不同通讯社的用户数据进行隔离，从而在同一网络内为不同用户的组建虚拟专网。第一次采用 ASON 网络。为服务宽带奥运，中国网通还建立了全球第一张基于 ASON＋MSTP 的奥运智能光传送网络，北京的全部奥运场馆实现"全光网络覆盖"，"宽带奥运"也成为可能。

中国移动通信公司建立珠峰基站服务点

2008 年 5 月 8 日上午 9 时 17 分，北京奥运圣火珠峰传递突击队员代表全人类首次将象征"和平、友谊、进步"的奥运火炬在世界最高峰珠穆朗玛峰峰顶点燃，并在世界之巅顺利完成奥运火炬的传递和展示。

5月8日晚上8时，举世瞩目的第29届奥林匹克运动会开幕式在国家体育场（鸟巢）隆重举行。国家主席胡锦涛出席开幕式并宣布本届奥运会开幕。具有两千多年历史的奥林匹克运动与五千多年传承的灿烂中华文化交相辉映，共同谱写人类文明气势恢宏的新篇章。

中国各民族儿童护卫国旗入场

夜幕下，"鸟巢"造型的国家体育场华灯灿烂，流光溢彩。可容纳9万多人的体育场内座无虚席，群情激动。当祥云火炬点燃奥运圣火的那一刻，当来自全世界各国和地区的政要、运动员们在美轮美奂的中国国家体育场里,以不同的语言唱响《奥林匹克圣歌》的那一刻,那熊熊燃烧的奥运圣火,让全世界的人心潮澎湃,让全世界的通信业者浮想联翩。

千百万年来,人类在问着,"我从哪里来?到哪里去?"也在问着,"苍茫天地,舍我其谁?"有许多的苍生为之奋斗,有无数的英雄为之折腰。然而,斗转星移,苍穹下的世界属于全人类,在我们生活的地球上,岁月淘尽万千英雄,人类还在繁衍生息,传承文化,沟通交流,谱写生命的篇章。这个谱写里有一个美妙的音符是——通信电波。

国际电信联盟前秘书长内海善雄

在人类漫长的道路上,烽火改变了人类的信息通信生活,从此人类有了远距离的沟通方式,尽管这沟通里总是战争与和平共存,毁灭与新生相伴。但是,人类从来就没有停止过沟通的愿望。狼烟烽火传承到19世纪时,电报从大洋彼岸诞生,从此,电报改变了人类的信息生活,电报信号的"嘀嗒"声飞越天涯海角,各种皮肤、各种语言的人开始在世界范围内沟通。在这沟通里,电波的信号从来不曾消失。它跨过千山万水和五洲大洋,环绕世界。浩浩电波里有战火纷飞的厮杀场,有圣洁爱情的芳草地,有尔虞我诈的谈判桌,有救死扶伤的红十字……通信电波始终伴着人类的沟通一路前行。

正如国际电信联盟前秘书长内海善雄在第35届世界电信日的致辞中所说:

人类历史记载了人类生活、工作和娱乐等方面所发生的根本变化。其中许多变化归功于通信技术方面的革命。自1865年5月17日国际电信联盟创立以来,这些变化也反映在国际电联的历史中。光阴荏苒,国际电联的作用在不断扩大,但是我们为世界人民的沟通与交流牵线搭桥的使命依然如初。人们渴望繁荣与和平,同样也渴望沟通与交流,这都是人们的基本需要。

通信电波——恢宏;通信电波——美好;通信电波——以沟通创造和平。

第四节　海峡两岸签署四项协议

海峡两岸签署四项协议

2008年11月4日下午，大陆海协会会长陈云林与台湾海基会董事长江丙坤在台北签署四项协议，内容涉及两岸空运、海运、邮件与两岸食品安全。

这历史的一刻，由新华社台北11月4日电报道：

现场鸦雀无声，静得仿佛能听到笔尖与纸张摩擦所发出的"沙沙"声；两会协商人员与媒体记者屏息凝神，只有相机的闪光灯亮成一片，争相记录这两岸同胞近30年翘首以待的历史瞬间。

根据这次签署的《海峡两岸空运协议》《海峡两岸海运协议》《海峡两岸邮政协议》和《海峡两岸食品安全协议》，两岸将开通空中双向直达航路，使客运包机常态化并开通货运直航包机，两岸将相互开放主要港口进行海运直航，还将实现直接通邮，同时建立重大食品安全事件协处机制……

正如中台办、国台办主任王毅在为陈云林赴台送行时所说，这四项协议顺利签署后，两岸大体上就能完成"三通"（通邮、通航、通商）进程，这将为今后两岸关系更加全面发展提供必要的条件和基础。这意味着，由1979年全国人大常委会《告台湾同胞书》首倡的两岸"三通"主张，在两岸同胞持续不懈的共同努力下，终于经两岸制度化协商而搭起了框架。

安静的签署仪式现场，时间似乎暂时静止。5分钟的签字过程显得如此漫长，但是相对于两岸隔绝不通的几十年蹉跎岁月而言，这短短一瞬间却跨越了截然不同的两个时代。所有协议签署完毕后,现场响起热烈的掌声,两会主要领导人举起酒杯,斟满美酒,额手称庆,笑逐颜开。

"如果我们的努力能让两岸关系和平发展的航船承载着两岸同胞的共同利益,驶向互利双赢的彼岸,我们将为此感到无限的欣慰和荣光。"陈云林当天上午充满激情的话语言犹在耳,两会制度化协商便在实施两岸周末包机和大陆居民赴台旅游之后,再度交出一份令两岸同胞皆感欣慰的亮丽成绩单。

协议签署后,江丙坤赠送陈云林一面写有"和平协商,共创双赢"字样的匾额,作品背景中藏着第一次"陈江会"时签署的《海峡两岸包机会谈纪要》与《海峡两岸关于大陆居民赴台湾旅游协议》全文,共约6000字的隶书小字。陈云林回赠了一个双手互握形状的水晶工艺品。据介绍,这个工艺品象征海协会、海基会平等协商的精神,比喻和平、合作,期待两会成为推进两岸和平发展的桥梁。

第五节　两岸空中双向直接通航

两岸空中双向直接通航仪式

2008年12月15日,海峡两岸同胞共同迎来期盼已久的一刻,两岸直接"三通"迈出历史性的一步直接通航!

一、两岸直接通航仪式

上午7时45分,海峡两岸空中双向直达航路开通仪式在民航上海区域管制中心隆重举行。

第三章　中华人民共和国工业和信息化部成立

深圳航空公司乐队欢迎台湾乘客

民用航空局局长李家祥、国民党副主席蒋孝严、国台办常务副主任郑立中、上海市副市长唐登杰、民航局副局长杨国庆、国家空管委办公室副主任孟国平、海协会副会长安民等出席参加。

国务院台湾事务办公室常务副主任郑立中在当天举行的海峡两岸空中双向直达航路开通仪式上说，这是两岸同胞期望已久的一刻，将永久凝固在两岸关系和平发展的历史画卷中。他说，直达航路的建立将为两岸人员往来和货物运输节省大量时间和成本，空中直航有利于进一步加速两岸生产要素的流动和配置，有利于两岸产业的对接和融合，有利于两岸经济的互补。

二、上海浦东机场

8时，中国民航局局长李家祥宣布海峡两岸空中双向直达航路正式开通。

东方航空执飞的首架"截弯取直"直航班机MU2075航班由上海浦东机场起飞，前往台湾桃园机场。飞机起飞后数分钟，民航上海区域管制中心与台北区域管制中心通过直通热线电话进行对话，首次建立两岸空管部门的直接交接程序。

三、台北松山机场

8时许，台湾复兴航空332号航班从台北松山机场起飞，前往上海。这是从台湾飞出的首个两岸平日包机航班，也是台湾首架飞"截弯取直"航路的航班。

两岸隔绝近60年后，两岸海空直航及直接通邮的全面启动，宣告两岸"三通"时代来临。面对"三通"的全面启航，国外媒体也表现出高度的关注和期待。西方媒体认为，两岸"三通"的"梦想成真"将让两岸关系进入新的发展时期。是日，美联社、法新社等国外主要通讯社都以快讯的方式紧跟两岸"三通"的消息。美联社从台北发回了台湾首个两岸平日包机航班起飞的消息。英国路透社、美国《华尔街日报》15日都报道了台湾股市"跳空大涨"的消息。美联社说，当中国大陆和台湾都感受到了全球经济放缓的压力时，"三通"将产生新的商业契机。文章援引台湾海基会董事长江丙坤的话说："这将为两岸的经济发展做出巨大的贡献。"

第六节　两岸海上直接通航

两岸海上直接通航仪式

2008年12月15日，两岸海上直接通航仪式隆重举行。

一、上海洋山港两岸海上直航仪式

两岸海上直接通航首航仪式在上海洋山深水港举行，上海市市长韩正、中国国民党副主席蒋孝严、国台办常务副主任郑立中、交通运输部副部长翁孟勇、海协会副会长安民、上海台湾同胞投资企业协会会长李茂盛等共同推动了首航起航车钟。中海集团"新非洲"轮和中远集团"远河"轮由洋山深水港起航，前往台湾高雄港。

二、天津东疆保税港两岸海上直航仪式

海峡两岸海上直航首航仪式在天津东疆保税港区举行。出席首航仪式的中共中央政治局委员、天津市委书记张高丽，全国政协副主席郑万通，中国国民党荣誉主席连战，交通运输部部长李盛霖，中共中央台办、国务院台办主任王毅，海峡两岸关系协会会长陈云林，共同按下首航启动仪式按钮。

中共中央台办、国务院台办主任王毅在天津港举行的两岸海运直航首航仪式上指出，两岸"三通"今天迈出历史性的步伐，两岸同胞期待已久的梦想终于实现，两岸各界长达30年的努力终于有了收获。他说，可以预料，实现"三通"后，两岸关系将呈现"大交流、大合作、大融合、大发展"的崭新局面。

三、台湾高雄、基隆两岸海上直航仪式

台湾北部的基隆港、中部的台中港、南部的高雄港共有6艘轮船起航。台湾当局领导人马英九、行政当局负责人刘兆玄分别到高雄、基隆主持海运首航仪式，为从台湾出发的首艘两岸海运直航船舶剪彩起航。马英九在主持高雄港首航仪式时说，两岸直航代表的意义就是象征不再对立，以谈判取代对立、以和解取代冲突。他表示，希望两岸能够共谋和平繁荣。

10时15分，运载1 200个货柜的台湾长荣海运公司"立敏轮"起航前往天津。

第三章　中华人民共和国工业和信息化部成立

第七节　两岸直接通邮

2008年12月15日，两岸直接通邮仪式在北京与台北两地隆重举行。

此时此刻，回顾两岸通邮之路：从1979年1月起，两岸通邮工作启动。在两岸邮政同仁的连接下，从间接通邮到直接通邮，历时29年。如果从1949年算起，是49年。通邮之路也是连心之路，从沪台两地邮政同仁率先踏上"两岸邮政一家"的联系，到两岸同仁以邮件连起了海峡两岸联系的桥梁，至2007年，两岸非邮快件量603.05万件。其中，对台出口快件271.83万件，自台进口快件331.22万件，同比增长14％。两岸快递企业对促进两岸快件业务发展、满足两岸用户需求发挥了重要作用。

2008年11月4日，海协会与海基会在台北签署《海峡两岸邮政协议》。双方同意开办两岸直接平常和挂号函件（包括信函、明信片、邮简、印刷品、新闻纸、杂志、盲人文件）、小包、包裹、特快专递（快捷邮件）、邮政汇兑等业务，并加强其他邮政业务合作。双方同意通过空运或海运直航方式将邮件总包运送至对方邮件处理中心，并同意建立邮政业务账务处理直接结算关系。协议的签署使两岸

两岸直接通邮仪式

国民党副主席林正丰出席仪式

台北中华邮政大楼举行两岸通邮庆祝仪式

大陆用户在邮局邮寄台湾包裹

北京邮政局邮政车整装待发

台湾向大陆发出第一个快捷邮件

中华邮政快捷车准备出发

同胞渴望已久的两岸全面直接通邮变为现实。

北京机场航空邮件交换站两岸直接通邮仪式：2008年12月15日上午9时，由国家邮政局、国务院台办、北京市政府台办、中国邮政集团公司承办的海峡两岸直接通邮仪式，在首都机场北京航空邮件交换站举行。国家邮政局局长马军胜、国台办副主任孙亚夫、北京市副市长苟仲文、海协会副会长张铭清，以及专程前来的中国国民党副主席林丰正等，共约150人出席了直接通邮仪式。

北京邮政局收寄用户第一封直寄信函：国家邮政局局长马军胜、国台办副主任孙亚夫、北京市副市长苟仲文、海协会副会长张铭清等人，投出大陆直接寄往台湾的首批信函，被彩色气球、飘带装点一新的仪式会场刹那间沸腾了，鼓掌声、欢呼声、快门声连成一片。两位中年人，在两岸直接通航、通邮纪念封上写下了"12·15，祝福两岸"几个字。出生在台湾彰化、现居北京的81岁老人郑坚投下了第一封直邮家书。他从台湾到大陆上大学，1949年以后两岸隔绝，从此一个家庭分在两地。他说："这封信是写给在台北生活的妹妹一家的，现在两岸实现了直接通邮，对我来说最大的便利就是能把在大陆买的中药寄给在台湾的妹妹。"

当日，全国各地邮局发布收寄寄往台湾包裹、特快专递和汇款的公告。两岸人民盼望了数十年之久的全面、直接、双向通邮终于变为现实。河南许昌市民周秀兰成为两岸直接通邮后河南许昌市首个前来办理往台湾邮寄包裹业务的市民。

台北中华邮政投递首封大陆快捷邮件：

第三章 中华人民共和国工业和信息化部成立

中华邮政纪念封

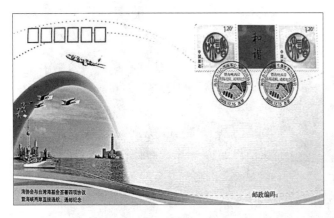

中国集邮总公司纪念封

12月15日上午9时15分,台北中华邮政公司举行"海峡两岸邮政合作"记者会。会上董事长吴民佑将寄给中国邮政集团总经理刘安东的快捷邮件,交到邮递员董国贤的手中,这是首封从台湾寄往大陆的快捷邮件。台湾邮政协会顾问邓添来给海峡两岸邮政交流协会顾问马军胜寄出第二封快捷邮件。

吴民佑在接受记者采访时表示,这两封快捷邮件将搭乘15日上午从桃园机场起飞的华航班机,大约在中午1时20分左右抵达北京。刘安东和马军胜最快下班前就可以收到邮件。以往两岸邮件必须经由第三地转运,而且须先集中汇送到北京及上海封发局,再分送到大陆其他地区。由于大陆幅员广大,多层运输及转送的结果,影响邮件递送的时效性,且增加遗失、毁损等风险。利用空中及海上直接运输,大幅节省运输时间及成本。而双方的封发局数目增加,更加便于收件及发件业务,使时间及成本的节省更为显著。以往从台湾寄往北京、上海等城市的邮件,需七八天才能送达。两岸直接通邮后,可缩短为五六天。

吴民佑说,两岸人民都熟悉"家书抵万金"的故事,书信传递在人们感情的维系与文化的交流上扮演着无法取代的角色。置身于两岸关系历史性的关键时刻,海峡两岸邮政业务合作的启动,有利于两岸人民情感的联系与交流,更能满足广大顾客的用邮需求。为庆祝通邮,从台湾寄往大陆任何一个城市的邮资都相同。以0.5千克以下的快捷邮件为例,快捷文件的邮资为390元新台币,快捷商品则是480元新台币。为了庆祝两岸直接通邮,至2009年1月月底前,函件、包裹和快捷邮件的邮资全都打九折。

为纪念两岸直接通邮,两岸邮政部门当日分别同时发行了纪念邮品。中国集邮总公司发行的《海峡两岸直接通航、通邮系列纪念邮品》，包括首日封、纪念封和纪念邮折等，并特别制作两岸直接通航、通邮纪念邮戳。纪念邮折封面主色为海蓝色，画面一端是上海浦东，另一端是台北101大厦，中间碧海蓝天，彩虹飞架，一群信鸽直越苍穹。纪念封张贴着大红色的中国结图案邮票，而首日封张贴的是"和谐"二字篆书印章图案的邮票。

注：本文内容及照片选自中新社、中国台湾网、"您好，台湾"等媒体资料。

第八节　两岸电信直通的人文记忆

沪台同胞出席"跨越海峡两岸的文化融汇——新书发布会"

海峡两岸航空、海运、邮政直通时代的来临，首先是海峡两岸达成"海峡两岸均坚持一个中国原则，努力谋求国家的统一"的大背景，是海峡两岸人民同属于中华民族的心理认同，也是对在两岸通电、通邮工作中，电信、邮政工作人员以不加冕的和平使者、幸福使者身份，在大陆与台湾间来来往往的长途电话、电报、邮件里，传递着沟通海峡两岸同胞的亲情的最佳褒奖。

大陆与台湾"三通"起于1979年，至2008年基本全面实现"三通"，这是两岸政治家和同胞共同期望的美好愿景。此时此刻，两岸通信同仁满怀着喜悦和自豪：这历史的一刻，是继台湾与大陆通信网联通以后，两岸"通邮、通商、通航"的"三通"基本全面实现。其间，最为动人的，是由两岸同胞共同以血脉亲情写就的故事，每一个故事都让人感动、难忘，且以这一段历史时期中发生的小故事，记录大陆与台湾通邮通电之路上的人文记忆。

第三章　中华人民共和国工业和信息化部成立

应邀出席吉林省满族说部学会学术研讨会
左：省民研所长朱立春，右：省社科院长邵汉明

冯台源：台湾海洋大学校友会名誉会长

我的母校是台湾海洋大学，20世纪80年代以来，随着大陆经济爆发式的成长，大陆的主要口岸在短短不到十年的时间，成为世界上最大吞吐量的货柜码头。由于大陆和台湾间便捷、快速的电信信函传递吸引了许多母校的学子们来到大陆、上海工作。在上海，台湾海洋大学的校友们有的以专业知识和管理经验，投入、服务于上海海运业，并取得了事业的成功。随着上海经济与文化的发展，越来越多的海洋大学校友来到上海，并常常举行聚会。于是，我们的校友会就在上海成立了。每到中秋、圣诞节，校友们都会聚集在一起，举行各种社交活动，校友会是我们在上海的一个精神家园。在这里，既凝聚了校友之间的感情，又交流了国内外经济和文化的信息，每一次的聚会我们都非常开心，也让我们更喜欢上海这个城市。2011年，我在与朋友们分享南极旅游探险的一个讲座上，与满族女作家白玉芳女士相识，使我与更多的上海静安区少数民族同胞相识。我和我的校友们走进了他们的都市少数民族文化之中，共同出版了书籍，举办了以"跨越海峡两岸的民族文化融汇"的《东海—南极》新书发布会，《上海我与您携手舞蹁跹》的影展，还应邀出席了由吉林省社会科学院、吉林省民族研究所举办的满族说部研讨会，还与静安南西社区的各民族同胞一起，前往乍浦出席了由乍浦镇政府举办的纪念乍浦保卫战170年的纪念大会。通过这些活动，我和我的台湾朋友们亲身体验了上海都市少数民族文化的魅力，也加深了彼此的了解，增进了中华民族一家亲的民族感情基础。

粘伟诚：福建晋江海东青集团行政总裁

两岸通邮通电工作给两岸民众带来福音。我们在福建晋江和台湾的粘氏家族也恢复了联系。我们是金代国相完颜宗翰的后裔。自1149年由黑龙江阿城南迁到泉州府永宁镇，先后在永宁和现晋江市龙湖镇衙口村、粘厝埔安家落户，以粘为姓。乾隆五十三年（1788年），又由衙口村粘厝埔登舟东渡到台湾彰化鹿港，建立粘厝庄分顶粘村及厦粘村，现已有280多户、4 000多人，还有分别迁往台南、新竹、彰化、台北、福兴等地约200多户，也有400多人，总计台湾粘氏有500多户、近万多人。大陆与台湾通电话后，我们就取得了联系。1988年5月15日，台湾粘氏宗亲会以会长粘火营为首组成代表团，到福建省泉州市晋江县衙口乡祭祖．受到各级政府领导及粘氏宗族、乡民各界的热烈欢迎。2000年，台湾粘氏宗亲会族胞在会长粘铭的带领下，与福建满族同胞重回黑龙江阿城，参加首届"金源文化节"，寻根省亲，隆重祭祀完颜阿骨打，中断800多年的血脉亲情再度相连。

粘伟诚（左）拜访台湾海基会董事长林中森

当时这一文化盛事成为黑龙江、中央各大报、中央电视台及海内外主流媒体争相报道的重大新闻。在大陆与台湾的文化交流中，我们粘氏家族和台湾同胞的来往也越加深厚。2013年11月23日，由中国闽台缘博物馆、台湾彰化县福兴乡公所、闽台粘氏大宗祠、台湾彰化县粘姓宗亲会等联合举办的闽台粘姓历史文化巡回展在台湾彰化福兴乡图书馆隆重开幕。这个展览是闽台间的首个单姓对接展，它见证了两岸同根的血脉情缘，续写了两岸同胞的骨肉亲情。

台湾粘氏宗亲回阿城祭祖

闽台满族同胞向先祖敬献祭品

闽台粘氏宗亲在晋江召开宗祠理事会

闽台粘姓历史文化巡回展览在台湾举办

第四章

电信业承担社会企业公民的职责

> 电信业的社会企业公民职责为：通过构建高速、移动、泛在的信息基础设施，提供电信普遍服务，消除数字鸿沟，使信息通信惠及人们生活与社会进步。

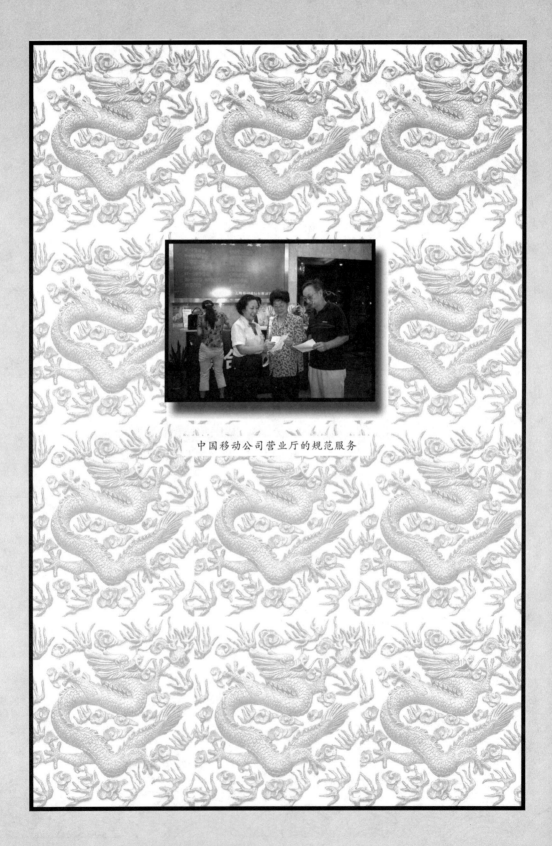

中国移动公司营业厅的规范服务

第四章 电信业承担社会企业公民的职责

第一节 全面执行电信服务规范

继信息产业部于 2000 年 7 月 1 日制定《电信服务标准《试行》之后，工业和信息化部于 2005 年制定《电信服务规范规定》以来，各大电信公司根据电信业务经营者应当采取有效措施，持续改进电信服务工作，电信业务经营者应建立健全服务质量管理体系，并按规定的时间、内容和方式向电信管理机构报告，同时向社会通报本企业服务质量状况的要求，全面执行电信服务招标规范，加强服务质量监督，提高电信服务水平。各大电信公司推出的举措如下：

一、**制定服务种类**。将电信服务分为两类，一是通信质量服务，二是电信业务服务。

二、**推出电信服务理念**。在对外的服务窗口，实体营业厅面向用户提供面对面的服务。营业厅既为用户提供业务服务，也向用户销售手机，还以印刷单页和店面布置的标志品，向用户宣传公司业务和服务理念，如中国移动推出的"沟通100"，中国电信推出的"用户至上，用心服务"，联通公司的"以优势网络让一切自由联通"等。

三、**完善服务热线功能**。随着互联网的普及，网民对于网络产品的广泛使用，各大电信公司的服务热线，既受理业务咨询，又提供多语种的电信服务，同时，还受理故障保修、投诉与建议、电信业务宣传等服务，因此，使用各大公司的服务热线，成为电信用户使用电信服务的重要载体。随着网络通信产品的推出，电信服务方式日新月异，各大电信公司先后推出 QQ 客服、全国微信客服官方平台等为以后提供电信服务。

2011 年亚太杰出顾客关系服务获奖单位人员合影

《电信服务规范》的制定和执行，成为各大电信公司积极进行网络建设，改进服务的依据，并且取得了较好的经济和社会效应。2011 年 6 月 9 日，亚太顾客服务协会（APCSC）在亚太杰出顾客关系服务奖颁奖典礼晚宴上，宣布了 2010 亚太杰出顾客关系服务奖选举（CRE Awards）得奖名单，其中中国电信浙江 10000 号台州区域中心、中国移动山东公司客户服务中心联手获得亚太最佳荣誉。

中国电信浙江 10000 运营中心经理刘健先生表示：很高兴能够获得 2011 亚太杰出顾客关系服务大奖。浙江 10000 号台州区域中心秉承追求高质服务，创建和谐团队的愿景，以"用心架起沟通的桥梁"为团队使命，引导员工形成"用心灵去倾听，用态度去说话，用快乐去感染，用智能去创造"的价值理念，在运营管理中推行"标准化运营、制度化管理"，在提供优质客户服务的同时始终致力于提升最终用户满意度，全力打造"高效率、高能力、高标准"的快乐团队。本次获奖是对我们长期努力的认可，也是对浙江电信10000号整个团队的服务能力和水准的肯定,我们倍感荣幸!今后我们将以全方位客户关系管理的标准来推动更深、更广、更优质的客户服务!

中国移动通信山东有限公司客户服务一中心总经理樊护民先生表示:亚太杰出顾客关系服务大奖的取得与我们持续追求卓越顾客服务所作的努力是分不开的,多年来我们始终坚持以"客户为根,服务为本"的服务理念,精耕企业文化,深化服务内涵,创新服务模式,推行以客户价值为本的卓越客户服务体系,在行业中始终保持服务的领先优势。我们将继续秉承客户至上的服务精神,持续加快服务发展的步伐,为客户提供卓越服务而不懈努力,为推动世界级服务水准的发展而作出应有的贡献[①]!

2013年是《电信服务规范》颁布的第八年。各大电信公司的服务,在网络建设和业务服务上面都取得了好成绩。全国通信企业在电信服务基本方面的情况如下:

一、电信资费方面。电信分营后,实行电信收费在国家政策主导下的市场竞争,固定电话、移动电话取消装机费,各大电信公司面向市场推出各类套餐,供电信用户选择。全国31个省区市范围内,三大通信公司实现手机套餐用户通话单向收费政策。2014年2月15日,工信部取消基础电信和跨地区增值电信业务经营许可证备案核准。电信资费涉及千家万户。取消电信业务资费审批,将会通过市场竞争来进一步推动电信业务资费水平的下降,充分发挥市场"无形的手"对资费的调控作用,全面提高电信市场经济运行效率。推动企业不断提高电信资费透明度,切实保护消费者的合法权益。电信行业持续发展,服务能力显著提升。全国电话用户总数达到14.96亿户,其中移动电话用户数达到12.29亿户;固定宽带接入用户达到1.89亿户,其中4M以上宽带用户比例达到78.8%;3G上网用户在移动互联网用户中占比达到36.1%。"通信村村通"工程全面超额完成年度任务,全国新增1.9万个行政村和5200个偏远农村中小学开通宽带,8870个自然村开通电话,通宽带行政村和通电话自然村比例分别达到91%和95.6%,新增1026个乡镇实施信息下乡,信息下乡的乡镇覆盖率达到85%。

二、网络建设运转方面。网络安全畅通,服务水平保持稳定。全国电信网和互联网运行正常,通信服务质量整体稳定,电话接通率、互联网可接入率等符合《电信服务规范》指标要求,互联网骨干网网间互联带宽扩容668 GB,互联网网间通信质量明显提升。2013年,为应对地震、台风、暴雨、洪涝等自然灾害,通信行业累计出动应急通信保障人员51.2万人次、保障车辆15万台次、应急通信设备19.1万台次,确保救灾指挥和公众通信畅通,为保障人民生命财产安全作出积极贡献。

三、业务融合创新方面。信息消费快速增长,融合型信息服务加快发展,四季度,电信企业手机支付用户达到366.3万户,同比增长31.4%,IPTV用户超过2800万户,同比增长30.7%;移动互联网流量达到13.2亿GB,同比增长71.3%;移动智能终端普及加速,智能手机出货量达到4.23亿部,在国内手机市场占比超过75%;信

---

① 新浪资讯《2010亚太杰出顾客关系服务奖获奖感言》。

息消费催生新经济增长点的作用日益凸显，电子商务交易活跃。国家信息消费试点示范市（县、区）创建工作正式启动，北京等68个城市成为首批试点城市。

四、电信服务监管方面。2013年，工业和信息化部会同相关部委，深入治理垃圾短信、服务营销、资费收费和网络质量等损害群众利益的不正之风和突出问题。共拨测抽查3家基础电信企业和487家增值企业的1823项业务，对用户反映较为集中的52项服务质量问题实施问责督办，对20家手机应用软件商城的2411款应用软件进行技术检测，对存在问题的19款应用软件进行下架处理，督促企业关停违规短信端口7万余个，拦截垃圾短信超过100亿条，查处侵害用户合法权益的违规行为244起。四季度，联合督查组对三家基础电信企业集团以及11省（区、市）的电信纠风工作进行重点督查。

五、电信用户服务方面。随着网络通信产品的推出，电信服务方式日新月异，各大电信公司先后推出QQ客服、全国微信客服官方平台等网上营业厅进行业务办理。至2013年，工业和信息化部及各省（自治区、直辖市）电信用户申诉受理机构通过申诉热线、政府网站等渠道，全年共受理电信服务相关申诉68 140人次，同比上升7.6%；年度百万用户申诉率为46.9人次，同比上升2.4%。用户服务方面的申诉主要涉及移动数据业务用户服务履约争议等问题；网络质量方面的申诉中关于电话故障、宽带网速的申诉大幅下降；收费争议方面的申诉占申诉总量的30.8%，主要涉及手机上网流量收费争议。各级申诉受理机构按照《电信用户申诉处理暂行办法》相关规定，对用户申诉进行了调查、调解，有效维护了电信用户合法权益。

第二节　非典疫病中送上温暖亲情

2003年1月，一次全球性的传染病疫潮在中国广东顺德首发，全国内地除海南、贵州、云南、西藏、青海、黑龙江、新疆外，其余24个省份均有非典临床诊断病例报告。全国累计报告诊断病例5 327例（其中医务人员969例），死亡349例。联合国、世界卫生组织及媒体都高度关注着这场在中国大地上发生的传染性极高的病疫。

中央电视台在《新闻联播》里开天辟地第一回，每天播放非典发病及死亡的人数。因为害怕传染，人们不去饭店、公共场所，有的单位索性放假关门。上海最繁华的南京路也没有了熙熙攘攘的人流。同时，由于电话已经普及，移动电话走到哪都能打，与上海甲肝暴发时相比，坐落在上海九江路的移动通信公司营业厅也没有出现业务繁忙的情况，到营业厅办理业务的用户比以往少了许多。来的用户会说一些新闻，有的说我们单位的人从外地回来，就被"关"起来了；有的说现在上海也有人得非典了；有的人反驳说不是上海人，是从北京来的人⋯⋯

在抗击非典的过程中，通信部门始终保持营业厅正常营业，保持电信基础网的正常运行，使各级政府的政令上通下达，百姓之间的亲情传递得以不间断地沟通。卫生部等各部委和相关单位积极利用电视、报刊、网络等新闻传媒，广泛宣传党和国家制定的一系列防治政策和措施，积极开展卫生宣传和健康教育，增强群众的防病意识，引导公众进行科学防护。卫生部坚持每天向社会公布全国疫情，先后召开了9次新闻发布会，24场新闻通报会、吹风会和媒体见面会，非典疫情每日通报和专家分析会在中央电视台连续80次现场直播。以上这些措施，大大增强了疫情信息与防控工作的透明度，达到了良好效果。

向社会捐赠抗非典款物

为非典病区装置通信设备

为隔离病区免费开设可视电话

为隔离病区免费开设视频服务

在全国人民向卫生医疗系统捐赠抗击非典的浪潮中，各大电信公司也积极行动。

一、**中国电信集团公司**：紧急启用统一的非典防治咨询电话（95120）和疫情上报电话。开通"中国电信互联网服务专区（95766）"和专线服务电话，并减免相关的网络使用费。开展"CHINANET163"赠送活动，为医院、学校等单位进行远程办公、医疗、教学视频服务；赠送中国电信163账号和带有群发业务功能的免费电子邮箱；向北京市捐赠2 000万元钱款和电话卡等物，支持全国抗击非典第一线的医务工作者和非典防治工作。

二、中国移动通信集团公司：开通抗非典免费热线125906858、125906120，派出移动工程技术人员进入非典隔离区安装公共应急通信指挥系统。同时，受卫生部授权，免费发送非典疫情短信，与NEC、西门子、摩托罗拉、索尼爱立信等手机生产厂家，向小汤山医院赠送了1 000部手机；向小汤山医院赠送1 000张储值卡和500 000元的充值卡，以表示对战斗在防治非典第一线医护人员不惧危险、救死扶伤精神的深深敬意。向卫生部捐赠300万元设立非典医疗研究奖金，积极推动我国医疗科研部门的研究开发。5月12日，是国际护士节，在全国各地社会各界呈现出慰问医护人员的热潮，上海移动派出人员赴上海传染病医院，向该院已26天未与亲人相见的护士长和家人，分别送上赠送彩信手机，让他们得以互相问候，温暖上海。

三、中国网络通信集团公司：向卫生部捐赠了500万元人民币，用于奖励全国抗击非典第一线的医务工作者和非典防治工作。据不完全统计，网通集团各省级公司分别以不同形式向有关机构捐赠了5 000万元的款物。5月2日，网通公司还与联通公司河北电视台联手，派出20多个技术人员，分成两班，一班负责可视电话设备，另一班负责调度电路。从唐山市到滦南县到柏各庄支局，再经过胡各庄支局转接才到了一个离村比较近的交换点，后又利用县城的主干电缆，铺设了200米的小对数市话电缆，终于在5月1日以电视电话系统在新娘所在的北京小汤山、新郎所在的石家庄、新娘父母所在的唐山三地，为在抗非典一线工作的医护人员史少蕊和曹磊举行了婚礼[①]。

四、中国联合网络通信公司：向在抗击"非典"第一线的卫生部及各省（自治区、直辖市）卫生厅、局捐赠价值约500万元人民币的中国联通"宝视通"宽带视频会议系统及可视电话系统各一套，用于卫生部与各省（自治区、直辖市）卫生厅局的视频会议及指挥调度，实现"面对面"的日常通信，并免费为上述两套系统的开通提供光缆或无线手段的接入及相应路由器等的接入。除此之外，中国联通还赠送价值100万元人民币的电话卡，包括中国联通130如意通卡30万元人民币、193300长途电话卡30万元人民币及17911 IP长途电话卡40万元人民币。

2003年8月16日，卫生部副部长朱庆生在北京地坛医院宣布：今天地坛医院的最后一批非典患者康复出院，这也是全北京市和全国在院的最后一批非典患者。全国通信网的话务量立刻出现高峰，一串串电话铃声中，传递着全国人民庆贺抗击非典胜利的喜悦，城乡边镇又恢复了往日的繁忙，人们又开始在电话的沟通中走亲访友。

---

① 综合媒体报道。

第三节　开展"村村通电话"工程

"村村通电话"工程一线工技人员施工图

2003年3月末，参加完两会的吴基传部长就要离任了，他惦念着曾由他主持制定的"十五"规划中的"完成95%以上行政村村通电话"的目标，而当时农村电话的普及率仅为11%左右，是城市水平的1/3，如何才能用最短的时间，解决农村通信问题，缩小城乡信息通信的差距？他语重心长地与电信管理局局长、清算司司长王占甫说：农村通信可是个大事，你们可不能放松。

是年，新一届信息产业部领导班子走马上任。面对着还有一年多时间，而"十五"规划中唯一没有完成的"完成95%以上行政村村通电话"指标，奚国华副部长斩钉截铁地说："在'十五'末回顾总结的时候，我们所有的任务、指标都完成了，但有一项面对全国八亿农民的农村电话指标完不成，那我们的成绩是不完整的。从改革开放以来，我们都超额完成任务，对任何指标都没有交过白卷，现在这项指标涉及老百姓的利益，我们更不能随便放弃，百姓不能再等，我们必须完成！否则我们怎么向社会交代？怎么对得起我们的农民兄弟？"

王旭东部长一言九鼎："这个指标必须完成！现在我们行政村的通话比率只有89%，而我们'十五'规划的目标是95%，再大的困难，我们也要干。如果没有广大农村的通信发展，中国电信业的发展是不完整的，要对得起农民兄弟，要对得起社会，清算司、规划司、电管局你们好好商量，拿出方案，由奚副部长牵头来抓[1]。"

"村村通电话工程"的准备工作，由此开展。

---

[1] 吴基传：《大跨越——中国电信业三十春秋》第395页，人民出版社，2008年11月版。

"村村通电话工程"是中国通信史上建设农村电话的攻坚战,也是一场以中国移动、中国电信、中国联通三大电信公司联合通信业合力圆百年电话普遍服务的中国梦,更是一个以信息通信为少数民族地区带来电信文明,推动少数民族地区的文化与经济发展,实现中国社会民族文化共同进步的中国梦。

自电信诞生以来,中国农村电话一直就处于建设发展的边缘,直至中华人民共和国成立以后,"农村电话"才作为建设"乡乡有电话,村村有广播"的项目而命名。中国山地、丘陵面积占43%,平原面积占12%,即使在地势相对平坦的东部、中部地区,也有1/3以上的面积是山区,尤其是少数民族地区,更是山高林密,沟壑重叠,虽说在中华人民共和国成立以后,有了很大的改善,但许多边远地区还是通信网络的空白点。1994年,朱高峰副部长主持召开了邮电财务会议,制定了经济发达地区与边远地区的邮电内部经济核算政策,统一了邮电内部的结算系数,经邮电部批准后该核算政策正式实行,使20世纪90年代中国农村和边远地区的电信建设有了资金上的保证。但是,由于各种条件的限制虽历经电信大发展建设,有的地方通信设施建设还是空白。至2003年年底,还有8万个行政村未通电话,其中西部地区的行政村数量只占全国行政村总数的29.5%,未通电话的行政村占到全国总数的58.99%。即将实施的村村通电话工程将完全改变边疆和少数民族地区的通信状况。

为村村通电话工程的顺利开展,在奚国华副部长的指示下,鲁阳①、韩夏等领导带领电信管理局各部门人员组成的调研组,兵分多路下基层调研,探寻解决农村通信问题的办法。调研组回京后,相关司局联合碰头,一个个问题地分析和讨论后,将普遍服务需要的资金实施分摊,各企业分摊的比例,按其收入和利润占所有电信企业收入和利润总数的比例分摊,利润和收入权重各为50%,由通信企业分片包干,实施"村村通电话工程"。

2003年7月20日,信息产业部召开了农村通信专题会议。出席者为相关司局的负责人、几家运营商的计划建设部门领导。几经讨论,最终组成了由奚国华任组长,各电信企业副总为成员的"村通"领导小组,根据信息产业部以六大电信公司主营业务收入、利润、固定资产和市场份额制定分配的"村通"任务,负责推进"村通"工作相关事宜。

2004年1月16日,信息产业部下发了《关于部分省区开展村通工程试点工作的通知》,同时出台了《农村通信普遍服务——村通工程实施方案》指定各省通信管理局负责当地村通工程的协调、监督检查、指导和推进,农村通信的资费标准可由电信企业灵活制定各种形式的资费优惠政策,"村村通电话工程"

---

① 鲁阳:历任信息产业部电信管理局副局长、局长等职。

分步走，首先在陕西、内蒙古、广西、四川、河南等省组织6家基础运营商先行试点①。

一、"村村通电话工程"在政府与社会的大力支持下开展

在国务院和信息产业部的部署下，中国通信业在全国范围内开展农村通信的划时代工程——"村村通电话工程"。"村村通电话工程"得到了国务院及相关部委的高度认可，各试点省区和各级政府领导亲自牵头，成立了由区到市主要领导担任组长的"村村通电话工程"领导小组，非试点省份的地方政府也密切关注信息产业部的试点工作，希望在本省尽早实施"村通"工程，并纷纷将"村通"工作列入政府年度工作中。"村通"工作在社会上引起了强烈的反响，在"两会"上成为一些代表的提案和议案。

2004年，在香港举办的国际电联亚洲电信展（ITU第七届亚洲电信展）开幕式上，信息产业部副部长蒋耀平②就中国开展的"村村通电话工程"工作，表明了中国政府的支持：

中国十分重视解决农村通信发展滞后的问题，正在采用适合农村需要的通信技术手段开发农村需要的业务和应用，以促进中西部和农村地区的电信发展。中国作为一个发展中国家，经济社会的整体发展水平还比较低。在信息通信领域，中国与发达国家的差距也非常明显，国内地区之间、城乡之间发展不平衡的矛盾比较突出。要解决这些问题，还需要做出长期艰苦的努力③。

二、"村村通电话工程"分三个阶段进行

一场惠及边远地区农村和少数民族地区的"村村通电话工程"拉开了大幕。

贵州省"村村通电话工程"分为三个阶段。

第一阶段：2004—2005年。目标：实现邮电"十五"规划中"全国95％以上行政村通电话"。

第二阶段：2006—2010年。继续实施行政村通电话项目、增加农村电话普及率并将"村村通电话工程"向自然村延伸，构建农村信息服务平台和开发应用农村适用信息资源，"十一五"末基本实现全国"村村通电话，乡乡能上网"。

第三阶段：2011—2015年。"十二五"期间中国通信业将推动电信普遍服务从"行政村通"延展到"自然村通"，普遍服务内容逐步从语音业务扩展到互联网业务，基本实现村村通宽带。

"村村通电话工程"开展以来，中国移动、中国电信、中国联通等通信企业主动

---

① 吴基传：《大跨越——中国电信业三十春秋》第400页，人民出版社，2008年11月版。
② 蒋耀平副部长在亚洲电信展作主旨发言呼吁共同开创亚洲电信发展新时代：人民邮电报 2004-09-08。
③ 《2004年亚洲电信展蒋耀平畅谈中国电信政策》；引自硅谷动力，英宁。

承担社会企业公民责任，自筹资金，不计成本，干部、职工齐心协力，克服艰难险阻，在大山深处、雪域高原、茫茫草原、江河之畔，立天线铁塔，建基站，把信息送到了边远的山区和村庄，历史性地改变了这些地区的通信状况。

黑龙江——女神之歌再传唱

黑龙江省是一个多民族、散杂居边疆省份。截至2007年，黑龙江省共有53个少数民族，人口近200万，占全省总人口的5.26%。其中世居本省的有满、朝鲜、蒙古、回、达斡尔、锡伯、赫哲、鄂伦春、鄂温克和柯尔克孜等10个少数民族。自"村村通电话工程"开展以来，至2006年，黑龙江各电信公司用于农村通信建设的投资达到17.86亿元，宽带覆盖到所有乡镇及60.6%的行政村；同时，利用无线接入、光缆加模块、光缆加接入网等多种技术手段实现了全省100%行政村通电话。在黑龙江密山、伊春、同江一带，高高的移动通信铁塔耸立在旷野里，一个个可以提供基本电信服务的小店，遍布在旷野中的乡镇和自然村。随着"幸福农家168""E农网""富农信息通"等业务的普及，移动电话也在农村普及，还成为满族姑娘婚纱照的新宠。人们可足不出户地了解农业政策、农业医疗、农业气象、市场行情等自己关注的信息。

黑龙江畔的移动通信铁塔（冯台源摄）

内蒙古自治区——辽阔草原歌万里

内蒙古自治区聚居着蒙古、达斡尔、鄂温克、汉、满、回、朝鲜等少数民族。据2003年的统计数据，时内蒙古全区未通电话的行政村为3 556个，2004年年初启动"村村通电话"工程，要求2004年至2006年全部解决3 556个行政村的通信困

内蒙古草原上空的电线（冯台源摄）

难。其中，乌兰察布市的丰镇市、察右后旗、察右中旗，赤峰市的阿鲁科尔沁旗、巴林右旗、宁城县等地的78个行政村成为内蒙古"村村通电话工程"第一批试点地区。以来内蒙古网通、移动、联通、卫通、铁通五家电信企业积极行动，投入约7.4亿元资金，采用有线和无线技术使3 556个行政村全部实现了网络覆盖，使惠及广大偏远地区农牧民的"村村通电话"工程比原计划提前一年完成。内蒙古全区的13 120个行政村已全部实现了通信的畅通，"村村通电话工程"，帮助农牧民及时了

解和掌握市场信息,在农牧民和市场之间架起了一条"信息高速路",缩短了城乡之间的"数字鸿沟"①。

四川——蜀道不再难于上青天

四川甘孜藏族自治州、阿坝藏族羌族自治州、凉山彝族自治州分别地处青藏高原东南、西北、西南部,以高海拔山区为主,山高林密,发展有线通信受到地理条件限制,至2004年6月,三州地区1 162个乡镇中仍有486个不通电话,占三州乡镇总数的42%,行政村电话覆盖率不到40%,大大低于全省72%的水平。由于基战施工多在高山,四川移动通信公司在基站的勘察、设计和施工人员中有7人受伤,2人致残,共建成了"三州"通信枢纽中心,建成基站600多个,铺设光缆4 000多千米,实现了对"三州"所有48个县以上城市及680个乡镇、5 000多个行政村的覆盖,全面解决了当地的通信难问题。当地藏族群众由衷地赞誉说:"移动电话的开通就像架起了一道彩虹,让我们离'香巴拉'更近了。"因此成就,四川省移动公司荣获国务院颁发的"第四次民族团结进步模范集体"称号。

耸立在阿坝州的移动通信铁塔

广西壮族自治区——壮家山歌满山坡

广西聚居着壮、汉、瑶、苗、侗、京、回、满、毛南等民族。境内西、北部为云贵高原边缘,东北为南岭山地,东南及南部是云开大山、六万大山、十万大山,由于地理条件的限制,至2004年,广西全区近1.5万个行政村,尚有1/7还未通电话。"村村通电话"工程完成后,可使1 680个未通电话的行政村解决通信问题。面对异常艰巨的"村村通电话"工程任务,广西壮族自治区通信行业齐心协力、克难攻艰,以分片包干方式,共投资了27.58亿元建设资金用于行政村"村村通电话"工程建设,在2006年就实现了100%的行政村通电话,提前超额完成了部里提出的目标②。

广西都安县境内的移动通信铁塔

---

① 内蒙古民委,2005年10月26日。
② 广西通信行业将全力实施"村村通宽带"工程(来源:广西壮族自治区通信管理局)。

第四章 电信业承担社会企业公民的职责

新疆维吾尔族自治区——魅力新疆美无限

新疆幅员辽阔,地州间平均距离725千米,县市间平均距离135千米,乡镇间平均距离65千米,乡与县的最远距离达500千米,境内聚居着维吾尔、哈萨克、回、蒙古、柯尔克孜、锡伯、塔吉克、乌孜别克、满、达斡尔、塔塔尔、俄罗斯等47个民族。从2004年开始,新疆维吾尔自治区人民政府推出了"村村通电话工程"。在新疆电信、新疆移动、新疆联通三家企业的积极努力下,2004—2005年全区96.8%的行政村通了电话。2006年继续投资5.4亿元,继续开展村村通电话工程建设。到11月中旬,完成了全疆所有行政村通电话任务[①]。

新疆树形移动通信天线(冯台源摄影)

青海——花儿传唱云天外

青海境内山脉高耸,地形多样,河流纵横,湖泊棋布,境内生活着藏族、回族、蒙古族、土族、撒拉族等43个少数民族。2004—2005年,中国移动通信在青海动用施工队伍近30个,施工人员2 500多人,当地民工万余人,挖掘机等大型设备近30台,施工车辆上千台,行车41万千米,共建设500多个基站(含VSAT电话),铺设光缆4 600多千米,移动通信网络覆盖到青海省内所有乡镇83%的行政村。其中96个乡镇,870多个行政村移动电话(含VSAT电话)成为主要的通信方式。2005年12月20日22时,随着位于阿尼玛卿山下的果洛州玛沁县雪山乡卫星基站的开通,青海所有乡镇通上了电话。

通信车开进可可西里(汪建宏摄影)

独龙族聚居的乡开通全部电信业务

云南——彩云映满天地间

云南境内有拉祜族、独龙族、佤族、纳西族、瑶族、景颇族、藏族、布朗族、

---

① 新疆村村通电话工程取得丰硕成果(来源:新疆新闻在线),2006年12月20日。

布依族、阿昌族、普米族、蒙古族、怒族、基诺族、德昂族、水族、满族等，由于其境内相对平缓的山区只占全省总面积的10％，少数民族又生活在高山地区，所以，发展通信受到限制。如独龙族总人口只有5 816人，独龙乡是中国唯一的独龙族聚居地，在这里，耸立的高黎贡山以及不定时出现的塌方和泥石流，成为电信跨越万水千山的屏障。以往由于通信不便，生活在独龙江峡谷的独龙族人与外界联系很少。至2004年9月，建成并开通了独龙江乡政府驻地孔当村的移动通信基站。2004年10月2日，一部来自云南省贡山独龙族怒族自治县独龙江乡的手机成功地拨打了北京的电话，从此，电信信息文明进入这个古老的民族，也这标志着中国55个少数民族聚居区全部开通了移动电话①。

西藏自治区——天波浩瀚通世界

青藏铁路沿线的移动通信铁塔（摄影：冯台源）

2006年7月20日，在举世瞩目的青藏铁路胜利通车之际，西藏自治区政府组织举行西藏村村通电话工程攻坚战启动仪式。信息产业部副部长蒋耀平在会上讲话，他回顾了在"十五"期间西藏电信的建设情况，表示要继续推进"村村通电话工程"，计划完成3 000多个行政村通电话任务，使行政村通电话比例达到85％。在工程实施期间，自治区通信管理局加强组织领导，积极服务协调，为工程的顺利实施做了大量工作；中国电信集团公司西藏分公司和中国移动通信集团西藏有限公司作为承担"村村通电话工程"任务的主要运营企业，克服诸多困难，积极争取各方面的支持，投入大量人力、物力和财力，为实现提前五年全区所有行政村通电话的目标任务和加快西藏自治区农牧区通信事业的发展做出了积极的贡献。

渭水河畔的移动通信铁塔

陕西——红格彤彤信天游

全省共投资12亿元，完成1 444个行政村通电话任务，使村通率由2005年年底的93.09％提高到98.09％，提前2个月超额完成信息产业部下达的1 320个村通任务，其中陕西电信完成1 111个，陕西移动完成220个，陕西联通完成113个。"村村通电话工程"的顺利实施给广大农民

---

① 助力社会主义新农村建设：http://www.10086.cn/aboutus/res/2006cr_cn/P040201.shtml。

朋友带来极大的通信便利,为他们的脱贫致富提供了极大的帮助。宝鸡市西山石尧村村委会主任骆根太高兴地说:"过去打个电话要跑20多里路,翻几座大山,现在坐在家里就可以和花椒、核桃收购商联系了①。"

三、光影记录村村通电话工程

2007年11月13日,全国通信行业的群众性摄影组织——中国通信摄影协会正式成立。

《情系万水千山》影展隆重开幕

同日,《通信行业服务新农村建设摄影展》开幕,这是中国通信摄影协会成立之后举办的第一次活动,参展的150余幅作品从不同侧面,以不同表现手法,反映了通信干部职工在"村村通电话工程"及农村信息化建设中的精神风貌,反映了通信和信息化发展给农村带来的可喜变化。这次摄影展是中国通信摄影协会成立之后举办的第一次活动,主要展示各大电信公司摄影家们光影记录的村村通电话题材的摄影作品。中国摄影家协分党组书记、副主席兼秘书长李前光,信息产业部副部长奚国华,中国通信企业协会会长刘立清,《中国摄影》杂志主编闻丹青及《大众摄影》杂志主编高琴出席了影展开幕仪式。

四、村村通电话工程胜利完成

至2009年年底,据工业和信息化部2009年全国电信业统计公报数字显示,中国电信、中国移动、中国联通三家基础电信企业克服困难筹集资金103亿元,全年共为2.7万多个偏远自然村和行政村开通电话。全国开通电话的行政村和20户以上自然村的比重分别达到99.86%和93.4%。

在各族人民庆祝移动电话基站落成、电话开通的歌舞声中,有一支动听的歌儿——那是一曲古老的烽火之歌与现代信息的吟唱,贵州赫章一中初三年级的网站上,孩子们以著名诗人海子的一首诗,表达了他们心中对信息生活的颂唱:从明天起,做一个幸福的人,喂马、劈柴,周游世界;从明天起,关心粮食和蔬菜,我有一所房子,面朝大海,春暖花开;从明天起,和每一个亲人通信。这是一幅多么美丽的21世纪天波之歌。正如中国移动总裁王建宙所说:"蓝蓝的天空,绿绿的农田,简陋的农舍,一个正用手机给远方亲人打电话的农民,构成了一幅美丽的图画,对我们这些从事电信事业的人来说,世界上再没有比它更美的画面了。"

五、村村通电话工程的总结

2011年4月25—26日,全国"村村通电话工程""十一五"总结暨"十二五"

---

① 陕西提前完成"村村通电话工程"任务,陕西日报(记者 张斌峰)。

启动大会在新疆乌鲁木齐市召开。工业和信息化部副部长奚国华出席会议并作重要讲话。新疆维吾尔自治区党委常委宋爱荣、通信管理局局长杨茂发出席会议并致辞。新疆维吾尔自治区人民政府副秘书长于欢、中国电信集团公司副总经理张继平、中国移动通信集团副总裁鲁向东、中国联合网络通信集团有限公司副总经理张钧安及财政部、工业和信息化部相关司局领导,各省、市、区通信管理局相关领导,三大运营商相关人员,新疆维吾尔自治区经济和信息化委员会、新疆生产建设兵团信息化办公室相关领导等参加了会议。喀什叶城棋盘乡代表在会上发言。

喀什叶城棋盘乡吐地扎克在村通工程会上发言

工业和信息化部电信管理局副局长刘杰在介绍"十一五"村通工程情况时发布了村村通建设所取得的成就:

全国范围100%行政村通电话目标已经实现,全国100%乡镇能上网已经成为现实。在五年中,电信全行业大力推进农村通信能力建设,大力改善农村通信服务水平,累计直接投资达500亿元,其中,中央财政补贴15.5亿元,地方财政补贴4亿元,电信企业自筹约480亿元。在全行业的艰苦努力下,农村通信"十一五"规划目标全面提前完成,为消除城乡数字鸿沟,以信息化手段助力农村经济社会发展做出了巨大贡献。

信息产业部副部长奚国华在会上讲话:通过"村村通电话工程"的组织实施,我们探索走出了一条中国特色普遍服务的道路,进一步深化了对农村通信发展的认识,积累了弥足珍贵的经验——服务社会、服务民生是实施村通工程的根本宗旨,"分片包干"是实现中国特色普遍服务的有效方式,"三个三步走"是农村信息通信建设的内在规律,各方协作配合是村通工程取得成效的重要保障。"十二五"规划纲要明确提出,要推进农村信息基础设施建设,加快农村地区宽带网络建设,全面提高宽带普及率和接入带宽。这为"十二五"村村通工程建设指明了方向,提出了要求。回顾过去,成绩辉煌,鼓舞人心;展望未来,使命光荣,催人奋进。站在新的起点上,我们要坚持"服务社会、服务民生宗旨",促进信息技术更好地造福于农牧民群众,为农村经济社会发展做出新的更大的贡献①。

六、"村村通电话工程"英雄谱

"村村通电话工程",是和平年代通信建设的一场攻坚战。在边远地区进行"村

---

① 工业和信息化部网站:《工业和信息化部召开村村通电话"十二五"启动大会》。

村通电话工程"，由于移动通信铁塔都要建立在高山上，这里人烟稀少，施工难度大，充满了危险与艰辛。然而，中国电信业的工技人员以职业忠诚，以生命实践为誓言，为中国边远地区的村村寨寨，送去了电文明信息之光。

而今，"村村通电话工程"已顺利完成，那响彻在山间、田野的手机铃声，是一曲曲美妙动听的智慧交响乐，那一台台计算机连接的是来自世界的声音，这些声音汇成人间最有感情、最有智慧的歌曲，告慰着在"村村通电话工程"中，坚守、奉献，过早远去的中国电信业工技人员。

◇ 用生命守望"村村通电话工程"——李红文

生前任中国移动四川公司会东县分公司副经理。

他总是走在建设队伍的最前面。2004 年，山区网络建设经验丰富的他，被派往会东县分公司负责"村村通电话工程"建设。他和队员跋山涉水忙勘测，起早贪黑安设备。2005 年 3 月 29 日晚，在"村村通电话工程"建设返回的途中不幸因公殉职，年仅 37 岁。他把年轻的生命献给了民族地区的通信事业，用实际行动树起了移动人一道奋斗不息的精神丰碑，被追认为中国移动集团公司劳模。

◇ 鞠躬尽瘁的通信企业基层管理者——崔秀光

生前任山东移动通信公司东营分公司党委书记、总经理。

一名普通的基层管理者，全身心投入移动通信事业发展上，出了名的"拼命"干将。工作中以身作则，勤勉敬业，公而忘私，无私奉献。带领员工拼搏进取，改革创新。2009 年 3 月 24 日，崔秀光因心脏病复发，永远离开了他热爱的工作岗位。当人们在宿舍找到他时，写字台上还摆着未写完的工作讲话稿。

◇ 以生命守护通信网络——董旭

生前任中国移动陕西公司工程建设中心副主任。

在通信传输领域 16 年的工作中，他踏遍了辖区各个传输网点。全省 85 615 千米的光缆、1 115 个干线网元，都如数家珍。工作中他勇担重任，任劳任怨；生活中朴实无华，清贫律己。积劳成疾，仍坚守岗位。为陕西移动通信网络建设做出重要贡献。2010 年 12 月 13 日在上班途中，突发心脏病去世，年仅 39 岁。

◇ 用生命奉献藏区通信建设——金明远

生前为中国移动西藏公司昌都地区芒康县分公司员工。

作为支援祖国西南边疆建设的"老西藏"的后代，金明远大学毕业后放弃了在沿海老家的工作，毅然来到海拔近 4 000 米的芒康工作。他热爱西藏、热爱移动通信事业，远离家庭妻儿，把所有精力和热忱投入建设通信网络的工作中。身患高原肾积水症等多种病痛，仍然坚守岗位，攻坚克难，默默奉献。2011 年 2 月 17 日，因病去世，把美好的青春留在了雪域高原。

七、"村村通电话工程"的历史意义

"村村通电话工程"圆满完成了。这个工程,是中国电信业履行企业公民社会责任的完美一章,更是中国电信业继往开来,将电信文明信息全面覆盖到中国55个少数民族自然村的辉煌历史。(本节摄影:钱晋群等集体创作)

第四章　电信业承担社会企业公民的职责

第四节 冰雪灾害中保持通信畅通

2008年1月10日,雪灾在我国南方暴发。严重的受灾地区有湖南、贵州、湖北、江西、广西北部、广东北部、浙江西部、安徽南部、河南南部。截至2008年2月12日,低温雨雪冰冻灾害已造成21个省(区、市、兵团)不同程度受灾,因灾死亡107人,失踪8人,紧急转移安置151.2万人,累计救助铁路、公路滞留人员192.7万人;农作物受灾面积1.77亿亩,绝收2 530亩;森林受损面积近2.6亿亩;倒塌房屋35.4万间;造成1 111亿元人民币直接经济损失。

贵阳移动通信青年突击队紧急出发

在严重的冰冻灾害里,许多地区停水、停电,高速公路瘫痪,火车停运,机场关闭,大量要回家欢度春节的旅客滞留在火车站、汽车站、机场。罕见的冰雪灾害,使湖南、广东、广西、福建、江西等地的通信网络的运行受到严重的影响,如福建三明建宁、宁化、泰宁等地移动通信断杆1 198根,电缆中断14处,基站受阻452个,因电力中断被迫退出服务的基站282个。中国移动通信公司的通信设施也遭受重大损失。截至1月27日,中国移动通信共有21 210个基站因停电中断,固定通信倒杆36 180根,通信杆路损毁2 932皮长千米。受影响的用户达3 316万户,直接经济损失7 908万元。全国通信网紧急告急!

抬着油机到山上的移动基站发电

在政府全面动员社会力量抗击冰雪灾害,迫切需要通信联系的时刻,信息产业

走上白雪皑皑的高山通信基站

第四章 电信业承担社会企业公民的职责

顶着刺骨的寒风在铁塔上施工

部、电信总局、各地通信管理局紧急部署抗冰冻,保通信工作。在冰雪灾害的严峻时刻,各大电信公司以移动电话所拥有的短信业务,成为政府、气象、交通等部门发布权威消息,民众之间信息沟通的最方便的平台。据信息产业部资料,在冰灾期间,全国通信业配合相关部门发出应急公益短信息约9.9亿条,在稳定社会、疏导交通、救灾救险等方面发挥了重要作用。如广东移动向京珠高速区域客户发送省应急办通知"不要驾车北上"的短信500万条;在铁路暂时停运的紧急时刻,又紧急发送"不要选择铁路出行,按规定办理退票"等短消息,并配合省气象台,全面关注天气变化情况,为广大乘客传递第一时间气象信息。各大电信公司还开出了免费平安电话。

在信息产业部的统一部署下,为确保通信顺畅,各大通信公司第一时间启动了应急通信保障预案,迅速派出队伍投入一线抢险。冰天雪地中,通信员工们不畏寒冷、团结作战,克服重重困难,全力以赴,确保了通信设备正常运行,为抗冰灾提供了有力的通信支撑。截至1月27日,各运营商累计出动抢修人员9.2万人次,累计出动应急抢修车辆近2.5万台次,动用油机6 000余台,完成应急发电4.9万余次[①]。

在抗冰雪灾害期间,信息产业部部长王旭东时刻关心着冰冻灾情和通信部门的抗冰救灾工作,牵挂着战斗在抗冰救灾保通信一线的各级干部职工,尤其是遭受损失最严重的湖南地区。他多次打电话给湖南省通信管理局朱国斌局长,了解湖南抗冰救灾保通信的情况和遇到的困难,对战斗在抗冰救灾一线的湖南通信职工进行慰问。同时,王旭东召集各电信企业集团公司,要求统一调度全国应急通信资源重点支援受灾严重的湖南等省,还委派蒋耀平副部长到湖南实地指导通信救灾工作。而后,王旭东部长带领办公厅刘利华主任、电信管理局鲁阳副局长、国家邮政局徐建洲副局长等一行赶赴受灾最严重、救灾工作最艰苦的郴州、湘潭等地,听取了湖南省通信管理局和各电信运营企业省公司、郴州市分公司、郴州市政府的简要汇报。随即不顾山路崎岖、冰厚雪深,艰苦跋涉,登上郴州何家坨山,察看受灾损毁的通信设施,王部长对灾害的严重性深表震惊,对正在高山冰雪中修复倒断杆线、移动

---

① 《雪灾致3 316万用户通信受影响,中国移动受损最严重》:搜狐IT 2008年1月30日消息。

基站，值守油机发电的员工进行了亲切慰问，详细询问了有关施工情况和遇到的困难问题，并一再叮嘱他们要采取有效的安全措施，确保人身安全，同时对他们放弃休息时间、放弃与家人在春节团聚的机会坚守在救灾一线表示感谢。现场施工人员对王旭东部长一行前来冰天雪地的高山基站视察通信和慰问他们非常感动，表示将不会辜负部长的期望，尽最大努力做好通信救灾工作。

王旭东部长在湖南视察

中国移动领导在湖南楠木基站检查

中国联通领导在贵州视察

中国电信领导视察抗冰一线

2008年1月的冰雪灾害，恰逢春节期间，有许多旅客是常年在外打工，而今举家回乡过年，在拥挤不堪的火车站、汽车站，在旅途上奔波的他们，是多么需要和家人的通信联系，是多么地盼望手机能够正常使用。各通信公司纷纷推出通信服务措施，如在滞留旅客最为严重的广州市，为确保旅客手机话费充足，保持与家人、朋友的联系，广东各电信公司共送出840万元话费，提供充电器4 228个；在各聚集点配置1 435台固定话机，免费提供225台无线电话。各电信公司主动承担社会企业公民责任，让冰雪灾害中一个个电话、短信，跨越千山万水，给在旅途中回家过年的每一个中国电信网的用户，送上了一个个汇聚亲情、难以忘怀的2009年春节的温暖信息。

第五节 紧急抢通汶川大地震通信

李毅中部长(后排中)在灾区指挥抗震通信

2008年5月12日下午2点28分,四川汶川发生8.0级大地震,北京、重庆、湖南、湖北、山西、陕西、河北、宁夏、甘肃、青海、山东、河南、江苏、上海、贵州、西藏等16个省、自治区、直辖市有震感。

在四川汶川等重灾区,山河裂变,山峰倾倒、断垣林立、数以万计人的生命倾刻间失去,数十万人的生命在废墟里等待救援……这场大地震共造成69 227人死亡,374 643人受伤,17 923人失踪,大片房屋倒塌,成为废墟,有的乡镇被夷为平地。这是中华人民共和国成立以来,破坏力最强、波及范围最广、救灾难度最大的地震,这是一场面对自然灾害的人民战争。

胡锦涛总书记立即作出指示:灾情就是命令,时间就是命令,灾区各级党委、政府和中央各有关部门一定要紧急行动起来,把抗震救灾作为当前的首要任务,不怕困难,顽强奋战,全力抢救伤员,切实保障灾区人民群众生命安全,尽最大努力把地震灾害造成的损失减少到最低限度。

中央政治局立刻召开紧急会议,国务院成立了抗震救灾指挥部,全面部署抗震救灾工作。

中国人民解放军、武警部队紧急出动,全力以赴,要解救人民群众于灾难之中。

一、工业和信息化产业部紧急部署抗震抗震救灾通信保障工作

抗震救灾抢救生命需要畅通的通信联系。然而,在山川变容、江河变颜的大地震中,汶川、映秀等灾区六个县的通信全部中断。

为迅速恢复通信,保证中央政府与地方政府抗震救灾时政令与信息及时通联,国务院提出"运输是基础,通信是关键""卫星通信是重要手段"等重要指示精神,工业和信息化部部长李毅中随同温家宝总理于当天震后两小时,紧急飞到四川地震灾区,现场指挥抗震救灾通信保障。

奚国华、苗圩副部长于5月12日晚紧急召开抗震救灾领导小组全体会议,传达党中央、国务院抗震救灾有关精神,全面部署抗震救灾通信保障工作,并连夜下发

各大电信公司迅速调集工技人员、组建抗震救灾通信突击队

应对汶川地震灾害、全力抢通灾区通信的紧急通知。

二、通信业立即投入抗震抢险通信行动

在工业和信息化部的指挥下,各大电信公司应急通信预案全面启动,国家通信骨干网全面进入全程全网、协同一致、高速运转的紧急通信状态。全国通信员工迅速投入通信抢修,保障通信的工作中。各大通信公司高管带领通信技

一部部应急通信车日夜兼程赶往灾区

术人员在第一时间赶赴受灾现场,指挥抢修灾区通信。

各大通信公司迅速组建抗震抢险通信突击队,一批批工技人员迅速到位,一支支队伍誓师出征,一部部应急通信车从四面八方紧急奔赴灾区,为抗震救灾提供通信服务。

(一)中国电信集团公司

5月12日下午2点28分,突然间大地剧烈地摇晃起来,一时间,天崩地裂。2点40分,汶川县分公司刘道彬冒着余震的危险,抢出一部海事卫星电话,向阿坝州分公司马尔康监控中心报告地震的消息:"我们这里地震了!我们这里地震了!……喂……喂……"

这个时间仅为10秒的电话,是第一个向外界报告地震的电话。

中国电信紧急动员投入抗震抢险通信行动,公司运维部派技术人员携带6部卫星电话乘飞机赶赴四川。17时30分,四川机动通信局派出12人的队伍、两辆卫星车为中央电视台做灾区现场报道。两辆指挥车及三套海事卫星电话,赶赴汶川灾区开展抗震救灾工作,紧急调度部分小灵通供政府主管领导应急指挥使用。与此同时,上海、湖北、新疆、陕西等地机动通信局的卫星通信车紧急往灾区开进。

5月13日下午,中国电信集团王晓初总经理到达绵阳,立即奔赴通信抢险最前线坐镇指挥绵阳通信抢险。在道路交通毁损严重、山体滑坡和泥石流频发、余震持续不断的情况下,中国电信六支抢险突击队,分别从阿坝州理县和茂县同时向震中

第四章　电信业承担社会企业公民的职责

刘道彬在卫星通信设备机房　　　中国电信领导在灾区指挥救灾通信

汶川县方向推进，徒步翻山越岭，冒雨抢修。

5月15日13时55分，中国电信汶川抗震救灾抢险突击队抢通汶川的通信光缆，率先打通汶川与外界的通信联系。

（二）中国移动通信集团公司

地震给通信设施造成了严重的破坏。在灾情最严重时，全国共96个市县、1263个乡镇移动通信受到影响。地震对四川、陕西、甘肃等省的网络设施造成了重大损害，大量机房坍塌、设备损坏、传输中断。全国各地的电话、短信纷纷涌来，地震发生后，话务量突增，全国长途网话务量增长到平时的3倍；全国拨打四川的呼叫次数为平时的17倍，话务量上升到日常的五六倍。

集团公司领导立即启动最高等级应急通信方案，统一组织、全国动员，以集团整体的力量为灾区提供人力及物资支援。有26个省级公司及设计院共派出648名工程建设、维护和技术支援人员前往四川参加抢险救灾恢复通信工作。中国移动从其他各省抽调了大量应急通信设备支援灾区，调度了3349台发电油机、317部卫星电话等救灾物资运抵灾区，先后出动52辆应急通信车参与抗震救灾工作。此外，全集团动员了各省级公司调拨近百种通信生产物资、大量的市场营业物资和抗灾生活物资支援灾区，总价值11.5亿元，有力地保证了通信网络的恢复、临时营业厅的开通以及抢险救灾人员的生活。广东、贵州、重庆、河南、云南等省公司11辆应急车，装载着60台柴油发电机、15台卫星电话和10套基站设备，风驰电掣赶赴四川。

地震当日，受灾严重的四川移动公司在第一时间进入紧急通信抢险，职工们在余震中立即会聚到各分公司，投入抢修通信的工作中。

5月13日，总裁王建宙、副总裁沙跃家带领总部技术专家赶赴四川，在抗震救灾一线进行现场指挥。与此同时，中国移动公司总部5名技术人员已携带卫星电话等应急设备，到达军用机场，随军用飞机分别抵达地震灾区广元市、绵阳市、青川县、平武县，紧急开通移动电话通信。各省公司迅速调集技术精英，成立抢险突击队，紧急出动7辆应急通信车，从成都和马尔康方向随同部队抢险队伍挺进汶川。

5月13日，上海移动率先通过"10086"平台在第一时间向用户即时报道灾区

中国通信史（第四卷）

震区职工迅速会聚单位进行通信抢修

中国移动领导在灾区指挥救灾通信

震情和救援情况，尔后全国各地"10086"全部开放为面向社会的发布抗震救灾、寻找亲人的服务热线。

5月15日凌晨6时，两名携带设备、徒步7小时的中国移动公司抢险队员进入汶川县城，开通通信线路，为三天来与外界失去一切联系的灾区群众带去了希望，当地抗震救灾指挥部开始恢复与外界的联系。

（三）中国网络通信集团公司

5月12日下午，张春江、左迅生总裁召开了抗震救灾会议，在第一时间了解地震受灾的相关情况，对相关工作进行紧急部署，成立了抗震救灾指挥部，下设网络保障小组等7个机构，调动41部海事卫星电话，44套便携油机，8套VSAT小站通信设施和抢险人员151名奔赴四川地震灾区。15：40分，第一批派出的抗震救灾应急队伍共10台应急通信车，25名应急人员到达灾区，与受灾严重的四川公司30余个抢险队伍奔赴受灾地区抢险救灾。

网通公司通信员工在灾区紧张工作

网通公司领导在灾区指挥救灾通信

13日凌晨，集团副总裁朱立军等领导紧急启程，带领前线指挥抢险工作组赶赴灾区。清晨，曾经在唐山大地震中执行重要通信抢修任务的北京、辽宁网通公司应急通信队紧急出动，千里迢迢向四川进发。与此同时，黑龙江、天津、河北、山东、

第四章 电信业承担社会企业公民的职责

山西、河南、内蒙古、吉林、广东等地网通公司紧急预案启动，抗震救灾通信迅速准备，一个个技术精英组建成一支支应急通信队，携带着海事卫星电话、全球星电话等通信设备，乘着一辆辆通信车向灾区飞奔而去。

汶川地震发生后，国家地震局在四川都江堰市设立了抗震救灾指挥中心，并要求中国网通尽快提供固话、宽带通信服务。都江堰市是此次地震中中国网通电信设施受灾最重的八个地市之一，城内主要机房均遭受不同程度的损坏，大量大灵通机站也受损严重。城内基础设施遭受严重毁坏，市内供电供水中断。

中国网通接到请求后，副总裁朱立军立即组织人员研究制订实施方案，并组织人员进行施工。经过连续奋战，终于在15日晚间拉通一条5千米长的直达光缆，为国家地震局指挥中心提供了2Mbit/s的互联网专线，开通了固定电话、宽带上网等一系列业务，为地震信息监测、灾情信息采集创造了有利条件。

（四）中国联通公司

因大地震，通信设施受到严重破坏，其中四川汶川中国联通G、C两网目前全部中断，人员联系不上；四川阿坝地区G、C两网约200个基站瘫痪；甘肃甘南地区4个县通信中断。

联通公司应急通信车迅速开始工作

联通公司领导在灾区指挥救灾通信

常小兵董事长于12日连夜从外地赶回北京，紧急召开会议，启动全国应急通信预案，密切配合各级政府，开展抢险救灾工作，组织技术人员赶赴受灾现场，尽快恢复通信畅通。同时，四川分公司已派一辆卫星通信车奔赴汶川现场，力争尽快恢复汶川地区通信业务。集团公司立即启动全国应急通信预案。

13日，常小兵董事长、尚冰总裁分别乘坐当天中午、下午的飞机飞往成都，现场指挥抗震救灾通信工作。在国家邮政局的支持下，组织公司100部VISA卫星电话，通过邮航飞机，紧急空运地震灾区。

与此同时，集团公司从重庆、陕西派出2台卫星车和1台移动基站车、皮卡和发电机，贵州分公司调集200台油机等救灾物资，迅速运往灾区。

为使联通用户尽快实现通信联络，5月15日，集团公司在成都军区抗震救灾指挥部的支持下，向汶川县城空投移动通信设备（包括联通CDMA手机），并在当地建设小型基站，使地震灾区的联通手机用户恢复通信，被地震隔断的亲情再度相连。

（五）中国卫星通信集团公司

地震发生后，映秀、漩口、卧龙三镇仍然通信中断，一直没有消息。这个情况牵动着党中央、国务院领导和全国人民的心。5月13日集团公司总经理芮晓武、总经理助理佟世荣、滕刚立即赶赴四川指挥抗震救灾通信保障工作。是日上午，卫星通信公司将350台卫星通信设备送往灾区，派出卫星通信几时人员。其中，180部卫星电话交付四川省抗震救灾指挥中心，另170部卫星电话由四川省政府交付省公安厅。

卫通公司领导在灾区指挥救灾通信

快速开通的卫星宽带视频站成为前线部队指挥中心和四川省公安厅指挥中心的实时沟通平台，是抗震救灾重要的窗口和媒介。

21时06分，中国卫通技术人员杨雷在汶川县映秀镇用卫星电话向成都指挥中心报告"我们已经到达了地震中心汶川县映秀镇……"这是自灾情发生后，从震中心打出的第一个电话。在抗震救援工作全面展开后，快速开通的卫星通信系统为新华社、人民日报、中新社、南方日报、成都晚报、中央电视台七频道、阿坝自治州电视台等20多家媒体提供了卫星IP电话、卫星宽带上网、双向视频语音通信和传输新闻稿件和图片等通信服务，有关地震的信息迅速向全社会公众广泛播报。

（六）中国直播卫星有限公司

以"北斗一号"终端机向上级报告灾区震情

公司立即启动了通信保障应急预案，落实了报告制度，按照最高级别重新修订了应急操作预案，加强了客户空间段保障工作。同时，进一步梳理了在轨卫星各频段可使用资源，加强了设备维护和备件保障，全力支持灾区通信恢复工作。公司决定以中国9种型号15颗卫星不间断的正常运转，保证卫星通信、卫星电视直播、卫星云图、地理信息、灾情遥感监测等卫星信号的正常传递，为抗震救灾提供紧急通信保障服务。

在"北斗一号"卫星导航定位系统里，一支支携带"北斗一号"终端机的部队，在满是垮塌的山石、扭成"麻花"的公路上，向马尔康、黑水、理县紧急进发。13日23时15分，武警某师先遣队200名指战员跨越崇山峻岭，胜利到达汶川，通往汶川的生命救援道路被打通。

5月15日，中国卫星导航定位应用管理中心紧急调拨1000台"北斗一号"终端机配备给一线救援部队，有力地保证了"72小时黄金抢救时间"的紧急救援行动。

三、地震灾区通信迅速抢修恢复

在工业和信息化部的领导下,各通信集团公司通力合作,互相支援,近3万通信抢险者硬是从废墟、断壁、泥石流、飞石中抢通了通信线路。四川地震灾区的通信工作迅速恢复,保证了抗震救灾期间的通信联系。据四川省通信管理局报告,作为灾区的四川通信业投入的抢灾抢通信力量和情况如下。

灾情发生后,四川通信业全力投入抢险救灾中,累计投入资金2 500余万元,出动抢险人员近万人,动用应急通信车492台、卫星电话432部、发电油机1 947台、其他应急通信装备157台,累计发送公益应急短信1 374万条。

经过四川通信业两天的大力抢险救灾,截至5月14日下午,已恢复局所196个、基站2 570余个,累计恢复倒断杆数429根,抢通光缆249皮长千米,受灾最严重的汶川地区已通过送达的卫星电话与外界取得了联系。四川电信在德阳罗江所有接入设备通信全部恢复;四川移动除阿坝外,其他地区已基本恢复通信;四川联通已经打通成都—雅安—马尔康的紧急电路以疏通阿坝G/C网业务;四川网通有近6万用户恢复了正常通信;四川铁通已抢修恢复宝成线所有车站通信,并向宝成线各站派出了24人分别值守通信设备。

5月15日,中央电视台播发:地震灾区的通信已全部基本恢复,受灾最严重的7个县(抗震救灾指挥部)均与外界有了通信联系。

正是这些通信线路,让一个个卫星信号传送的画面、一个个网站的最新消息和照片、一个个前线记者的电话源源不断地连接着中央电视台和各省、自治区、直辖市的电视台和新闻媒体、网站,让全世界看到了中国人民在党中央、国务院和中央军委的领导下,众志成城,守望相助,共同抗震的决心和行动;看到了人民解放军和武装警察、公安干警、消防官兵火速集结,赶往地震灾区紧急救援;看到了海内外社会各界踊跃捐款、捐物,医疗队、志愿者队伍海潮般涌向灾区。

正是这一幕幕通过卫星、通信电路传送的电视画面,有关地震救援的新闻播报源源不断,给抗震救灾的人们带来了鼓舞和力量;正是一个个通过移动、固定电话网络充满深情的电话、短信、图像的传送——让人们满怀着感动、满怀着感慨、满怀着感恩,颂扬和创造着人间大爱的故事。

四、为抢修地震灾区通信而献身的通信员工

2008年5月17日,是第40届世界电信日。这天的清晨,一束银色的光辉消失在四川理县崇山峻岭间。在肆虐的泥石流中,年仅37岁的四川移动通信公司抢险队队长刘建秋在理县境内抢修通信线路时不幸牺牲,以身殉职……

这天的清晨,中国通信业以职业使命向抗震救灾交上了一份答卷。据工业和信息化部统计资料显示:截至5月17日8时,通信行业出动抢修人员2.5万人、调动383台应急通信车、713部卫星电话、7 422台发电油机、2 000多套其他应急通信和抢修设备,发送应急短信息3.9亿条。众多人、财、物会集灾区,争分夺秒,终于基本打通了通信命脉。

刘建秋

五、兑现承诺彰显通信企业社会责任

在这次大地震中,各大通信公司以实际行动承担社会企业公民的责任:

各大通信公司员工与全国人民一起,纷纷捐款捐物,支援抗震救灾。

各大通信公司纷纷建立公众免费赈灾电话,为四川籍在外的人员、为灾区寻亲的人们提供通信服务。

各通信公司承诺地震灾区的移动电话不因费用不足而停机,并减免在地震灾区移动电话的漫游费用。

各大通信公司纷纷开通 12580、10086、118114、116114 等寻亲热线,免费可视电话等服务,电话里那一声声亲切的呼唤,是人间最动听的声音,闪射着人性的柔美光辉。

中国移动 10086 平安热线

116114 寻亲热线

118114 寻亲热线

中国电信抗震服务专席

震后,各通信公司纷纷兑现承诺:全部减免移动电话灾区漫游通信费用。上海有一位手机号码1367×××326、网名为"隐于市井"的网友以"今天收到10086短信"为题,于2008年6月2日把他收到的短信通知贴到了网上:

尊敬的客户:您5月12日在四川灾区期间的移动通信费用32.97元已减免。为确保通信畅通,请您留意话费余额。感谢您对抗震救灾的支持。

中国移动

发信人:10086

第四章 电信业承担社会企业公民的职责

网友们纷纷跟帖:

兑现承诺 好! 南人北相(黄建华)

永久的纪念! 树木(林云普)

这条短信值得永久保存在你的手机里!CGD(陈光德)

是的,珍藏这封短信吧,这条短信与"您还在地震灾区吗?我们牵挂您的安危,期盼您的音讯"的中国移动向灾区用户发送的慰问短信共同记录了一段人类灾难史中的通信历史。

灾难总要过去,日子总要前行。地震中的短信寻亲热线因一个崛起重建的四川而隐身而退。然而,鸟儿虽已经飞过,天空却留下清脆悦耳的鸣叫。大地震中的电话、短信是闪烁在灾难中的一束束圣洁的银色光芒,在中国通信史的天空里已留下永存记忆。大地震里的电话、短信里的银色光芒,将人类信息的天空照得纯净而透明,让灾难在勇敢迎战的人类面前低下忏悔的头颅,重又献上一个鸟语花香、微风荡漾的世界。

在人类前行的岁月里,灾难还会像潘多拉魔盒那样被打开,但是,正如联合国秘书长潘基文在电信日的致辞所说:在当今世界,电信不仅仅是一项基本服务,而是一种促进发展、改进社会和拯救生命的手段。未来的世界将更是如此。人类会勇敢、坚韧地与灾难顽强战斗,把生命永远传承!在这个战斗里,通信网络会永远伴随,通信业人文精神的光辉、慈爱、和平的通信电波,将在人类前行的路上永远荡漾!

通信突击队员紧急赶赴地震灾区,在余震中开展抗震抢修通信工作

紧急开通卫星通信电话,开出免费电话,让灾区民众向亲人报平安

第六节 履行企业责任送社会关爱

中国各大电信公司积极履行社会企业公民责任,开展公益慈善项目。

一、中国移动通信公司

(1)中国温暖"12.1"爱心基金——中国移动关爱行动项目。2008年7月4日,由全国妇联权益部、中国移动、中国儿童少年基金会联合开展的中国温暖"12.1"爱心基金——中国移动关爱行动在北京举行启动仪式。全国妇联主席顾秀莲和中国移动

中国温暖"12.1"爱心基金启动仪式

通信集团公司总裁王建宙共同点燃了象征党和政府及社会各界对艾滋病致孤儿童关爱的小橘灯,正式启动项目。至2013年,在各级政府部门、项目合作方和社会各界爱心人士的悉心指导和共同努力下,项目受助儿童已遍及全国15个省(自治区、直辖市)300多个县(市、区),资助艾滋病致孤儿童和受艾滋病影响的特困儿童15 749名,下拨资助款50 278 000元。是全国资助金额最大、覆盖省区最广、受助人数最多的关爱艾滋病致孤儿童及特困儿童的公益项目。同时中国移动还投入300万元建成了国内最大最全的艾滋病致孤儿童和特困儿童的数据库。

书籍,让孩子们登上进步的阶梯

(2)中国移动教育捐助提升计划项目。2009年9月17日,中国移动慈善基金会出资1亿元,建立以民政部为业务主管单位的非公募基金会,这是电信行业首家慈善基金会,同时也是全国第一家带"中国"字样的非公募基金会——中国移动慈善基金会。是日会上,中国移动通信集团公司副总裁、中国移动慈善基金会副理事长李正茂与中国教育发展基金会理事长张保庆签署了中国移动慈善基金会成立后的第一个大型合作项目——中国移动教育捐助提升计划,中国移动捐赠3 500万元,计划用三年时间为中西部贫困地区建设500间多媒体教室和500座爱心图书馆,培训中小学校长33 000名。至2014年,中国移动慈善基金会为中西部23个省及新疆生产建设兵团的贫困地区农村中小学累

计捐建爱心图书馆 1 710 个,捐赠图书 389.7 万余册,捐建多媒体教室 690 个,同时累计培训中西部校长 48 205 名。通过以上项目实施,提升了教育薄弱地区的图书、多媒体教室装备水平,推进了教育均衡发展。

(3) 中国移动爱"心"行动——贫困先心病儿童救助计划。2011 年起先后在内蒙古、辽宁、河南、山西等地开展筛查和救助工作。该项目成立流动筛查医疗队,深入农村贫困地区开展先心病免费筛查。同时为项目研发了移动医疗系统,实现了流动筛查、数据传输、远程会诊三位一体的筛查新模式,全额资助患儿手术费用,还为每个患儿及家庭提供交通和食宿补贴,从根本上解决了患儿家庭的医疗负担。截至 2013 年 12 月,已经累计为 17 338 名贫困儿童提供免费的先心病筛查,并对 1 227 名确诊患儿提供免费手术救治。河南省中牟县一位病儿进行手术后,可以和别的孩子一样上学了。家长特地写信到移动慈善基金会,表示感谢。

中国移动爱"心"行动在辽宁移动启动

为先心病儿童做手术前的检查

(4) 和你在一起"关注留守儿童"。中国移动下属各省公司开展关于儿童教育事业的公益活动如下。(这里只列举一部分)

• 山东移动:"爱在移动圆梦齐鲁"为盲童发放有听书机、盲表、盲文写字板等学习用品的爱心书包,14 岁的视障儿童振伟拿到爱心书包格外开心,他全家只有爸爸一人打工,平时舍不得买这些东西,拿到送来的书包、听书机,非常高兴。

• 黑龙江移动:为农村贫困地区学校配备现代化厨房设备,建成符合国家卫生标准的学校厨房开办"希望厨房";分别在方正、龙江、同江、牡丹江、大兴安岭、绥化地市县援建 7 所"希望厨房",直接受益师生 3 000 余人。

• 江苏移动:以"和你在一起"为主题,开展关爱弱势儿童的爱心公益活动,到南京社会儿童福利院关爱孤残儿童,捐助善款尿不湿、纸巾等生活必需品。徐州移动"国家级青年文明号"淮海路路营业厅的全体工作人员捐款助养了一位铜山县何桥乡庄里寨村,父亲病故母亲离家出走,从小由奶奶拉扯长大的孤儿,逢年过节前去探望,为她送上了一个温暖的家。

山东移动向盲童发放爱心书包

黑龙江移动捐赠"移动厨房"

江苏徐州移动关爱孤儿

辽宁移动帮助留守儿童与父母团圆

• 辽宁移动：与共青团辽宁省委员会、辽宁省青少年发展基金会联合举办"心动辽宁爱心圆梦——关爱留守儿童，快乐牵手传心愿"公益活动，为朝阳、锦州、盘锦、葫芦岛和阜新的留守儿童有机会与父母团圆、让他们能够感受到家庭和社会的关爱；向农村小学捐赠体育器材，帮助偏远山区的贫困学生完成学业，为农民工子弟小学送去助学金、计算机、图书，帮助乡村困难学生解决读书问题。

（5）"民族团结一家亲"关注老龄化社会。新疆移动乌鲁木齐分公司青年志愿者成立了一支大部分是由维、回、哈萨克等多民族女员工构成的"爱依莱"（维语"家"），她们以"家"一般的温暖"绽放七色花，传播移动蓝"的志愿理念，每月一个主题，每月一个"志愿花语"向高考学子、空巢老人、民工子女等群体传递"爱依莱"承载的企业社会责任。至今有300余名志愿者加入志愿服务队，上海移动："点亮视界，助困复明"是上海移动与上海市慈善基金会、邮电医院共同开展的慈善活动。从2010年起，每年帮助50余位贫困老人重见光明，迄今已成功帮助了上海市闵行、静安、杨浦和奉贤等区域近250多位老人恢复视力。来自闵行颛桥镇72岁孙阿婆在医院对陪伴她的移动志愿者说："上次已做过一次白内障复明手术，效果很好，这次再做另一只眼睛，就可以更愉快地安度晚年了。"上海移动退管中心还参与上海市民宗委组织开展的"民族法律法规宣传周"和静安区少数民族联合会南京西

第四章　电信业承担社会企业公民的职责

上海移动"点亮视界、助困复明"慈善活动

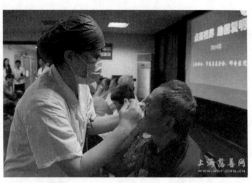
医生为患者做术前检查

上海移动退管中心领导向社区少数民族同胞赠书

上海移动退管中心舞蹈队与社区少数民族同胞欢度节日

路分会举办的"民族团结一家亲"活动,在这些活动中,由退休职工组建的舞蹈队,为社区少数民族同胞演出了精彩的民族歌舞,共同分享了民族团结一家亲的浓浓亲情。2013年10月25日,中国公益慈善领域最高政府奖——第八届"中华慈善奖"表彰大会在北京举行,中国移动通信集团公司荣获中华慈善奖"最具爱心捐赠企业"奖,这是中国移动连续第五年荣获中华慈善奖。

二、中国电信集团公司

(1)中国电信与三星电子提出向"母亲水窖"捐款的倡议,筹集到78万余元善款,捐建"母亲水窖"。2010年8月23日,青海省循化县尕楞乡心系天下"母亲水窖"工程启动仪式。青海省妇联副主席王桂芹、中国电信移动终端管理中心总经理助理何宁、中国电信青海公司副总经理武权、三星(中国)公司市场总监张新宇及循

中国电信和三星公司向"母亲水窖"捐款

化县政府等相关领导出席了"母亲水窖"工程揭牌仪式,是年底,"母亲水窖"人畜饮水项目竣工,为两个村庄的 236 户居民和数千头牲畜提供安全饮水,极大改善广大村民的生活用水质量。

(2) 关注国家教育,助力提升教育质量。至 2015 年,中国电信资助建设希望小学的活动已开展 10 余年,先后在四川、贵州、云南、西宁、天水等地捐建希望小学 100 多所。联合成龙基金会举办"在路上公益行"活动,至今,心系天下公益团队先后走过了贵州、河北、海南、辽宁、宁夏、江西、四川、吉林等地区,资助了数百名贫困家庭和孩子,累计捐款捐物已达近百万元。参与教育部教师工作司关于实施"教育部-中国电信中小学校长信息技术应用能力提升项目",设立教育部"中国电信中小学校长信息技术应用能力提升项目"参训项目,在全国范围内选拔中小学校长参加了"教育部-中国电信中小学校长信息技术应用能力提升项目"远程培训。

盐城电信公司的公益活动

中国电信向边坝县运送捐助大米(于君伦摄)

(3) 公益援藏项目计划多元切实。2010 年中国电信建立"一元钱"大骨节病帮扶基金和教育基金,全国电信员工捐款累计近 2 000 万元。2011 年 7 月 24 日,人民日报、新华社、经济日报、人民邮电报、通信信息报等六家中央媒体采访团一行 9 人赴边坝县采访报道 2002 年以来边坝县发展建设成就、中国电信援藏工作成绩和工作开展情况等。2013 年 12 月 8 日,边坝县综合文化活动中心竣工,该活动中心由青少年活动中心、室内篮球馆和会务中心、演艺厅大楼三大主体建筑构成,有吉祥边坝展厅、多媒体教室、科教文化、民族文化活动室等文体设施。让全县人民享受

村通工程惠泽农牧民

林芝民俗村姑娘和家人通电话

到更好的公共资源服务，感受到社会发展进步带来的美好生活。选派县级干部和基层干部到内地考察学习，并邀请内地教育、农技等方面的专家到县里指导教学和农牧业生产。

三、中国联合通信集团公司

（1）开展"为老人送健康"公益活动。2012年11月27日，中益老龄事业发展中心和中国联通在哈尔滨隆重举行了黑龙江省"为老人送健康"公益普及试点活动，并在现场为200余名孤独、失独、空巢老人赠送了"康保健康随身管家"。联通公司以此次活动为契机，开展了哈尔滨市邦尼助老信息化建设、牡丹江12 349助老服务热线、双鸭山养老呼叫救助服务网络建设等助老为老信息化建设项目。

（2）建立"联通爱心书屋"。2013年1月28日，由新疆自治区关心下一代工作委员会、共青团新疆维吾尔自治区委员会、自治区教育厅、新疆青少年发展基金与中国联通新疆分公司共同发起的"联通爱心书屋"大型社会公益活动在乌鲁木齐启动。中国联通新疆分公司在受捐赠学校建立一个爱心书屋，同时赠送价值1 000元的图书。每个爱心书屋的初始投入费用为11 000元，公司准备了12 000多种各民族语言的青少年图书，供受捐赠学校选择。

联通公司向天山乡二道沟小学捐赠爱心书屋

联通咸阳公司向儿童村赠书

(3) 支持大学生社会实践，促进大学生就业。中国联通通过建立勤工助学、就业见习基地为大学生提供社会实践机会，促进大学生就业。在海南，与共青团海南省委联合开展"勤工俭学 助就梦想"，在山东，联合团省委成立青春创业社和省大学生创业基金，在甘肃，赞助由甘肃省委宣传部、团省委、省教育厅等单位联合组织开展的大型公益爱心活动，为大学生自主创业提供资金扶持、项目发布、创业培训、信息服务、就业见习、导师辅导、创业孵化、社团管理等平台。

第七节 开展"乡乡通宽带"工程

2013年10月25日，中国公益慈善领域最高政府奖——第八届"中华慈善奖"表彰大会在北京举行，本次评选活动共收到推荐及自荐候选对象材料744份。经过初评、公众投票、评审委员会审议，最终有99个在2012年为我国慈善事业做出较大贡献的个人、企业及项目分别获得第八届中华慈善奖"最具爱心捐赠个人""最具爱心捐赠企业""最具爱心慈善楷模"和"最具影响力慈善项目"等奖项。中国移动通信集团公司荣获中华慈善奖"最具爱心捐赠企业"奖，这是中国移动连续第五年荣获中华慈善奖。

2010年3月7日，为落实《电子信息产业调整和振兴规划》，引导推进光纤宽带网络建设，拉动国内相关产业发展，切实发挥光纤宽带对国民经济和社会发展的基础和促进作用，工业和信息化部、国家发展改革委、科学技术部、财政部、国土资源部、住房和城乡建设部、国家税务总局联合发出关于推进光纤宽带网络建设的意见。意见要求中国电信集团公司、中国移动通信集团公司、中国联合网络通信集团有限公司在实施"村村通电话工程"的基础上，加快推进宽带下乡的工作进程。

一、中国电信公司

从2010年10月开始，中国电信西藏公司大力实施"乡乡通宽带工程"项目。项目启动时段那曲已进入严冬，无法进行正常施工，但为了那曲分公司工程技术人员顶风冒雪，在零下十几度的低温条件下，采取烧牛粪加温的方式，完成杆洞、电池坑等基础作业，那曲分公司动用一切力量和资源切实加强与移动分公司通力配合，实施共享移动"乡通"传输电路达74条。于2011

西藏电信公司员工帮助用户学会上网

年4月29日全面完成34个"乡通"站点的建设开通任务。2011年6月26日,随着西藏山南地区隆孜县玉麦乡开通宽带,西藏682个乡(镇)全面实现乡乡通宽带(其中,西藏电信、移动分别开通682和566个)。四川电信公司在"乡乡通宽带工程"中采用光纤和卫星相结合的方式,在各级地方党委政府和兄弟电信企业的支持下,累计完成908个乡镇通宽带任务(其中,2010年完成了292个),为四川农村特别是少数民族地区架起了"信息高速公路"。

二、中国移动通信公司

孩子们在视频里看到远方的爸爸和妈妈

中国移动黑龙江公司将农村宽带网络建设纳入农村通信基础设施建设规划项目。在牡丹江开展"村屯基站型WLAN宽带建设",先后在林口龙爪村、宁安渤海、兰岗、海林柴河等多地村屯加强农村宽带网络建设,其中,牡丹江五林大安村驻地距牡丹江市57千米,人口200户,留守儿童50多人。中国移动WLAN宽带开通后,结束了该村没有宽带的历史。公司特别提供了多种套餐型补贴,让农村宽带用户用得起、用得好。同时,公司特别设置了网络视频室,对留守儿童免费开放,让孩子们能够和远方打工的爸爸、妈妈聊聊最近的生活,让一家人得到感情的沟通。移动宽带网络视频帮助农村家庭圆一个团圆梦,让网络架起留守儿童和父母沟通的桥梁,取得了良好的社会效益。

三、中国联合通信公司

张家口市联通公司承建了涿鹿、沽源、康保、赤城、怀来及蔚县等6个县政府视频会议项目,完成了县政府9个主会场和78个乡镇会场的建设。视频会议乡乡通工程以县政府中心会场为主体,以乡镇分会场为节点,实现县、乡镇的远程会议互联互通彻底颠覆了传统的集中开会的会议模式,在节约宝贵的时间、精力和费用的同时,提高了管理和决策效率,为打造精干、高效、节约型政府奠定了基础。如赤城县乡镇分散、距县城车程较长,以往每次会议至少需11.5小时赶路,且山路难行,人员车辆极不安全。自县乡会议系统投入使用后,立即显现出其巨大便利性:免去了人力、时间、车辆费用等成本;会议的效率更高了,市里刚布置完的紧急任务,立刻传达到乡镇;更重要的是,原来开会只有乡镇的领导和少数几个人能去,回来以后再二次传达,自从有了视频会议系统,相关人员全部可以参会或学习,直接领会精神。经过一年的运行,视频会议系统运行稳定,得到当地县、乡、镇政府机关的一致好评。贵州联通公司开展的"乡乡通4G"工

设在西江千户苗寨的联通公司营业厅

程,实现全省1 795个行政乡镇及街道办事处开通4G网络。两年时间,贵州联通在全省共新增3G站点近1.6万个,新增4G站点近7 000个,3年建设量将超过前10年总和。导游阿英曾因通信不畅导致游客预订的机票不能按时出票饱受责怪,现在快捷的4G网络让阿英的工作更加轻松便捷……据了解,贵州移动4G网络城区覆盖率达到97%,贵州众多旅游景区已初步实现覆盖。

第八节　菲特台风中的通信生命线

2013年,第23号强台风"菲特"于9月30日20时在菲律宾以东洋面生成,它将成为今年登陆我国的第9个台风。预计其将于10月6日上午10时到达位于浙江温州东偏南方大约365千米的东海南部海面上。由于"菲特"具有登陆强度历史罕见、强风暴雨极端性强、潮高浪大等特点,是自1949年以来在10月登陆我国陆地的最强台风。

自10月5日,中央气象台将台风预警级别调为最高级别的红色。国家防总启动了防汛防台风Ⅱ级应急响应,国家水利、民政、交通、旅游、海洋等部门和浙江、福建等省政府纷纷启动应急响应。6日浙江省防总和福建省防总也分别启动了防台风Ⅰ级应急响应。工业和信息化部电信管理局于6日紧急转发国家防总启动防汛防台风Ⅱ级响应的通知,提前部署相关省(市)通信业做好应对准备。福建、浙江等相关省通信管理局积极组织当地基础电信运营企业开展抗灾抢修和通信保障工作。受台风影响地通信企业配合各级政府、气象部门联合发布台风和暴雨预警共300余期,向1亿人次发送预警短信。

"菲特"带来的降雨强度破历史纪录地在江苏东南部、上海、浙江北部和东部、福建东北部等地肆虐,7日起杭州、宁波、绍兴、湖州、慈溪、余姚、瑞安等地有13个县(市、区)日雨量破历史纪录,在狂风和暴雨中,道路交通阻断、动车停运、航班取消、供电中断、通信中断、堤防损毁、农田受淹,据不完全统计,浙江省11个市70个县(市、区)631.4万人受灾,因灾死亡6人,失踪4人,倒塌房屋0.4万间,农作物受灾面积253.42千公顷,直接经济损失83.68亿元。

在风雨交加中,电信传输网络也遭遇了重创,据浙江省通信管理局各基础电信企业报告,截至10月9日19时,余姚地区共有717个基站退服,238个机房进水,

145 个固网模块局和 315 个固网接入点中断,多处本地网光缆中断。据浙江省通信管理局和中国电信、中国移动、中国联通报告,截至 10 月 14 日 9 时,余姚地区 1 374 个基站中仅余 84 个基站退服(占 6.1%),718 个局所中仅余 25 个局所受灾(占 3.5%),2.86 万千米通信线路中尚有 710 千米通信线路受损(占 2.5%)。

在台风中,紧急抢修移动电话基站

10 月 10 日,工业和信息化部电信管理局下发紧急通知,要求进一步做好抗洪救灾保通信工作,并确保抢险人员人身安全;对浙江省通信业提出的跨省支援需求,各基础电信企业集团公司要快速响应、及时保障。在浙江余姚等重灾区,省通信管理局和省内各基础电信企业负责同志靠前指挥,抢修人员克服困难、连续奋战,积极保障救灾指挥通信、逐步恢复公众通信,为政府部门组织救灾和群众自救互助提供了重要保障服务。浙江省通信管理局第一时间启动通信保障应急预案,组织通信企业在余姚累计出动抢修人员 24 980 人次、车辆 3 898 台次(含应急通信车 21 台)、发电油机 3 374 台次,通过油机发电、布放应急通信车、接续临时电路、提供卫星电话等多种方式,累计抢通了 805 个基站、508 个局所、408 千米通信线路,确保了当地乡镇及以上行政区域未发生通信全阻。同时,设立了 125 个便民点和 218 部免费电话服务灾区群众,为 215 个灾民群众安置点提供通信服务,累计发送公益应急短信 1 210 万条,重点保障党政军救灾指挥通信畅通。确保了乡镇及以上行政区域未发生通信全阻。

方便用户,设摊开出便民服务

一系列通信保障工作,使台风灾害中的公众通信迅速恢复。

一、浙江电信:宁波电信紧急调度两台海事卫星电话交付宁波市电业局应急需求,紧急调度下属分局移动油机和电源维护人员为东海舰队后勤部应急发电多天,夜晚调用车载油机支援市医保中心紧急发电,凌晨 4 点紧急调用 520 千瓦车载油机支援市机场中航油应急发电。此外,为抢修、抢通及保障,还派遣 20 多个抗台专业小组到各现场巡检和排险增援。数百万条公益应急短信也及时到达广大市民手中,提醒用户使用"宁波天翼看交通"实时收看交通视频。宁波电信"114"号码百事通全员迅速到岗坚守一线,据统计,10月7日宁波"114"当天的话务总量达67 815次,同比增长111.9%,10月8日零点至18:00,话务总量达72 276次,日呼入量突破9万次,创近三年内新高。客服代表日人均接话量达1 000次左右。

二、浙江移动:通过移动平台发送政府防灾部门短信近9 701万条,短信向全省居民传达了台风预警信息及政府启动抗台预警机制的消息,为全省受灾地区人民积极预防与组织抗台起到了很好的指导作用。与此同时,中国移动浙江公司还通过校讯通平台向学校家长发送提醒短信,发送学校放假通知和提醒家长注意学生安全的通知,并为各类集团企业发送台风方面消息。宁波等多地移动公司针对信息发布

方便用户,送上充电宝

的紧急需求,还专门对校讯通平台进行扩容,确保学校停课通知传达至家长。台风期间,宁波、温州、嘉兴、湖州的多地营业厅都进了水,员工家里也都受了灾。为保证用户能正常使用手机,浙江移动设立便民服务、开出应急通信车、基本所有营业坚守开放,向受灾严重地区的客户免费开启亲情电话报平安、提供手机检测清洗烘干服务以外,还组织员工们划着皮划艇,蹚着齐腰深的积水来到市民中间,将2 000个充满电的充电宝送到受灾居民家中,已经断电四天四夜的市民拿到充电宝,非常高兴地对移动工作人员说:"你们想得太周到了,给我们送来了台风里不中断的通信。"

三、浙江联通:从10月6日上午起,宁波联通就全面启动抗台风抢险应急预案,调集全市网络维护、抢修、施工人员及应急抢修设备、车辆,实施24小时不间断网络监控和抢修,全力保障省干、10G、2.5G、模块机房等重要网络节点,对三防办、防汛指挥部等重要机构专线提供全线畅通保障。由于汛情严重,浙江联通在宁波分公司主持召开防汛救灾工作现场会议,迅速调集全省通信设备、车辆、专业技术人员等各种力量对宁波进行支援,重点对市县区各级防汛抗灾指挥机构、人口密集区域、重要省际传输干线、网络节点、模块机房等进行保障。应急开通了移动电话免停绿色通道,有应急需要无法及时缴费的用户可拨打10010开通免停,以保障救灾、自救需要。由于水淹严重,普通车辆无法进入抢修区域,宁波联通向部队紧急借调了三辆军用卡车进行支援。与此同时,宁波联通还紧急购置了两艘冲锋舟,用卡车加上冲锋舟的方式运送抢修物资。截至10月11日上午,宁波联通已投入抢险救灾人员2 200多人次,各类保障车辆250台,各型发电机380台。经过连续4昼夜奋战,先后抢通通信基站787站次,保障了全市90%以上通信畅通。

第五章

中国信息通信网辉煌耀世

　　随着香港回归祖国,香港、澳门电信亦划归香港特区政府管理,台湾与大陆于 1996 年开通卫星直达电路后,又于 2012 年先后建成厦金、福淡直达海底光缆。大陆与香港、澳门、台湾信息通信网连成一体运转……

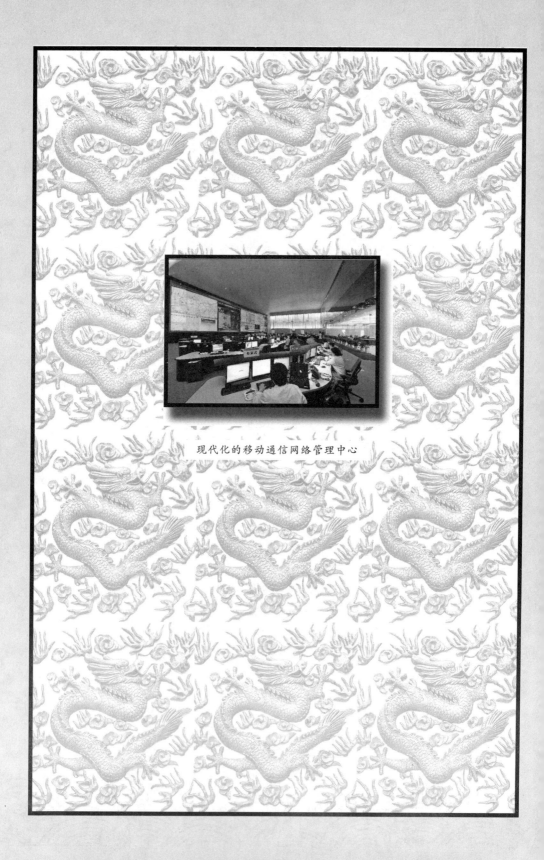
现代化的移动通信网络管理中心

第五章　中国信息通信网辉煌耀世

第一节　两岸通信业界的交流与合作

台湾与大陆实现直接三通，两岸呈现出大合作、大交流、大发展的局面，电信业界两岸之间的交往更是进入深度与广度的合作。据中国通信企业协会统计资料显示，2008—2011年第一季度，台湾通信企业在大陆累计投资总额达到148.4亿美元（4 294.7亿新台币），企业增加到69家。双方合作项目涉及产业投资、网络建设、技术研发、设备采购以及新技术、新业务发展等，覆盖运营业、制造业、信息服务业等领域，企业、科研、团体互访交流迅速增加。在这一历史时期里，两岸电信业界主要的交流与合作如下。

一、两岸电信业交流合作全面多元

2009年2月28日，来自海峡两岸的专家学者和企业代表出席在北京召开的"海峡两岸通信论坛"。会上，与会人员围绕数字音视频编解码技术（AVS）、第三代移动通信技术（TD-SCDMA）、移动存储、高清晰平板显示技术（TFT-LCD）、绿色能源、半导体照明（LED）、交互式网络电视（IPTV）等专业技术领域里两岸关心的问题，在标准制定和产业化应用等方面进行探讨。特别在中国拥有自主产权的第三代移动通信技术方面，海峡两岸的学者和企业代表表示，将展开更广泛的合作。

工业和信息化部科技司司长闻库在会上讲话："在移动通信这方面，两岸对我们提出来的TD-SCDMA技术进行了深入的交谈。开始从技术交谈，到后来从它的应用、芯片、制造来交谈。两岸标准的合作使得两岸都对TD-SCDMA做出了巨大贡献。"

4月6—11日，应中国通信企业协会刘立清会长邀请，台湾电信产业发展协会理事长吕学锦先生率台湾电信产业发展协会访问团一行18人来大陆参观访问。7日中午，刘立清会长在广州大厦宴请了台湾电信产业发展协会访问团全体成员。下午，中国通信企业协会副秘书长王洪建先生主持了"两岸电信业交流合作座谈会"。工业和信息化部国际合作司赵文治副司长、国务院港澳台事务办公室叶向东副巡视员、中国海峡两岸通信协会筹备组副组长宋瑞秋女士等出席。郝为民副会长代表刘立清会长致辞；台湾电信产业发展协会的吕学锦理事长、徐旭东名誉理事长、工信部电信管理局韩夏副局长、台湾电信产业协会邓添来理事、工信部电信研究院首席专家龚双瑾女士、台湾大哥大公司法规处吴中志副处长、中国电信市场部李晓民副总经理、台湾远传电信喻学政、中国联通国际部沈文粹副总经理、台湾中华电信陈长荣及中国移动王晓云分别就两岸电信业发展概况、号码可携带对电信市场的影响、如何加强两岸电信业务合作、第三代移动通信市场及服务的发展趋势以及移动互联网浪潮驱动3G发展演进等课题进行了演讲。在座谈会上，两岸的通信业界人士和专家学者对如何加强合作、开展各项活动提出了很好的意见和建议。

二、大陆电信业成立海峡两岸通信交流协会

2009年8月26日，由通信业界单位和个人自愿结成的行业性、全国性、非赢利性社会组织的"海峡两岸通信交流协会"在北京成立，其英文名称为"Association of Communications Across the Taiwan Straits"，简称ACATS。

"海峡两岸通信交流协会成立暨第一届全体会员大会"

协会会员分单位会员和个人会员两类，其中单位会员23家，个人会员87位。大会进行了第一届全体会员大会，讨论并通过了协会《章程》《会费收取办法》《协会选举办法》等文件，选举产生35位理事、7位常务理事及6位首任执行机构人员名单，选举了协会理事长、副理事长、秘书长。中国电信副总经理李平当选协会第一届理事长，工业和信息化部国际合作司（港澳台办公室）司长陈因当选协会常务副理事长兼秘书长，中国联合网络通信有限公司副董事长、副总经理左迅生，中国移动通信集团公司副总经理刘爱力当选协会副理事长。理事会聘请中国通信学会理事长、原信息产业部副部长周德强担任协会名誉理事长。

奚国华副部长在会上发表了重要讲话。他指出，实现两岸"三通"，是两岸关系发展的必然要求，也是两岸同胞的根本利益所在，两岸通电是两岸经贸文化和人员往来的重要基础。当前台海局势发生重大积极变化，两岸关系走向和平发展道路，为拓展两岸通信业界交流合作提供了难得的历史机遇，希望协会适应形势，抓住重点，促进两岸通信交流合作深入发展，同时希望协会办出自己的特色，并加强与兄弟协会的沟通协作。

李平理事长表示，要提高认识、加强自身建设，把协会办成连结两岸通信业界

的桥梁和纽带，为两岸通信业交流合作做出应有的贡献。

国台办、商务部、农业部、国家旅游局、国家邮政局等部门及相关协会代表也到会表示祝贺。中国通信企业协会副会长杜肤生代表中国通信企业协会、中国通信学会、中国通信标准化协会、中国通信体育协会、中国互联网协会、中国无线电协会6家业内行业协会发表了贺词，台湾海峡交流基金会董事长江丙坤、台湾电信产业发展协会理事长吕学锦、台湾区电机电子工业同业公会理事长焦佑钧、台北市计算机公会理事长王振堂等都为大会成立发来了贺信、贺电①。

2010年，海峡两岸通信交流协会与台湾电信产业发展协会4月23日在台北正式签署5项双边合作备忘录（MOU）。据此，双方将积极建立两岸通信业合作交流平台、推进两岸通信业交流合作、推动两岸电信业合建直达海底光缆、推动两岸通信业共同开拓市场和投资领域的合作。合作项目还包括促进两岸电信技术与服务的发展，支持两岸电信业开展3G服务漫游业务及增值服务的交流与合作，提

两岸正式签署5项双边合作备忘录

高服务质量，共同推动两岸电信业产业链合作，开展应用服务创新，寻求开拓全球市场商机，形成优势互补的紧密合作伙伴关系②。

三、两岸通信产业"搭桥"项目启动

2009年，中国通信企业协会受工信部委托，承担两岸通信产业"搭桥"项目，该项目是两岸15个产业"搭桥"项目之一，目的是推动两岸产业合作与交流。两年多来，通信企协加强与台湾通信产业界的沟通协调，在通信运营、设备、研发等方面取得了一系列成果。先后在台北与北京召开了三次会议，前两次会议共签订协议、备忘录、纪要近30个，举办各类交流会议30多场，对接会议225场，产品发布会18场，参加人员超过3 000人。是年，台湾在大陆采购的通信设备达到12.15亿美元。

2010年6月9日，以"面对机遇，共同发展"为主题的2010年"两岸通信产业合作及交流"会议在北京开幕，来自两岸通信产业各界的专家、学者、企业代表

---

① 《海峡两岸通信交流协会成立大会召开》：工业和信息化部网站。
② 《两岸电信协会签合作备忘录，推合建直达海底光缆》，中新社台北4月23日电（记者 董会峰 罗钦文）。

400余人,包括台湾方面约180位业界代表参加了会议。中国通信企业协会会长刘立清,工业和信息化部总工程师苏金生,台湾代表团名誉团长黄重球,台湾代表团团长、工业技术研究院院长徐爵民,台湾电信产业发展协会理事长吕学锦,华聚产业共同标准推动基金会副董事长许胜雄等出席开幕式并致辞。海峡两岸通信交流协会副理事长刘爱力主持开幕式。

四、大陆与台湾 TD-LTE 试验网对接

2011年6月,"台湾TD-LTE试验网"启动仪式在台湾新北市板桥"T-Park"隆重举行。作为大会的分会场,中国移动总部大楼与台北主会场之间进行了高清视频连线。本次对话的双方跨越了海峡:一方是身在台北启动仪式现场,以中国电子工业标准化技术协会和中国通信标准化协会名誉理事长身份前来的工信部副部长奚国华先生与台湾远传电信董事长徐旭东先生;另一方是身在北京的中国移动通信集团公司董事长王建宙先生。说其意义深远,是因为会谈的双方通过台湾远传电信与中国移动的TD-LTE试验网实现了千里之外的交流和握手,这标志着海峡两岸在通信技术合作方面取得了重要成果。

王建宙董事长在视频对话中将两岸共同推动TD-LTE发展形象地概括为"天时、地利、人和":所谓"天时",现在全球范围内都出现了数据通信的爆炸式增长,这就要求进一步增加无线通信的通路。4G技术需要加快推进的速度,但全球却又普遍缺乏频率资源。针对这样的矛盾,TD-LTE技术充分发挥了其频率资源利用效率高、利用灵活的特点。因此,世界上很多通信运营商都已经正式选用了TD-LTE技术。所谓"地利",中国移动在过去的几年当中,已经与两岸的电信同行一起在发展TDD技术,也就是在TD-SCDMA的3G技术方面积累了一定的经验。所以两岸在TDD技术的应用方面

"台湾TD-LTE试验网"启动仪式在台湾新北市举行

在全球范围内已经掌握了先机,这就为发展4G的TD-LTE打下了很好的基础。所谓"人和",今天在座的海峡两岸的运营商、网络通信设备的制造商、终端设备的制造商,长期以来大家都是同心协力在共同推动TD-LTE技术的发展,可以相信以精诚合作为基础,TD-LTE的明天会更好。

远传电信董事长徐旭东先生表示,TD-LTE试验网的开通是台湾通信历史上的

里程碑。试验网的建立使得远传电信实验室中可模拟各种不同的市场测试环境，在时间及效益上，都提升了台湾产品的竞争机会。此次台湾 TD-LTE 试验网开通运营对我国当前两岸通信产业合作具有非常重要的意义。中国移动将继续为台湾 TD-LTE 试验网提供各种必要的技术协助，并提供相关的应用支持。以 TD 技术为基础，依托大陆的技术创新能力和台湾的产品创新能力，TD-LTE 的产业发展前景必将更加美好。

五、两岸正式发布 LED 产业共通标准

2012 年在长沙举办的第九届海峡两岸信息产业和技术标准论坛上，两岸正式发布 LED 照明、平面显示、太阳能产业共通标准，象征两岸踏出共定标准的第一步。

在开幕式上，台湾华聚产业共同标准推动基金会荣誉董事长江丙坤致辞，台湾华聚产业共同标准推动基金会董事长陈瑞隆与大陆电子工业标准化技术协会理事长胡燕分别代表主办方致辞。

江丙坤的致辞是：华聚基金会是两岸交流的典范，两岸过去从垂直分工、互补，变成平行合作、共谋发展，利用台湾的技术与大陆广大的市场，有效建立台湾形象与品牌。

胡燕在致辞中对历年来的论坛成绩做了总结："十届育论坛，成效已斐然"。据不完全统计，九届论坛共 2 800 余人参会，所涉及的技术领域从信息技术（IT）扩展到信息通信技术（ICT），正在向互联网技术（NT）延伸。其中，TD、半导体照明、平板显示、锂离子电池、太阳能光伏、汽车电子、三网融合、泛在网/物联网和云计算是两岸共同关注的战略性新兴产业。所达成的共识已累计有 230 项。两岸在 LED 照明、平板显示、太阳能光伏、4G/TD-LTE 等领域签订了共同研制共通标准以及开展 4G/TD-LTE 试验室建设合作等 5 个备忘录。第九届论坛公布了《室内一般照明用 LED 平板灯具》等 9 项共通标准，共通标准凝聚了两岸专家的智慧和财富，开启了两岸产业界联手共推国际标准的新局面。

陈瑞隆致辞时提到：世界经济低迷，制定两岸共通标准格外重要，利用共通标准来共同拓展海外市场。未来除继续深化现有标准之外，还要朝向新的领域寻求发展及突破[1]。

六、两岸共同推动相关国际标准化工作，提升国际话语权

2013 年 10 月 21 日，第十届海峡两岸信息产业和技术标准论坛在台湾淡水开幕，论坛期间针对如何落实 LED 照明产业标准与 LED 照明产业合作，共谋发展 5G 通信标准，以及云计算合作等议题进行讨论，确定两岸产业发展合作的新契机。该论坛由大陆电子工业标准化技术协会、通信标准化协会与台湾华聚产业共同标准推

---

[1] 《第十届海峡两岸信息产业和技术标准论坛在台湾开幕》，中新社淡水（记者 浏玮 陈立宇）。

第十届海峡两岸信息产业和技术标准论坛在台湾淡水召开

动基金会共同主办。来自两岸的信息产业专家学者、企业代表和各方面人士350余人出席了会议。大陆电子工业标准化技术协会、通信标准化协会名誉理事长杨学山率领企业与专家约70余人与会。

本届论坛由中国电子工业标准化技术协会、中国通信标准化协会和台湾华聚产业共同标准推动基金会共同主办。与会代表结合当前信息产业热点，就网络演进、移动通信与移动互联网、服务应用、半导体照明、平板显示技术、太阳能光伏、云计算、锂离子电池和汽车电子9个技术领域进行深入探讨，达成了29项共识。

根据共识，两岸近期将对物联网、手机支付、智慧城市、智能医疗领域的合作确定下一步工作计划，还将共同开展云计算数据中心、互操作、基础数据及数据交换等方面技术标准的研究制定，推动相关国际标准化工作，提升国际话语权。

华聚基金会副董事长许胜雄表示，论坛从2005年第一届举办至今，两岸代表以开阔的心胸共商产业发展大计，进行了很多用心、有实质意义的讨论，取得的成果来之不易。本届论坛达成的29项共识，代表了一年来双方的努力，也是下一年产业合作的方向和目标。在当前世界经济不确定性等因素的挑战下，两岸业界共同打造自主知识产权、共谋标准制定方面的合作更突显出必要性。展望未来，两岸除深化现有领域沟通合作外，也希望在新领域寻求突破，加强两岸产业对接，将两岸共通标准提升为国际标准，共同打造品牌进军国际市场。

华聚基金会执行长林坤铭则表示，世界信息产业发展过去几乎都是由欧美等国家主导，希望未来两岸携手合作，在这一领域发挥更重要的作用。在发布会上，中国通信标准化协会副理事长闻库在应询时表示，两岸同行就4G标准展开合作的同时，开始着手5G标准可能性的学术讨论，符合产业发展规律，已累积了一些共识。

工业和信息化部副部长杨学山出席开幕式并做了题为"抓住时代机遇、谋求深入合作，共同推动两岸信息产业协同互利发展"的主题演讲。他指出，当前大陆和台湾都面临着国际经济形势深刻变化带来的机遇和挑战，面临着转变经济发展方式、推动经济转型升级的重要任务。双方只有更加积极主动地推进合作，才能更好地整合优势要素，有效应对挑战，实现共同发展。他希望两岸产业界携起手来，抓住新的历史发展机遇，务实开展合作，共同推动两岸信息产业协同互利发展。

第五章 中国信息通信网辉煌耀世

第二节 国际电联在上海的世纪盛会

五彩斑斓的上海世博会通信信息馆

2009年，中国电信业改革开放30年。是年，中国移动通信、中国电信、中国联通进入世界500强企业名单，其排位分别是99、163、419。

2010年5月1日，中国通信业重要的发源地——上海，隆重而庄严地迎来一个重大历史时刻：第41届世界博览会在上海世博会隆重召开。

回首1851年5月1日，第一届世博会在英国伦敦的海德公园内盛大开幕。那年，于1835年在美国诞生的电报机，以电信息文明使者的身份傲然登场。从此，电报的"嘀嗒"声，成为沟通的使者，改变着人类的文化结构和社会生活。如今，175年过去，在中国上海世博会上，美轮美奂、梦幻般神奇的信息通信馆以中国通信业先进的信息通信科技，以一条条隐形的银色电波，向世人展示宏伟辉煌的信息通信美景；以满足人类愿望的信息生活方式、社会创想活力的激发释放、普惠共融重构的生活的现代电信科技，绘就一幅没有边界的未来信息城市生活画卷。

在这个全世界电信业者的节日里，在当年水线电报进入上海的黄浦江畔，一座由中国移动通信、中国电信联手打造"信息通信，尽情城市梦想"的信息通信馆在以"沟通与融合、创新与进步、成就与体验、传承与未来、和谐与发展"为主题的上海世博会上璀璨亮相。应上海世博会组委会与中华人民共和国工业和信息化部特别邀请，国际电信联盟（International Telecommunication Union，ITU）荣誉举办2010年世界电信和信息社会日庆典活动。

各国政府与电信界要员出席庆典活动

本次庆祝活动由工业和信息化部主办,中国通信学会协办。庆典以"信息通信技术让城市生活更美好"为主题,与上海世博会主题"城市让生活更美好"相呼应,其社会和国际影响力得到进一步提升。

5月17日的庆典活动璀璨亮丽。各省各区通信管理局、经信委、工信厅、中国电信、中国移动、中国联通和中国通信学会的代表600余人参加了当天的庆祝活动。

是日上午,由国际电信联盟主办,中国工业和信息化部支持,TD产业联盟和中国移动承办的"通信让生活更美好——TD国际化发展高峰论坛"在上海世博园联合国馆隆重召开。工信部、发改委、科技部等相关部委领导,中国工程院领导,国际电信联盟官员,中国移动通信集团公司领导,TD产业联盟领导,长期支持TD事业的资深老专家,国内外通信业界企业高层领导,共230余位嘉宾参加了这场盛会。

是日晚,信息通信馆笼罩在五彩缤纷的霓虹幻彩中,国际电联在中国上海的世纪盛会隆重开幕。工业和信息化部部长李毅中,中共上海市委常委、常务副市长杨雄,国际电信联盟秘书长哈玛德·图埃,工业和信息化部副部长娄勤俭,总工程师苏金生,中国通信学会理事长周德强出席。来自世界各国电信业的要员云集世博中心,在全体来宾热烈的掌声中,国际电信联盟秘书长哈玛德·图埃、中华人民共和国工业和信息化部部长李毅中、上海世博会执委会常务副主任杨雄先后致辞。

哈玛德·图埃的致辞是:

由于2010世博会的主题是"城市,让生活更美好",因此,国际电

哈玛德·图埃致辞

信联盟也选择"信息通信技术让城市生活更美好"作为世界电信日的主题。同时,为了庆祝国际电信联盟成立145周年,国际电联在上海世博会上举行此项活动是极具意义的。

第五章 中国信息通信网辉煌耀世

李毅中致辞

杨雄致辞

李毅中的致辞是：

国际电信联盟将今年电信日的主题确定为"信息通信技术让城市生活更美好"，既是对上海世博会城市让生活更美好主题的呼应，也体现了信息通信技术在推进经济发展和社会进步中的重要作用。

杨雄的致辞是：

国际电信联盟自1865年成立以来，在改善人类生活、促进社会进步等方面

国际电联2010年世界电信和信息社会奖颁奖典礼

发挥了巨大的作用，2010年"世界电信和信息社会日"主题与上海世博会的主题交相呼应，共同推动了城市未来的美好形象。

活动现场播放了由国际电信联盟参与拍摄的关于信息通信技术的影片，展现了当今全球信息技术的最新发展及在人们生活中的应用。

会上，举行了国际电联2010年世界电信和信息社会奖颁奖典礼。马来西亚总理纳吉布、中国移动董事长兼首席执行官王建宙与互联网早期创始人之一罗伯特·卡恩一起，以他们通过互联网和移动电话对联通世界以及保障世界各地用户安全使用互联网作出的贡献，荣获国际电联2010年世界电信和信息社会奖。

在颁奖活动后的新闻发布会上，哈玛德·图埃表示：

中国电信业有正面的、很好的发展前景。中国的电信行业监管模式改革是成功的，创造了就业，"我看到很多年轻人为电信业服务，他们具有创新的特质。"

注：本节文字与图片来自综合媒体报道。

第三节　联合敷设厦门至金门海底光缆

2009年，工业和信息化部批准电信集团有限公司、台湾"中华电信"股份有限公司合力开发厦金海底光缆项目。

2010年1月，工业和信息化部港澳台办公室有关负责人赵文智表示，目前，两岸电信业者正在积极探讨建设两岸直达海底光缆，作为通信业主管部门，工信部将积极推动两岸业者开展合作，以期早日建成直达海底光缆。是年，厦金海底光缆获得两岸有关部门批准。

两岸通信业界就海底光缆建设展开交流。

据媒体报道：2011年7月17日，海峡两岸光通信产业联盟在厦门成立，由中科院邬贺铨[①]院士、赵梓森[②]院士和台湾"清华大学"刘容生[③]副校长为联盟荣誉理事长，并选举厦门

邬贺铨　　　　　赵梓森　　　　　刘容生

三优光机电有限公司总经理李凌为秘书长，秘书处设在厦门产业技术研究院。该联盟将为大陆、台港光通信行业提供服务，加强行业间交流合作和自律，优势互补，以产学研结合的形式，联合全球光通信华商企业对产业中的技术难点进行联合攻关，并推动行业间标准化的贯彻实施。

邬贺铨院士在成立仪式上欣喜地概括了联盟的地位和作用：它将是"一线相通、两岸通行、三地联手、四海为邻、五洲通达、六环相扣、七情传递、八面来风、九鼎一言、十分增光"。

为推进厦金海底光缆的建设，厦门市将厦金海底光缆列为重点建设项目之一，并写入2011年《政府工作报告》。厦门与金门隔海对望，这里曾是国共双方距离

---

①　邬贺铨，中国工程院院士，光纤传送网与宽带信息网专家，毕业于武汉邮电学院，曾任信息产业部电信科学技术研究院副院长兼总工程师、大唐电信集团副总裁，现兼任国家863计划监督委员会副主任、国家973计划专家顾问组成员、国家信息化专家组咨询委员会委员、中国通信协会副理事长，是国内最早从事数字通信技术研究的骨干之一。

②　赵梓森，武汉邮电科学研究院高级技术顾问，中国工程院院士，国际电气电子工程师协会高级会员，是我国光纤通信技术的主要奠基人和公认的开拓者，被誉为"中国光纤之父"。

③　刘容生，美国康奈尔大学（Cornell University）应用物理学博士，现任台湾"清华大学"旺宏讲座教授，兼任电资学院光电工程研究所所长、台湾"清华大学"光电研究中心主任、美国"国防部研发总署"（DARPA）大型计划主持人，专长在高速光连接技术及应用。

第五章 中国信息通信网辉煌耀世

黄如旭

吴进忠

最短的前线阵地，在两岸敌对期间曾经炮火连绵。硝烟已化解于1979年的春天，而今，一条海底光缆将进一步增加两岸之间的互相了解和信任，正如厦门市台商协会会长黄如旭所说："敷设厦金海底光缆早就应该做了，这个很重要，目前两岸人来人往，信息传递大幅增加，我相信两岸人民都很希望这件事情能够尽快落实。"

台商吴进忠说："我20年前来到大陆，过去因为两岸关系紧张，所以两岸通信通过其他地方转接，整个通信品质非常差，我也深受困扰，我们很高兴看到两岸海底光缆的敷设，这代表两岸相互信任。"

厦金海底光缆是海峡两岸第一条直通光缆，由台湾"中华电信"投资50%，电信、联通、移动共同投资50%。海底光缆由两条组成：一条从厦门观音山至金门慈湖，长约11 km；另一条从厦门大嶝岛至金门古宁头，长约9.7 km。两条线路进而连通至台湾本岛。厦金海底光缆建成后，传输系统设计容量达到9.6Tbit/s，是目前两岸间通信能力的8～10倍；建成后，传输带宽是目前两岸之间已开通传输带宽的上百倍，可满足未来两岸之间大量宽带通信业务的需求。

厦金海底光缆于2012年6月敷设。6月初，率先敷设厦门大嶝岛至金门古宁头海底光缆，长约9.7 km，仅用了两天时间。6月18日，开工敷设厦门观音山至金门慈湖海底光缆，3天完工。6月月底，厦金海底光缆完成调试。

2012年8月21日，电信集团公司在厦门举行"海峡两岸第一条直通光缆建成庆典"仪式。

厦金海底光缆施工

媒体以"厦金海底光缆建成"为题报道：工业和信息化部副部长尚冰，国家海洋局局长刘赐贵，省委常委、厦门市委书记于伟国，省委常委、副省长张志南，厦门市市长刘可清，电信集团公司董事长王晓初出席庆典仪式。

尚冰说，厦金海底光缆是两岸自1887年建成首条直达电报海缆中断半个多世纪以

"海峡两岸第一条直通光缆建成庆典"仪式

来，再次敷设的第一条直通光缆线路，是长期以来两岸通信业合作共赢的新成果、新跨越。厦金海底光缆的建成不仅对提升两岸通信质量和服务水平，增强亚太地区通信网络的整体安全性和可靠性具有重要的意义，而且为促进闽台产业深度交流合作，加快福建经济社会发展奠定了坚实的信息网络基础。

刘赐贵表示，国家海洋局将进一步支持厦金海底光缆后续的相关工作，及时核发厦金海底光缆海域使用权证书。他希望，通信运营商继续加强和海洋、渔业、海事等相关部门的沟通合作，做好加强海底光缆路由安全宣传工作。

张志南说，厦金海底光缆是海峡两岸第一条直通海底光缆，它的建成是两岸通信领域合作的又一重要成果，也是两岸务实合作、推进民生福祉的一项重要成果，将对推动两岸关系和平发展产生深远影响。福建将继续优化政策环境，强化要素保障，提供优质服务，全力支持两岸通信企业加快发展，共同谱写优势互补、合作双赢的新篇章。厦门至金门直通光缆正式投入运营，在两岸之间架起了一条信息"高速公路"，使两岸之间通信能力提高百倍。[①]

第四节　联合敷设福州至淡水海底光缆

福州至淡水海底光缆由联通、移动、电信、台湾远传、台湾大哥大、台湾"国际缆网"和台湾"中华电信"共同投资建设，连接大陆福州至台湾淡水，海底光缆全长约270 km（其中海中段205 km），共计16芯光纤，采用目前最先进的波分复用技术，一期设计容量高达6.4 Tbit/s。

---

① 以上文字和图片来自综合媒体报道。

第五章 中国信息通信网辉煌耀世

2009年8月10日,联通高层赴台,与台湾"中华电信"高层就中国联通与台湾"中华电信"之间3G漫游费等洽谈合作,双方签署MOU备忘录,并达成下调2G及3G漫游费的共识。

2011年1月15日,经工信部批准,联通公司与台湾"中华电信"、台湾大哥大、台湾远传和台湾"国际缆网"在台北签署了《"海峡光缆1号"项目建设维护协议》,中国联通董事长常小兵出席签约仪式。签字方计划合作建设一条连接大陆福州至台湾淡水的直达海底光缆系统,简称为"海峡光缆1号"(Taiwan Strait Express-1,TSE-1)。

TSE-1海缆系统直接连接大陆与台湾两地,其中海中段约210 km,陆地段约50 km,登陆点设在福建长乐和台湾淡水,通过陆地光缆延伸到各参与方的中心机房福州长乐海缆登陆站由中国联通承建,并向大陆其他电信运营商开放。该项目计划于2012年年初投产使用[①]。

2012年10月31日,国台办新闻发言人杨毅在国台办例行新闻发布会上介绍:福淡海底光缆目前正在进行施工的前期准备工作。

11月6日,福州至淡水海底通信电缆工程在福州举行工程启动仪式。联通集团运营公司副总裁韩志刚表示,126年后的今天,在同样的起始点上重修海底光缆,将实现真正意义上的对台直达通信。台湾"国际缆网"公司董事长陈文瑞在启动仪式上表示,直通两岸的海底光缆将大大降低运营成本,两岸同胞将享受到质优价廉的通信服务。

"海峡光缆1号"工程启动仪式

这是第一条从福州市直接连至台湾淡水、横贯海峡两岸的"电信高速公路",未来有能力扩展至上海、广州、香港等多个国际电信闸口。在海底光缆事业共同发展的趋势下,本着以新一代信息技术发展为契机,为两岸光通信学者、专家、企业家、工程技术人员加强合作交流和巩固友谊搭建平台,抢占国际光通信发展制高点,促进大陆光通信技术产业与台湾同行在该领域的交流与合作,推动新一代信息技术发展,从而带动全国各地社会信息化大发展的宗旨,两岸通信业界于2012年11月11日在江苏吴江同里召开

---

① 综合媒体消息。

由海峡两岸光通信产业联盟主办，中国电子元件行业协会光电线缆分会、中国电器工业协会电线电缆分会、上海市通信学会光通信专业委员会协办，亨通集团承办的"2012海峡两岸光通信论坛"。邬贺铨、简水生、赵梓森等大陆著名科学家以及台湾"清华大学"副校长刘容生

2012海峡两岸光通信论坛

等台湾著名科学家出席论坛并作精彩演讲，畅谈光通信技术、市场发展。

2012年12月9日，福州至淡水间海底光缆在淡水登陆，据台湾媒体报道：

福淡海底光缆由台湾"中华电信"、台湾大哥大、台湾远传电信及台湾"国际缆网"与联通、移动及电信共同投资，预计2012年11月中旬与大陆对岸接通，12月月底完成验收，预估2013年上半年可正式营运。台湾对大陆的国际带宽需求逐年扩大，这条海底光缆总长270 km、海底部分208 km，直接穿越台湾海峡，避免过去海底光缆因绕道日本、韩国，受地震等天灾而中断台湾与大陆的通信。全球许多电信业者通往大陆的带宽，都是通过香港陆地光缆进入的，福淡海底光缆建构完成后，可

直通福淡海底光缆登陆淡水（台湾媒体图片）

吸引国际电信业者转由台湾连接大陆，而大陆电信业者过去必须通过日本与美洲接轨。福淡海底光缆完成后，其将在亚太地区扮演电信桥梁的角色。

"中华电信"表示，日前完工的金厦海底光缆系统有两条路由从金门直通厦门，衔接台金海底光缆和台澎金海底光缆，可直达台湾中部与南部，未来搭配福淡海底光缆，可互为备援。远传电信指出，远传也将开放屏东枋山海底光缆站，可望创造更大的经济效益。台湾大哥大表示，这是第一条从台湾本岛淡水直接连至福建省福州市、横贯海峡两岸的"电信高速公路"，未来有能力扩展至上海、广州、香港等多

个国际电信闸口。这条海底光缆共放 8 对光纤,每一对光纤可收容 80 个 10 Gbit/s 波长,台湾 4 家电信企业各分得两对光纤,初期开通 80 Gbit/s。

2013 年 1 月 16 日,国务院台办发言人杨毅在例行新闻发布会上宣布,两岸首条横跨台湾海峡、连接大陆和台湾本岛的海底光缆——"海峡光缆 1 号"工程顺利竣工。

2013 年 1 月 18,海峡两岸多家电信运营商在北京、台北举行视频会议,共同宣布,"海峡光缆 1 号"工程正式竣工。移动公司总裁李跃在竣工仪式上表示,"海峡光缆 1 号"系统是大陆与台湾之间的首条直达海底光缆,建成后可实现大陆对台湾本岛的直接通信,两岸间的通信成本将大大降低。该海底光缆连接福建福州和台湾淡水,是迄今为止第一条直接连接大陆和台湾本岛的海底光缆系统。

据媒体报道:会上,嘉宾政要、电信专家云集,喜气洋洋的场景在大屏幕上滚动播放。

北京会场:参与建设的两岸电信业者和台湾交通主管部门官员一致认为,这也是两岸和平发展迈出的重要一步。

台北会场:"今天是在办喜事!"台湾海基会董事长林中森高兴地说。

通过视频连线,两地嘉宾举杯共庆,笑声、掌声零距离。远传电信董事长徐旭东说:"仿佛在同一个房间开会。"

徐旭东等业界代表认为,"海峡光缆 1 号"开通,在两岸大交流时代,具有重要意义。

福淡与厦金海底光缆的建成,使海峡两岸通信传输系统在海(光缆)、陆(光缆)、空(卫星、微波)的通信技术支撑下,全面连通运转。将 126 年来跌宕起伏的电信建设延伸到 1871 年,为大陆与台湾 126 年通电史画了一个完美的圈——1871 年丹麦大北电报水线登陆中国的第一条公众电报线,1877 年台湾建设中国第一条电报线,1887 年台湾到福州建设第一条海底电缆,2013 年福建福州与台湾淡水建设海底光缆,由海峡两岸电信业同仁共同构架完成。

福州到淡水的海底光缆在福州长乐登陆。这一通信盛事为长乐琴江村人与在台乡亲称赞。琴江村原为清军八旗水师营驻地,于清雍正七年(1729 年)开始在福建等地部署海防。因此,从北京、福州等地八旗部队抽调了 500 名官兵携眷到琴江建立"福州三江口水师旗营"。乾隆年间平定台湾,水师营将士参战,此战的功臣画像由琴江水师营贾全绘画,乾隆皇帝赋诗,记录了平定台湾战程。光绪三年(1877 年),从水师营后裔贾凝禧进入马尾船政学堂学习起,贾家代代有后裔进入海军服役，以历12代而成为海军最盛家族。据不完全统计，琴江村在民国时期有6位将军，还有3位女婿是陆军中将。1949年，在民国海军部队服役的琴江人，有的去了台湾，有的留在了大陆，分别在海峡两岸军队服役。其中，台湾乡亲张长卿就与他的弟弟张忠寅分别在海峡两岸的军队里服役，守卫在金门和厦门。

1979年大陆与台湾通电以后，在台的琴江乡亲与长乐的琴江乡亲开始有了联络。1987年台湾开放居民赴大陆探亲以后，台湾乡亲纷纷回长乐琴江祭祖寻亲，并广泛联络海内外乡亲捐款建设家乡。一个个电话里，乡亲们从海外汇来捐款，修复了旗人街、八旗军旅园、八旗烈士陵园等，琴江因此被评为福建省最美乡村、中国历史文化名村等。海军世家贾氏后裔贾秉珊说："我们大陆和台湾的贾氏后裔在你来我往的电话中，把家族的海军资料整理了出来，修建了海军世家贾氏故居，召开了先祖贾勤将军诞辰127周年纪念会，还将贾家的祖坟修缮一新。现在，海底光缆在长乐登陆，以后我们往台湾乡亲那里打电话就更便宜，往美国打电话也可以煲电话粥了。"

贾勤将军诞辰127周年纪念会

89岁的张长卿和弟弟团聚会后，常往返于海峡两岸，两岸直接通电后，他与长乐市科教文委主任蒋滨建的联系更多了，他绘制了琴江水师旗营营盘图、马江海战中法形势图，并参照北京故宫和台北"故宫"的历史文献和清代多份舆图绘制了福建三江口水师海防图以及大量清代福建海防档案和资料，送给长乐市有关部门，这些弥足珍贵的历史资料，填补了长乐史料的空白，也充分表达了海峡两岸同胞一家亲的深厚情怀。这些档案图片还通过 QQ 以及微信，由长乐传递给了研究清代海防史的专家和学者，为多地的清代文化填补了空白。

张长卿（右）向蒋滨建赠送台北"故宫"琴江水师旗营史料

第五节　通信业进入移动互联网时代

2013 年，移动互联网的全民化时代到来。

移动互联网是移动无线电通信科技进步的产物，让我们来回顾其发展历程。

移动通信可以说从无线电通信发明之日就已经产生，移动的主体可以是人、汽车、火车、轮船或飞机等处于移动状态的物体。早在 1897 年，马可尼进行的无线通信试验，就是在固定站与一艘拖船之间完成的。1899 年在中国海军舰艇登陆的无线电，就开始了中国的无线电移动通信步伐。至 20 世纪 80 年代初，移动通信开始在中国通信市场上遍

著名科学家周光召

地开花，如移动电话、集群移动电话、无线寻呼通信、无绳电话通信等。至 20 世纪 90 年代，中国的移动通信在走过了第一代、第二代模拟移动通信网络以后，进入了 GSM 数字通信网络的世界，电信科学技术也发展迅速。正如中国科学院前院长、著名科学家周光召 1997 年在《科学技术的明天》一文中所论述的：

100 年前在实验室里发现了电子，99 年前在实验室里发现了放射性和相对论，导致了今天整个原子能产业和核武器的诞生。而电子和量子论及在本世纪诞生的半导体、三极管产生了现在的整个电子工业。微电子、计算机和各种仪器的迅速更新，

将推动科学技术、生产、教育、传媒和服务业的继续快速发展,成为生产力中发展最快,带动面最大的科技。信息科技将从根本上改变社会的生产方式和生活方式。信息科技的重要性可以反映在一句古语上,即"知己知彼,百战不殆"。在信息科技中提出的虚拟现实(在人的参与下用计算机来模拟现实中发生的情况)将改变教育、训练、研究、设计、模拟、实验的方式。

一、移动互联网进入 2.5G 时代

21世纪是通信科技飞速发展的世纪,人类信息沟通历史进入新千年,电子科技产品层出不穷,推动着移动互联网的网络建设快速前进:2000年,中国移动互联网CMNET 投入运行,与电信总局在北京、上海开通的 64k 中国互联网相连,开始了移动互联网与固定互联网的相连——"移动梦网"。2002年,中国移动 GPRS 投入商用,中国真正迈入 2.5G 时代。

中国移动研究院引进海归科技人员合影

吴基传部长参观中国移动研究院专利墙

面对汹涌澎湃的互联网浪潮,中国移动通信集团有限公司建成了世界最先进的移动智能网络;创立了移动梦网模式,开创了移动互联网的辉煌;以最早开始进行移动数据业务管理平台的设计与开发之科技领先。中国移动通信集团有限公司还成立了中国移动通信研究院,超前研究无线网长期演进、IP 网演进、NGN、业务网、智能光网络、终端技术等业务。仅 2005 年,中国移动研究院就承担各类软课题和测试项目 385 项,申报专利 92 项,加大了在 ITU、3GPP、OMA 等标准化组织中的工作力度,主导了多媒体组播多播技术、彩铃、网络长期演进、多媒体业务的质量体系等重要领域,并已逐步成为 ITU、3GPP、OMA 和 GSMA 等领域标准制定的核心成员。同时,中国移动研究院承办了 4 次国际化标准活动,全年共计提交文稿 472 篇,通过了 102 篇,并有多名员工在国际标准化组织中担任领导职务,比如 GSM 协会董事会成员等,稳固地奠定了在国际标准化体系中举足轻重的地位。

二、移动互联网进入 3G 时代

2009 年 1 月 7 日,工业和信息化部向中国移动、中国电信、中国联通三家运营商颁发了 3G 牌照,从此中国电信的小灵通、网通的大灵通逐渐走上历史舞台,中国移动互联网开始了硝烟四起的竞争,令人翘首期盼的中国 3G 时代已正式启航。

2008 年中日移动互联网高峰论坛

3G 时代的到来,让中国成为全球范围内潜力最大的移动互联网市场,在机遇与挑战并存的市场环境下,移动互联网长城会(简称长城会,Mobile Internet the Great Wall Club)于 2008 年 3 月 27 日成立,其以"连接世界,诚信天下,让移动互联网的生意更简单,创新让世界更美好"为使命,致力于打造全球最有影响力的移动互联网合作平台。是年 6 月,成立伊始的长城会在北京举办"跨越长城,走向世界"2008 年中日移动互联网高峰论坛。

2009年全球移动互联网大会

2009年4月23—25日在北京主办"2009年全球移动互联网大会"。这是全球移动互联网领域首次最大规模、最具人气、最具价值的行业盛会。来自中国、俄罗斯、日本、韩国、美国、法国、英国等国家的优秀移动互联网企业代表、移动运营商高层、手机厂商代表、业内专家等行业精英人士齐聚北京,围绕"移动互联网的中国机会"这一主题,基于"移动互联网内容与服务"展开移动互联产业的顶级高峰对话。

中国移动在开了第一届移动互联网大会以后,不断地进行着移动互联网方面的创新。此次会议提出了一个很重要的计划——"无线IP级互联网环境"。这是中国移动研究院2007年开始立项的项目。围绕着三大基础设施,加上安全、资源管理等,形成一个完整的、有效的、可运营的互联网新型技术。随着中国移动不断地推动LTE技术的发展、融合和演进,将会出现全球统一的基础框架。全球走向TD/LTE和FDD/LTE融合发展的时代将给中国通信的发展带来机会。

李正茂

2011年,3G牌照发放仅两年多,就以腾飞之势发展。是年10月31日,以"无处不在的网络,无所不能的业务"为主题的2011(第五届)移动互联网国际研讨会在北京举行。

第五章 中国信息通信网辉煌耀世

中国移动通信公司副总裁李正茂致辞：目前，全球范围内智能手机出货量以每年50%以上的的速度增长，移动终端将全面进入智能化时代。伴随着3G和LTE的不断发展和运用，移动宽带技术的潜力和价值正得到挖掘，移动通信向着宽带化方向飞速前进。可以说，智能终端的快速增长以及移动网络的宽带化，使移动互联网成为行业发展的焦点，极大地拓展了新市场，催生了新业态，移动互联网已经进入快速发展的新阶段。同时，为了促进新一代信息技术等战略性新兴产业的发展，全面提高国家和社会信息化水平，国家发布了一系列产业政策和重要举措，这为移动互联网产业的进一步大发展奠定了坚实基础、开辟了广阔空间。

中国移动通信研究院院长黄晓庆就中国移动互联网两年来的发展态势发表论述：

黄晓庆

现在的移动互联网已经不能用"快速发展"来形容，"腾飞"二字显得更加贴切。现在与其说我们应该推动移动互联网发展，不如说我们应加快步伐，满足移动互联网高速发展的需要。移动互联网已呈腾飞之势。在发展之初的10年，传统互联网拥有1.03亿用户，而移动互联网拥有2.06亿用户，现在移动互联网用户数正在赶超传统互联网。通信行业将继续快速发展，互联网移动化的趋势十分明显。爱立信预测，移动宽带用户数在2011年将突破10亿用户，在2015年之前将达到38亿用户。Enfodesk预测，在2012年，中国的移动互联网用户数将超过传统互联网用户数。尽管如此，移动通信仍有巨大的增长空间。以往有人说当人们人手一部手机时，移动通信市场就饱和。其实不然，移动互联网将使移动终端渗透率达到200%～500%。因为，在移动互联网时代，人们除了手机以外，还可能拥有平板计算机、笔记本计算机等终端，未来甚至汽车都将成为移动互联网终端。移动互联网的飞速发展和智能手机的逐渐普及，带来了流量的爆炸式增长，中国移动2011年上半年无线上网流量同比增长了156%。摩根士丹利预测，与现在相比，2013年移动通信数据流量将增长66倍。

三、移动互联网进入4G时代

2013年，工信部宣布，向中国移动、中国电信、中国联通颁发"LTE/第四代数字蜂窝移动通信业务（TD-LTE）"经营许可。这意味着，中国移动互联网通信正式进入4G时代。

4G 移动互联网时代具有开放性、互动性、大数据三个明显特性，由三个要素组成：第一是无线宽带，必须有足够的带宽，才能促进互联网的发展；第二是智能手机，没有智能手机，靠家庭计算机和仅有语音通话功能手机，形不成移动互联网的时代；第三是基于云计算的大数据平台。这三大特性和三大要素，描绘了移动互联网技术发展走过的进程，也使电信运营商在网络技术和电信服务上求新求变：第一代和第二代通信技术主要解决语音通话问题，第三代通信技术解决了部分移动互联网相关网络及高速数据传输问题，第四代通信技术是专为移动互联网而设计的通信技术，因此网速、稳定性有跳跃性的提高。

互联网迎来 4G 之年。在 4G 之前，由于移动网速瓶颈，很多新技术、新产品并不能完全推向市场。但 4G 之后，手机视频、手游、3D 导航等适用于大宽带移动网络下的应用成为现实，一些新兴互联网公司在资本市场上的表现已经超过了相当一部分运营商，仅从 2014 年冒出的滴滴打车、快的、余额宝等软件的出

学大教育新产品发布会的线下体验活动

现和运行，就已经直接在改变着传统的社会信息方式，而微信、腾讯 QQ 等即时通信，各大媒体、政府机关、商业单位的微博、微信平台、二维码等如百花齐放，盛开在互联网的世界里。整个移动互联网的产业链以及附加在上面的价值链发生了深刻改变，运营商的市场价值不断受到挑战。随着智能终端和云计算的发展，ICT 行业正酝酿着一场颠覆性的技术革命，彻底改变了传统通信行业和计算机行业业态，也催生出很多新型的业态，致使移动互联网价值链不断裂变和细化，价值链主体呈多元化发展趋势。例如，2014 年 5 月 29 日，第一个利用互联网提供家教服务，并在美国纽约上市融资的规模最大教育机构——学大教育，在上海科学会堂隆重举办"智能教育大爆炸，学大教育新产品线上发布会"。会上专家、学者的发言以及公司产品的介绍，既展示了其从 2001 年创办以来，在互联网世界里起、转、承、合，引领网络教育新潮的成长过程，又让与会者看到了从私塾授课到清代中国教育体系的创建，还看到了从传统家教过渡到网络教育的薪火传承、本质延续，等等。移动互联网技术催生了改变传统思维和社会管理体系的信息方式，架构了一个全面开放、融合、多元、吸纳的平台，也正在继续造就文化传播、商业运营、社会生活的新模式。

快捷、方便的4G移动互联网,为互联网用户的创业和发展带来契机,以上这三大要素支撑起了移动互联网的繁荣,手机打车、代驾、家政服务等基于人、基于位置、基于明确需求的各类服务应用层出不穷。有专家预测:今后移动互联网业务最基本的形态将是基于云计算的大数据平台以及基于客户端的大数据产品。根据现有的移动互联网发展速度,人们对通信网络质量的需求每年翻一番,10年后就是现在的1 000倍左右。

四、中国移动互联网5G网络的研发

中国移动互联网是国际移动互联网的重要组成部分。而今,世界范围内的移动电话签约用户已达数10亿人,近50亿人看上了电视,而每年新增的互联网用户则以数千万计。全球数亿人享受到卫星服务,包括从卫星导航系统获得指路信息、查看天气预报或在闭塞地区收看电视。另有数百万人每天都在移动电话、音乐播放机和相机上使用视频压缩服务。

汹涌澎湃的互联网通信科技浪潮,推动着中国通信业移动互联网的建设,正如中国移动研究院院长黄晓庆在中国移动主办的第五届移动互联网国际研讨会上的演讲所论述的:今天移动互联网已经不是我们在推动这个行业发展,而是必须要加快我们自己的步伐,来满足这个行业的需求,发展空间和增长空间都已经远远超过我们目前的技术所能支撑的范围。我们希望联合业界各位同仁,在新兴平台上,包括运算平台、移动互联网平台,包括第四代移动通信,包括100G技术一起去合作,一起去寻找,做一些非常有意义的研究课题、非常有意义的产品开发的计划,使中国在移动互联网的产业链、在移动互联网全球的影响力进一步提升,也是我们在信息产业里面的一次新腾飞。

因此,4G移动互联网方兴伊始,中国已经投入了对5G网络的研发。研发的关键技术领域包括大规模天线阵列系统(LSAS)、全双工通信系统、能量效率和频谱效率的联合设计、优化的信令/控制机制等,以实现软件化(soft)和绿色(green)为核心主旨。发展的核心策略与思路:一是在优化频谱效率的同时,实现能效并重式发展;二是去"蜂窝"化;三是重新考虑信号控制策略;四是大力发展"隐形"基站;五是重复利用2G频谱资源。可以预想,在互联网已成为经济之基础的年代里,网络把所有的事物连接在一起。互联网成为一种沟通方式、生存方式和生存氛围,互联网经济将改变未来全球格局。互联网全球化中的观点、信息、关系将不同的行业及文化经济体紧密地互相联结。跨经济体的产业,以电信信息的沟通,步上包容、发散、共生、互利的大融合时代,这是移动互联网日新月异、璀璨出新而让人目不暇接的年代,正如国际电联所叙述的:全球国际电信网络,是有史以来规模最大和最为先进的工程创举,每当您登录网站、发送电子邮件或短消息、听广播、看电视、网上购物、乘机或乘船旅行时,当然还包括您每次拿起电话拨号或接听移动手机时，都会用到该网络。

在电信科技与移动互联网信息比翼齐飞的现代信息通信世界里，移动互联网还会发生什么样的变化？互联网思维还会有什么让人惊诧的舞台剧？还能上演什么文化与经济的神奇商业创意？纵观移动互联网的诞生与发展之路，正在实现中国科学院院长周光召的预测：科学研究的成果转化为生产力的周期越来越短，速度越来越快。由基础研究带来的新兴产业和产业革命将继续发生，由应用研究和开发研究带来的技术进步和产品更新将持续不断。在21世纪，科学研究的水平将决定一个国家的竞争实力和一个社会精神文明的水平[1]。

引领中国电信业信息革命的移动互联网，其曾经走过的路，已经精彩耀世，未来的移宫换羽，让人们充满了期待。美国《连线》杂志创始人、有"数字文化代言人"之称的凯文·凯利说，中国正在接近创新的临界点[2]。

也正如中国电子学会名誉理事长吴基传所说：互联网已经整体进入移动互联网时代。这标志着互联网进入一个以人为本的信息交互时代，促使人类向智慧型社会大踏步前进。从互联网到现在的移动互联网，随着技术的进步，互联网演进的下一个层次将是智慧互联网。现在大家都在探讨智慧城市、智慧社区、智慧交通、智慧公安、智慧管理。这些正在给人类的生产、生活和消费带来新的手段[3]。

凯文·凯利

第六节　主导全球信息通信标准领域

国际电联电信标准化部门（ITU-T）各研究组汇集了来自世界各地的专家，他们的工作是制定被称为ITU-T建议书的国际标准。这些国际标准是全球信息通信技术（ICT）基础设施的定义要素。标准对ICT的互联互通起着至关重要的作用，无论我们进行语音、视频通信还是数据消息交换，标准均可确保各国的ICT网络和设备使用相同的语言，从而实现全球通信。

2009年10月14—21日，国际电信联盟在德国德累斯顿举行ITU-WP5D工作组第6次会议，征集遴选新一代移动通信（IMT-Advanced，又称4G）候选技术。

---

[1] 周光召：《科学技术的明天》第5页，《今日东方》中文版，亚太新闻出版社，1997年总第三期。
[2] 凯文·凯利：《新经济遵循12条法则》。
[3] 吴基传：《以人为本的智慧互联网时代正在来临》。

中国政府高度重视此次会议,工业和信息化部组团参会,并提交了具有自主知识产权的 TD-LTE-Advanced 技术方案。

中国代表团成员出席国际电联 ITU-WP5D 工作组第 6 次会议

国际电信联盟收到来自中国、日本、韩国、欧洲标准化组织 3GPP 和北美标准化组织 IEEE 共 6 项 4G 的候选技术提案。这些提案涵盖了 LTE-Advanced 和 802.16m 两种技术,并且都包含了 TDD 和 FDD 两种制式。LTE-Advanced 得到国际主要通信运营企业和制造企业的广泛支持。法国电信、德国电信、美国 AT&T、日本 NTT、韩国 KT、中国移动、中国爱立信、中国诺基亚、中国华为、中国中兴等明确表态支持 LTE-Advanced。802.16m 也获得部分芯片、网络产品制造企业(如英特尔、思科等)的联合推荐。

国际电信联盟确定 LTE-Advanced 和 802.16m 为 4G 国际标准候选技术。根据工作计划,国际电信联盟下一步将对两种候选技术进行分析评估和试验验证,并于 2010 年 10 月最终决定将这两种候选技术定为 4G 国际标准。

回顾第三代移动通信(3G),国际电信联盟曾确定了 10 种候选技术,并批准其中的 5 项为国际标准。经过市场选择,最后 TD-SCDMA、WCDMA 和 cdma2000 三种主流技术成功实现商用。在 4G 国际标准制定中,国际电信联盟在候选技术阶段确定了两种候选技术,成功实现了技术聚焦,进一步明确了 4G 国际标准的技术路线,为各国重新整合通信产业资源,调整技术发展战略创造了有利条件。这必将对未来 4G 国际标准和产业发展产生重大影响。

ITU-T 每 4 年举办一次世界电信标准全会,这是全球信息通信标准领域十分重要的会议,会议结果关系到电联各成员国在全球信息通信标准化领域的地位,影响到全球信息通信技术和产业的发展。

2012年11月20—29日，国际电联世界电信标准全会（WTSA-12）在阿拉伯联合酋长国首都迪拜成功召开。

中国代表团成员出席国际电联世界电信标准全会

此次WTSA-12会议有来自国际电联105个成员国、44个部门成员以及国际组织的共910余名代表参会。中国代表团由工信部科技司闻库司长带队，来自工业和信息化部、广电总局、电信研究院、中国通信标准化协会、北京邮电大学、中国电信、中国联通、中国移动通信研究院、武汉邮电科学研究院、华为技术、中兴通信、上海贝尔以及香港通信管理部门共33位代表出席了会议。

WTSA-12为期两周，经过220多场会议（含CTO会议和全球标准峰会），修订了49个决议，产生了10个新决议，批准了6个新建议书，确定了ITU-T部门2013—2016年研究期的工作项目、研究战略重点、工作方法、研究组结构、研究组主席和副主席人选、发展中国家的标准需要以及与标准相关的管制问题等事项。

在中国通信业的积极参与和大力支持下，新研究期内ITU-T将继续保持10个研究组的架构：华为公司冯伟连任SG11主席；电信研究院徐伟岭新当选为TSAG副主席，我国首次进入TSAG管理层；华为公司李丹和中兴通信林兆骥分别新当选为SG15和SG17副主席；我国SG2、SG5、SG9、SG12、SG13和SG16副主席均成功连任。通过与美国、德国等主要国家积极磋商，我国主导的两份重要建议书G.8113.1（MPLS-TP操作维护标准）和Y.2770（深度包检测标准）在WTSA-12全会上顺利批准，切实推进了ITU-T在互联网相关技术方面的研究。

经过我国政府部门高效务实的领导与协调，以及产业界代表的共同努力，我国在 WTSA-12 会议上取得了丰硕的成果，为 ITU-T 的发展及我国在 ITU-T 下一研究期发挥更大的作用打下了良好的基础[①]。

第七节 实施"宽带中国"战略方案

鉴于国家宽带规划对经济的推动以及改善民生方面有不可替代的作用，中国政府大力主导和推动中国宽带网络建设。

2013年2月26日，工业和信息化部组织召开"宽带中国2013专项行动动员部署电视电话会议"，分析把握新形势新要求，全面总结2012年宽带普及提速工程，部署宽带中国2013专项行动各项工作任务。工业和信息化部党组书记、部长苗圩作动员部署讲话，副部长尚冰主持会议。国家发展和改革委员会、教育部、环境保护部、住房和城乡建设部等部委有关部门负责同志，三家基础电信企业的主要负责同志，工业和信息化部相关司局以及部分在京单位负责人、部分互联网企业、通信设备制造企业、协会、联盟代表，专家学者，媒体记者等共100余人参加了北京主会场的会议。全国各省、地市行业管理部门，基础电信企业有关同志参加了各地分会场的电视电话会议。

4月17日，工信部、国家发改委等八部门联合发布了《关于实施宽带中国2013专项行动的意见》。意见指出，2013年宽带中国的发展目标：网络覆盖能力持续增强，新增FTTH覆盖家庭超过3 500万户，新增3G基站18万个，新增WLAN接入点130万个。惠民普及规模不断扩大，新增固定宽带接入互联网用户超过2 500万户，新增3G用户1亿户，新增通宽带行政村18 000个，实现5 000所贫困农村地区中小学宽带接入或改造提速，启动实施"宽带网络校校通"工程。

8月19日，中国国务院下发国发〔2012〕23号和《"十二五"国家战略性新兴产业发展规划》的总体要求，特制定《"宽带中国"战略及实施方案》通知，明确要求至2015年，基本实现城市光纤到楼入户、农村宽带进乡入村，固定宽带家庭普及率达到50%，2020年，宽带网络全面覆盖城乡，固定宽带家庭普及率达到70%。

"宽带中国"战略及实施方案制订了加快宽带网络建设的技术路线和发展时间表，到2015年，初步建成适应经济社会发展需要的下一代国家信息基础设施。基本实现城市光纤到楼入户、农村宽带进乡入村，固定宽带家庭普及率达到50%，第三代移动通信及其长期演进技术（3G/LTE）用户普及率达到32.5%，行政村通宽带

[①] 赵世卓：《中国代表团出席国际电联世界电信标准全会（WTSA-12）并取得丰硕成果》。

（有线或无线接入方式，下同）比例达到 95%，学校、图书馆、医院等公益机构基本实现宽带接入。城市和农村家庭宽带接入能力基本达到 20 Mbit/s 和 4 Mbit/s，部分发达城市达到 100 Mbit/s。

2014 年 1 月，中国实施 11 项信息惠民工程，国家决定实施信息惠民国家示范省市创建工作、社会保障信息惠民行动计划、健康医疗信息惠民行动计划、优质教育信息惠民行动计划、养老服务信息惠民行动计划、就业服务信息惠民行动计划、食品药品安全信息惠民行动计划、公共安全信息惠民行动计划、社区服务信息惠民行动计划、家庭服务信息惠民行动计划、信息惠民综合试点行动计划共 11 项信息惠民任务和计划，重点解决社保、医疗、教育、养老、就业、公共安全、食品药品安全、社区服务、家庭服务等九大领域突出问题，促进信息消费，提升基本公共服务水平，加强和创新社会管理，构建和谐社会[①]。

三大运营商积极执行国家推出的宽带政策，中国移动推出了"中国移动光宽带"，中国电信推出了"天翼宽带"，中国联通推出了"光网世界"等发展方向。如今，公共网络已在医院、学校等社会层面广泛出现，成为智慧城市、智慧社区、智慧旅游等名词背后的创造者。

2015 年 1 月 27 日，国务院新闻办公室举行新闻发布会，工信部副部长毛伟明、总工程师张峰、运行监测协调局局长郑立新、通信发展司司长闻库、运行监测协调局副局长黄利斌出席发布会，毛伟明在介绍 2014 年全年工业通信业发展情况时宣布：全国通宽带乡镇和行政村比例达到 100%、93.5%[②]。

各大电信公司实施的"乡乡通宽带工程"取得的成就，显示在工业和信息化部发布的通信业统计数据上：2015 年，全国新建光缆线路 441.3 万千米，光缆线路总长度达 2 487.3 万千米，同比增长 21.6%，比上年同期提高 4.4 个百分点。新增移动通信基站 127.1 万个，是上年净增数的 1.3 倍，总数达 466.8 万个。其中 4G 基站新增 92.2 万个，总数达到 177.1 万个。互联网宽带接入端口数量达到 4.7 亿个，比上年净增 7 320.1 万个，同比增长 18.3%。光纤接入（FTTH/0）端口比上年净增 1.06 亿个，达到 2.69 亿个，占比由上年的 40.6% 提升至 56.7%。移动宽带用户（3G/4G）在移动用户中的渗透率达到 60.1%，比上年提高 14.8 个百分点；8 Mbit/s 以上宽带用户占比达 69.9%，光纤接入（FTTH/0）用户占宽带用户的比重突破 50%。

---

① 中国通信业企业协会网站：《我国实施 11 项信息惠民工程》。
② 工业和信息化部网：《工信数据·统计分析·通信业》。

第八节 虚拟电信运营商进入电信市场

2012年6月,工信部发布了《关于鼓励和引导民间资本进一步进入电信业的实施意见》,明确了内地将扶持民营资本实质性进入基础电信领域,力争在移动通信试点业务方面推出一批民间示范企业,增添电信市场竞争活力。

2013年1月,工信部出台《移动通信转售业务试点方案》(征求意见稿),文件规定,"基础电信商应保障在试点期间至少与2家以上转售企业合作,因此,虚拟运营商设立已成必然"。

一、授予11家企业虚拟运营商牌照

2014年1月,工信部正式授予11家企业虚拟运营商牌照,它们分别是:天音通信、浙江连连科技、乐语、华翔联信、京东、北纬通信、万网志成、迪信通、分享在线网络技术、话机世界数码连锁集团、巴士在线控股有限公司。

虚拟牌照的发放意味着民营资本终于能够合法地参与一直处于垄断的电信行业间的竞争,这不仅有助于激发行业活力,还可以繁荣通信市场和刺激电信改革,具有里程碑式的意义。同时,这也是民营资本争取市场公平地位的极大进步,民营企业获得虚拟运营商牌照属于"非公36条"破冰的一部分,是"允许非公有资本进入垄断行业和领域""鼓励民间资本以参股方式进入基础电信运营市场""支持民间资本开展增值电信业务"条款的具体践行。

二、虚拟运营商纷纷与三大电信运营商签约

与中国电信集团首批签约合作的虚拟运营商有16家:苏宁、国美、迪信通、爱施德、天音、朗玛信息、北纬通信、乐语、万网、京东、连连科技、话机世界、用友、三五互联、长江时代、分享在线。与中国联通首批签约合作的虚拟运营商有14家:迪信通、乐语、苏宁、国美、天音、爱施德、京东、阿里巴巴(万网在线)、话机世界、巴士在线、华翔联信、苏州蜗牛、中期、远特。与中国移动首批签约合作的虚拟运营商有17家:天音通信、迪信通、爱施德、国美、苏宁互联、万网在线(阿里巴巴)、分享在线、北纬通信、三五互联、巴士在线、华翔联信、朗玛信息、鹏博士、世纪互联、中邮普泰、银盛、中兴视通。

三、召开移动通信转售业务试点工作例会

2014年2月18日,工业和信息化部在北京召开移动通信转售业务试点工作第一次例会。工业和信息化部通信发展司、电信管理局、通信保障局、政策法规司、财务司、电信研究院、虚拟运营商发展研究中心、基础电信运营企业以及已获批文

的19家移动通信转售业务试点单位负责人出席。移动通信转售业务试点工作例会旨在建立沟通机制,针对试点企业在移动通信转售业务开展过程中遇到的问题进行协调统筹。与会的转售业务试点企业就业务备案管理、市场竞争行为规范、码号资源管理、服务质量提升和IT系统建设等工作进行了汇报交流,分别提出了在推进工作中遇到的相关问题。与会工信部各司局负责人针对转售企业提出的共性问题进行了解读,对转售企业下一步的工作提出了建设性的意见。希望转售企业加强与基础电信运营企业的沟通交流,建设好IT支撑系统,提升运营管理水平和服务能力,加大产品开发力度,为迎接移动通信转售业务的全面开展夯实基础[①]。

四、2014年虚拟运营商领袖峰会在北京召开

2014年3月5日,由中国通信企业协会虚拟运营商研究中心主办、中兴通信股份有限公司提供支持的2014年虚拟运营商领袖峰会在北京召开。本届峰会意在民营资本进入电信业、虚拟运营商起航在即之际,组织19家移动通信转售业务试点企业负责人参会,通过发挥企业领袖的经验与智慧,共谋虚拟运营商未来发展之路。

中国通信企业协会副会长兼秘书长苗建华、副秘书长仲伟琴,虚拟运营商发展研究中心名誉主任(原中国电信集团公司副总经理)冷荣泉,虚拟运营商发展研究中心名誉主任、国务院国资委专职外部董事(原中国移动集团公司副总经理)张晓铁,中国通信企业协会通信网络运营专业委员会主任靳东滨、秘书长范贵福,工业和信息化部电信研究院政策与经济研究所所长鲁春丛,工业和信息化部电信研究院规划所所长胡坚波,中国电信集团公司政企客户部高级顾问张明天,中国联合网络通信集团有限公司综合部资深总经理赵中新,中兴通信股份有限公司政企网络中心副总经理文皓以及19家移动通信转售业务试点企业主要负责人悉数参会。国家发展和改革委员会经济体制改革研究所产业室主任、研究员史炜主持峰会。

中国通信企业协会副会长兼秘书长苗建华在会上致辞,他就虚拟运营商发展研究中心的行业定位,以及为虚拟运营商发展研究中心开展工作提出建议——虚拟运营商发展研究中心有两个定位:一个是第三方研究机构;另一个是产业服务平台。作为第三方研究机构,要吸纳跨界专业人才,引导中国虚拟运营商产业差异化、多元化发展。作为产业服务平台,要推进政府与产业、产业与产业之间合作共赢,推动通信与互联网等产业跨界融合,为中国特色虚拟运营商发展提供全方位的支撑服务。

会上,工业和信息化部电信研究院政策与经济研究所所长鲁春丛发表了题为

---

① 中国通信业企业协会网站,《工信部组织召开移动通信转售业务试点工作第一次例会》。

《信息通信业发展新形势》的演讲，中兴通信股份有限公司政企网络中心副总经理文皓进行了主题报告，信宇科技亚太有限公司全球副总裁郭骅作了题为《国外虚拟运营商发展经验分享》的演讲，虚拟运营商发展研究中心秘书长邹学勇发布了虚拟运营商发展研究中心2014年工作计划。

五、虚拟运营商进入电信市场

爱施德品牌"U.友"发布会

"蜗牛移动"品牌发布会

2014年3月21日，代表着虚拟运营商进入中国信息通信基础网络运营的"170"号段电话首次拨通。

爱施德股份有限公司：

2014年3月21日，爱施德公司董事长黄文辉用开通的第一个170号码，向工信部通信发展司司长闻库汇报了虚拟运营商首个"170"号码实现通话的喜讯。3月26日，继首个拨通"170"号段电话后，已经获得虚拟运营商牌照的爱施德又发布了虚拟运营商业务品牌"U.友"，这也是国内首个正式亮相的虚拟运营商业务品牌。

苏州蜗牛数字科技股份有限公司：

创始人兼CEO石海拨通了国内首个"170"号码。作为传统的游戏内容供应厂商，苏州蜗牛数字科技股份有限公司根植于游戏行业13年，在行业内积累了丰富的经验，也具备了极敏锐的市场观察力。随着移动游戏时代的到来，早在2013年，该公司就成立了专门的移动事业群，并与TCL合作推出了"idol X+"，进行全新的跨行业合作与营销方式上的创新和尝试，12月26日"TCL idol X+八核产品"发布会在北京举行。2014年4月11日，该公司在北京召开了虚拟运营品牌"蜗牛移动"的发布会，首次在会上发布了"蜗牛移动""免"品牌的战略，并在现场发布了全球首张24K纯金SIM卡（简称金卡）。会上，"蜗牛移动"总裁陈艳女士表示：做出全球首张24K纯金SIM卡,这不仅是"蜗牛移动"的骄傲,更是对中国虚拟运营商起步的最好见证。24K纯金SIM卡是艺术与科技的一次融合,铭记的是一个新的通信时代。

六、成立中国虚拟运营商产业联盟

中国虚拟运营商产业联盟成立仪式

2014年3月31日,由19家虚拟运营商企业提议,工业和信息化部、中国互联网协会指导,工业和信息化部电信研究院、电信运营商、虚拟运营商、服务供应商/经销商、投资界、媒体界等联合发起的中国虚拟运营商产业联盟在京正式成立。

虚拟运营商联盟旨在"跨界、融合、共享、协作、共赢",利用虚拟运营商这一移动互联网入口,将联盟打造成全行业跨界融合、协同发展的综合服务平台,推动全行业产业链的经济发展。

该联盟由国务院物联网领导小组组长、中国工程院院士邬贺铨,原中国移动集团副总经理张晓铁,原中国电信集团副总经理冷荣泉担任联盟名誉主席,主席待定;张文练、曹国钧担任联盟副主席;颜阳担任联盟执行主席;魏志刚担任助理主席;邹学勇担任秘书长;龙玉荣、刘光宇担任联盟副秘书长;工业和信息化部电信研究院副院长刘多担任联盟顾委会主任;北京邮电大学校长助理吕廷杰、新华网副总编辑申江婴、工业和信息化部电信研究院副总工程师陈金桥等多位业内专家担任联盟顾委会副主任。

在成立大会上,联盟秘书长邹学勇正式对外发布了虚拟运营商十大关键词:参与套餐、互联网通信、粉丝经济、B2C2B、跨界融合、免费流量、软硬入口、B2B2C、移动金融和SP2.0。同时,邹学勇使用"17001200011"号码拨通电话与现场观众进行了互动,这标志着中国虚拟运营商

虚拟运营商发放第一个"170"号段号码

第一个"170"号段手机用户诞生①。

在联盟成立之际,社会各界领导纷纷发来贺电。原邮电部部长吴基传、中国信息经济学会理事长杨培芳发来贺词称,中科院院士倪光南、中国信息经济学会理事长杨培芳、北京邮电大学教授舒华英、北京邮电大学校长助理吕廷杰、中国电信集团销售及渠道拓展事业部副总经理傅光明等在第一时间对联盟的成立给予高度评价②,总体认为:联盟的成立有利于促进当代ICT产业及互联网业务的发展,有利于促进国企的转型与产业调整。虚拟运营商是社会高度分工和电信深入改革的产物,也是网业分离的必经之路。

此时此刻,距1993年8月国务院批转邮电部《关于进一步加强电信业务市场管理意见的通知》11年,这一拨通的虚拟"170"号码,和发布的虚拟运营商业务品牌,是一个总结,更是一个开始。它见证了中国开放电信市场10多年的发展之路,也将创造未来中国通信业市场的繁花似锦。而对于电信用户来说,更为经济实惠、内容广泛、普遍服务的电信服务将让"每个人都成为现代通信技术的受益者"。

七、举办2014年中国虚拟运营商发展论坛

作为我国混合制经济落地,通信行业深度改革的重要举措,虚拟运营商的出现被视为"电信重点领域向民资开放的开始"。2014年5月17日,是世界电信日,是日,由人民邮电出版社、中国通信学会普及与教育工作委员会主办,中国虚拟运营商产业联盟协办,北京信通传媒通信世界网承办的"2014年中国虚拟运营商发展论坛"在北京隆重举办。

2014年中国虚拟运营商发展论坛

论坛以"合作共赢 创新发展"为主题,围绕虚拟运营监管政策、合作竞争模式、企业发展策略、运营模式等焦点问题进行了深度研讨。

本次论坛邀请了19家虚拟运营商代表前来参加中国虚拟运营商服务公约宣读仪式,国家发改委经济体制改革研究所产业室主任史炜、国家信息中心处长刘增明、北京邮电大学教授曾剑秋等也就虚拟运营商未来在我国的发展前景与趋势、

---

① 新华网北京2014年4月1日电(记者 南兴亮)。
② 综合媒体消息。

2014年虚拟运营商产业大会

运营模式等方面提出了宝贵意见。本次论坛上，19家虚拟运营商代表在宣读中国虚拟运营商服务公约时承诺："在您身边，服务领先；迅速准确，业务便捷；账单清晰，消费透明；耐心周到，即时响应；虚心诚恳，聆听意见；170号码，有您更精彩！"

虚拟运营商的各项工作渐次展开。至2014年9月12日，中国工业和信息化部已分三批批准了25家民企试点开展移动转售业务，移动转售业务用户已达20余万户。9月19日，中国通信企业协会虚拟运营分会成立大会暨中国虚拟运营发展论坛在北京召开。9月25日，由工业和信息化部和中国国际贸易促进委员会主办、中国邮电器材集团公司和中国国际展览中心集团公司承办的"2014年中国国际信息通信展览会"在北京中国国际展览中心举行。在本届展览会的官方论坛——"ICT中国·2014高层论坛"上，举办了虚拟运营商产业大会。

注：本节文字与图片来源于综合媒体资料。

第九节　建立国家基础电信运营网络

2014年，随着4G网络的推出，中国通信业进入又一个改革元年。建立国家基础电信运营网络之事浮出水面，中国是世界上唯一没有一张国家主体骨干网电信网的运营态势将随之结束。

电信拆分14年以来，原统一运营的国家骨干网也随之拆分，原统一运营的主体国家电信网络，由3家电信公司各占一方，最终形成三方鼎立。在中国网络天空的世界里，不论是繁华都市，还是山川草原，3家电信公司所建设的移动通信铁塔宛如姐妹花，比邻而建，由电信网络拆分带来的负面效应，正如媒体报道：

自电信公司分营以后，三大运营商为了抢占市场、发展业务、实现各自的信号覆盖，采取了跑马圈地的方式建设基站。据相关数据，2G/3G时代，三大运营商基站建设总量为140多万个，其中，中国移动70多万个、中国联通40多万个、中国电信约30万个。每个基站的成本平均约100万元。由于各自为政，通信基站的建设缺乏统筹规划，重复投资问题突出，土地资源占用后闲置浪费，电能消耗等不可估量，网络资源利用率普遍偏低，效益极差。如果三大运营商联合关闭1万个基站，可减少的支出将超200亿元，如果减少10万个基站，运营商减少的开支将超2 000亿元，退还土地面积达数万亩。

第五章 中国信息通信网辉煌耀世

四川群山上移动和电信公司通信铁塔

正是基于以上原因,2005年7月,信息产业部发出通知,要求相关企业本着有效利用、节约资源、技术可行、合理负担的原则,实现电信管道、电信杆路、通信铁塔等电信设施的共用。已建成的电信管道、电信杆路、通信铁塔等电信设施的电信业务经营者应当将空余资源以出租、出售或资源互换等方式向有需求的其他电信业务经营者开放。

但是,重复建设造成的巨大浪费势头并未得到遏制。2008年8月27日,中国国家审计署的一份工作报告显示,2002—2006年,移动、电信、联通、网通、铁通5家企业累计投入11 235亿元用于基础设施建设,重复投资问题突出,网络资源利用率普遍偏低,通信光缆利用率仅为30%左右。运营商之间资源共享的呼声随之而起。2010—2013年,工信部和国资委联合印发了《关于推进电信基础设施共建共享的实施意见》,提出该年度共建共享考核的各项要求和具体考核指标。没完成指标的,由国资委给以相应的业绩考核扣分处理。

2014年3月26日,由国资委牵头,会同工信部,组织三大运营商召开协调会。会议研究讨论了铁塔公司组建涉及的重要问题,明确设立铁塔公司协调组和筹备组。其中,协调组负责协调公司组建中的重大事项,筹备组负责具体的公司组建工作。

中国通信设施服务股份有限公司
(铁塔公司)在北京成立

7月15日,中国通信设施服务股份有限公司正式成立(不列入央企序列),注册资本100亿元,中国移动副总裁刘爱力出任铁塔公司董事长,中国联通副总裁佟吉禄出任总经理,中国电信副总经理张继平出任监事长。公司主营业务为:铁塔的建设、维护和运营,兼营基站机房、电源、空调等配套设施和室内分布系统的建设、维护和运营以及基站设备的代维。

7月18日,中国通信设施服务股份有限公司(铁塔公司)在北京举行成立大会正式挂牌。国务院国有资产管理委员会副主任、党委副书记、协调组组长张喜武到会并讲话,他说:"铁塔公司要成为发展混合所有制经济的试验田,积极地引入非公有资本,放大国有资本的功能,使国有资本与非公有资本相融互济,共享企业改革发展的成果。"

工业和信息化部副部长尚冰在发言中指出,从20世纪90年代开始,我国电信业从垄断到竞争,从政企合一到政企分开,从两个竞争主体发展到今天多竞争主体,走过了在发展中改革,在改革中发展的道路。在电信行业取得巨大成就的同时,由于技术业务的快速演进和变化,行业在共建共享、市场竞争和服务质量方面也遇到了新的问题、新的挑战,"这就需要我们进一步解放思想,用改革创新的精神和务实可行的举措去逐步地给予解决。"

  铁塔公司的组建结束了中国没有一张国家基础运营网的现状。三大电信公司的"网运分离"是中国通信业界百余年来的又一次革命。中华人民共和国成立后,由政府管理的电信企业,统一进行全国电信网络建设,并于 20 世纪 50 年代建成第一张全国统一指挥调度、统一运营的国家电信网络。至 20 世纪 70 年代末,始终保持着由国家投资立项建设,电信企业运营并维护的模式。20 世纪 80 年代以后,国家出台政策,实现了外资贷款、股票上市等电信建设投资多元化,网络建设资金由国家、社会、个人资本组成;这个网络建设资本的组成,使电信网络发生巨大变化,在移动互联网带来的网络科技性革命形势下,电信网络已是政治、经济、文化、传播之开放性、辐射性的大客厅,每一个用户都有话语权,电信不再是一家独大,在各大电信公司纷纷提出转型、创新等革命理念的运营态势下,正如新闻媒体所言:对于三大运营商来说,"网运分离"将对它们的竞争格局和服务改善产生更为深远的影响。在电信运营走向运营商与虚拟运营商混合制的今天,电信企业已经到了必须自我革命的生死关头。

  2014 年 9 月 11 日,中国通信设施服务股份有限公司进行了工商变更登记手续,正式更名为"中国铁塔股份有限公司",并明确提出发展目标:成为国际一流的通信基础设施综合服务商。

  2015 年 2 月 3 日,中国通信企业协会和中国铁塔股份有限公司会同通信设施服务关联领域大中型通信装备和工程服务企业、科研单位、高等院校以及各省(市、自治区)通信行业协会、铁塔分公司共同发起的"中国铁塔联盟"在京成立。

第六章

中国信息通信网连通世界

信息技术广泛应用的直接结果是实现了人类"电信社会"的交往方式,造成了世界范围内各种物质和精神存在形式大流通(Great Communication)局面[①]。这种以"电信流通交往"为基本手段的社会一体化,在电信/信息通信文明和通信科技革命构筑的全球信息基础设施网双重推动下,人类的生活方式已进入一场创世纪的革命,全球的社会经济、政治、军事、文化等领域将出现翻天覆地的变化,在这个变化中,中国信息通信网络连通世界,光亮四海。

---

① 辛旗:《电信社会与世界的大流通》。

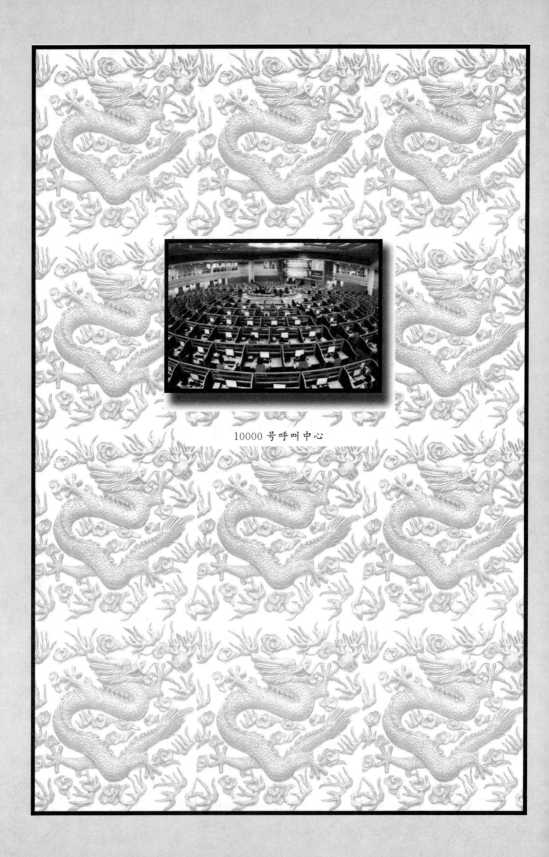

10000 号呼叫中心

第一节　共圆中华民族伟大复兴中国梦

由卫星、海光缆连通一体运转的中国信息通信网连接五洲四海，传递着中华民族文明信息；传递着"实现中华民族伟大复兴，就是中华民族近代以来最伟大的梦想。这个梦想，凝聚了几代中国人的夙愿，体现了中华民族和中国人民的整体利益，是每一个中华儿女的共同期盼"[①]的中国梦。据工业和信息化部资料显示：截至2013年12月，我国网络国际出口带宽达到3 406 824 Mbit/s，同比增长79.3%，创下近七年来的增速最高点。

移动电话也迅速发展，普及率突破90部/百人。2013年，全国电话用户净增10 579万户，总数达到14.96亿户，电话普及率达110部/百人。其中，移动电话用户净增11 695.8万户，总数达12.29亿户，移动电话用户普及率达90.8部/百人，全国共有8省市的移动电话普及率超过100部/百人。

互联网也呈现出快速增长态势。2013年，我国互联网网民数净增5 358万人，达6.81亿人，互联网普及率达到45.8%，手机网民规模达到5亿人。网民中使用手机上网的人群占比由上年的74.5%提升至81%。手机即时通信、手机搜索、手机视频、手机网络游戏、电子商务、手机在线支付等手机端应用发展迅速。

快捷、畅通的电信/信息通信网里，海峡两岸人民同属一个中华，已是普遍的认同。2013年2月25日，曾于1981—1987年担任交通部部长，主持两岸实现30年后重新通电通邮，现任中国国民党荣誉主席的连战携访问团抵京。是日上午9点，中共中央总书记习近平在北京人民大会堂福建厅会见连战一行。

这是习近平担任新的职务之后，第一次会见台湾朋友。他笑吟吟地与访问团成员一一握手说："按照中国旧历年的习俗，在上年的腊月初八到当年的正月十五，都算在过年。今天是正月十六，这个年啊，算刚刚过好。"

习近平说："连主席是具有深厚民族情怀和远见卓识的政治家，为改善和发展两岸关系付出了大量的心血。我们高度评价连主席为两岸关系发展做出的杰出贡献。"

习近平回忆到："我本人在福建工作多年，现在想起那个时期，我几乎每天都要接触有关台湾的事情，要经常会见台湾同胞，也结交了不少台湾朋友。到浙江、上海工作，差不多也是这样。我离开福建到现在，始终关注着台海局势，期待两岸关系持续改善。"

[①] 《为实现中华民族近代以来最伟大的梦想而奋斗》：http://politics.people.com.cn/n/2013/1203/c1001-23721899.html。

习近平表示，新一届的中共中央领导集体，将继续推动两岸关系和平发展，促进两岸和平统一，"我们将再接再厉，务实进取，进一步推动两岸关系发展取得新的成就，造福两岸同胞"。

连战表示，此次来访受到各方关注，代表着两岸各界对两岸关系发展的高度关心和期许。他引述习近平此前"道路决定命运，找到一条正确的道路多么不容易，我们必须坚定不移走下去"的讲话表示，希望在新的起点，两岸共同努力，做符合民族未来发展的工作，"两岸携手，把握时机，务实深化，勇往迈进"。

2014年2月18日下午，习近平总书记在钓鱼台国宾馆又一次会见连战及随访的台湾各界人士，在会谈中他强调希望两岸双方秉持"两岸一家亲"的理念，顺势而为，齐心协力，推动两岸关系和平发展取得更多成果，造福两岸民众，共圆中华民族伟大复兴的中国梦[①]。

连战表示，两岸文化同属中华文化，两岸人民同属中华民族，原本就是一家人、一家亲。两岸更应以务实的心态，使台湾在两岸和平发展、中华民族再兴的过程中，发挥积极且正面的作用。

2014年是大陆与台湾恢复通邮、通电的第35个年头。大陆邮电部部长文敏生与时任台湾交通部部长的连战，在两岸不通音信30年的历史情况下，以政治智慧和两岸电信业界同根相连的感情，精心运筹帷幄，大陆、香港、台湾电信管理人员与话务员、报务员、机务员等各地区电信同仁，以"邮电一家的认同感"，于1997年开出沪台直达电路，实现了大陆与台湾建立卫星直达通电，为大陆与台湾间全面通邮、通商和通航提供了通畅、快捷的沟通渠道。香港、澳门电信网的管理权也在1997年、1998年回归香港特区管理，回归祖国，而今，这张架海擎天，如五彩祥云般袅绕在海峡两岸的信息通信网，成为大陆两岸民众沟通的福音。回顾大陆与台湾的百年通电史，平凡、宏达。平凡，是源自于清代的中国电报，上接远古烽火，创清代电信息文明，开电报之源和连接电话及无线电报、电话之门，并在战争中屡断屡建，承载和记录着悲欢离合，延至近现代的电信史。宏达，是因血浓于水的亲情，流淌在海峡两岸通电的电报、电话中，连接着现代云计算，移动电话互联网、大数据时代，现代化的信息通信网，连接着全世界华人的心理认同，共同盼望着中华民族的统一与和平。

在信息通信所承载沟通中华民族交往交流交融的潜能和运营下，在政治家的智慧和民众的亲和运作下，两岸携手共建中华民族福祉，共圆中华民族伟大复兴中国梦的美好愿望一定会完美实现。

---

① 《习近平总书记会见国民党荣誉主席连战一行》：http://www.chinanews.com/tw/2014/02-18/5853180.shtml。

第六章　中国信息通信网连通世界

通信运营服务中心成立大会

第二节　服务全网的通信运营服务中心成立

2014年9月16日，在北京京都信源饭店三楼，召开了由中国通信企业协会发起设立，由电信运营商、互联网企业、移动通信转售业务运营商、行业客户服务商、集成商、终端厂商、研究机构等单位的专家学者组成的通信运营服务中心成立大会，该中心是国内通信运营服务领域最高端、最权威的行业研究机构。

通信运营服务中心由中国通信企业协会领导，是专注于通信服务领域的首家跨网络的组织，主要面向通信运营商、虚拟运营商、电商、互联网和呼叫中心的通信服务领域的企业从事规范、标准、协调、培训等工作。

会议由中国通信企业协会赵中新副秘书长主持，靳东滨主任致辞，工信部游建青处长、通信企业协会苗建华副会长对通信运营服务中心工作做了重要指示，通信运营服务中心张明天主任致辞。出席成立仪式的还有：中国电信集团公司客户服务部服务管理处胡静余、中国移动通信集团公司市场经营部客户服务处李康、中国联合网络通信集团有限公司客户服务部李炬、苏州蜗牛数字科技股份有限公司陈艳总裁、苏宁云商集团股份有限公司王帅副总经理、天音通信有限公司虚拟运营产业集团邓凯、北京讯奇连城商务服务有限公司杨保宁、香港电信盈科专业客服梁衡宪、中国电信股份有限公司北京研究院战略与规划研究部刘红媛、中国通信企业协会通信网络运营专业委员会袁天沛、中国通信企业协会通信网络运营专业委员会韩卫东、中国通信企业协会通信网络运营专业委员会王海雁等资深专家。

通信企业协会副会长兼秘书长苗建华在成立仪式上讲话：通信运营服务中心的成立对我国信息通信行业来说是一个重要的标志，标志着我们的服务工作从今以后有了一个统筹协调的平台，接受部里的指导，为各类通信运营企业服务。在运营服务行业的标准、培训、咨询、推广等各个方面，积极主动配合政府有关部门开展建设性的工作，推动整个信息通信行业运营服务工作不断完善和提高，积极促进行业健康发展。

会上，苏州蜗牛数字科技股份有限公司总裁陈艳宣读通信运营服务中心宣言：一，促进通信企业公平竞争，加强行业自律建设，自觉维护公平竞争的市场秩序。二，优化通信运营服务工作，保障用户的合法权益，为广大用户创造满意的消费环境。三，创建以人为本的服务环境，自觉接受用户监督，认真听取用户对通信运营服务的意见和建议，优化和完善服务体制，诚信经营，健康发展。四，维护国家信息安全，保护用户信息，维护网络与信息安全，规划行业竞争规则，维护安全的市场环境。五，推动通信运营服务规范标准，推广技术业务创新，满足广大用户不断增长的通信需求，确保通信市场的和谐繁荣，倡议勇于承担、发展为先、服务领先、业务便捷、消费透明、响应及时、和谐发展的服务理念。

北京邮电大学吕廷杰教授在会上做主旨报告：服务是移动互联网时代的核心竞争力。移动互联网的快速发展要求我们改变业务种类，客户的需求也在时刻发生变化，怎样的服务才能满足客户"即兴"的需求？基于移动互联网的大数据应用，通过数据分析，精准的、贴心的服务才能赢得市场，赢得客户。

会上，尼尔森市场研究有限公司副总裁刘晓彬和大家分享了"4G时代国内外通信服务比较"；德国电信北京代表处资深市场专员王萌以"生活在于分享"为主题，介绍了德国电信的一些经验和经典案例；而苏宁云商集团股份有限公司副总经理王帅发表了主题为"服务重新开启破冰之旅"的演讲，倡导"服务破冰"理念。

北京邮电大学教授吕廷杰、黑龙江通信管理局局长刘茂先、苏宁云商集团股份有限公司总经理王帅、尼尔森市场研究有限公司副总裁刘晓彬、德国电信北京代表处资深市场专员王萌开启了"中国通信50人论坛"嘉宾对话，此次论坛由人民邮电报社总编辑武锁宁主持。围绕"目前中国通信服务的状况处在什么阶段"和"当前服务创新最需注意的问题"这两个议题进行了讨论，嘉宾们各自给出不同的看法和建议，论坛期间，黑龙江通信管理局局长刘茂先回答了台下嘉宾的问题。

注：本节源自综合通信企业协会网站及媒体报道。

第三节 中国电信业专家担任国际电联秘书长

2014年，国际电信联盟成立150周年。150年来，国际电信联盟引领了全球信息通信的发展。2014年国际电信联盟已有193个成员国，700多个部门成员和学术成员。

2014年10月20日上午11时，来自170多个国家的3 500余人（包括140多名部长级人士）云集韩国釜山，为期三周的2014国际电信联盟（ITU）第19届全权代表大会在釜山国际会展中心隆重开幕。23日，大会举行下届秘书长选举，156个

第六章　中国信息通信网连通世界

成员国参与投票，中国推荐的现任国际电信联盟副秘书长赵厚麟作为唯一候选人，在首轮投票中即获得 152 票支持，高票当选新一任秘书长。赵厚麟是国际电信联盟 150 年历史上首位中国籍秘书长，也是担任联合国专门机构主要负责人的第三位中国人，他于 2015 年 1 月 1 日正式上任，任期 4 年。

中国代表团合影

赵厚麟当选，是世界电信业界对中国信息通信业快速发展成绩的肯定：经过多年发展，中国已建成世界第一大固定网络和移动网络，固定宽带用户数和互联网网民数位居世界首位，具有自主知识产权的 TD-LTE-Advanced 技术成为国际电信联盟推荐的全球 4G 移动通信标准，全球市值排名前十的互联网企业中有 4 家来自中国。赵厚麟当选，也是各成员国对赵厚麟近 30 年在电信联盟工作业绩的认可：在担任副秘书长的两个任期当中，赵厚麟为国际电联确定了稳妥的前进方向，首推在全球学术界发展国际电联成员的新举措，并在人力资源和财务管理领域积极落实增效措施。他以其技术专长和全面实现数字包容性的承诺而在全球 ICT 行业享有盛誉、备受敬重。以信息通信技术工程师出身的职业外交家被誉为在未来 4 年引领国际电联前进的"稳健舵手"。

中国代表团团长刘利华祝贺赵厚麟当选

会上，赵厚麟在当选发言中感谢中国政府的提名及各成员国给予的巨大支持和鼓励。作为新任秘书长，他表示将兑现竞选承诺"更好的电信/信息通信，让人人生活更美好"，将忠实履行职责，带领国际电信联盟创新发展，努力实现国际电信联盟宗旨，通过合作为全球信息社会提供卓越的服务。

工业和信息化部副部长刘利华在大会发言，对赵厚麟成功当选表示祝贺，感谢各国的支持，期待赵厚麟在未来的工作中带领国际电信联盟新一届领导层，为成员国提供更好的服务。刘利华还表达了对即将卸任的国际电信联盟秘书长哈玛德·图埃的敬意。

赵厚麟在接受人民邮电记者采访时谈到：他初到瑞士时，中国与瑞士之间仅有屈指可数的几条电路。国内没有自动电话，向国内打电话要经人工接转，有时一等就是几个小时。斗转星移，而今，我国已经一跃成为全球最大的电信市场，拥有最多的固话、移动、宽带用户。电信业务丰富多彩，日新月异。正如赵厚麟在当选国际电联秘书长后所说，中国综合国力的提升和通信产业的飞速发展让全球看到了中国巨龙的力量，而世界也愿意通过这样的方式更多地倾听来自中国的声音①。

国际电信联盟秘书长赵厚麟（中）与新一届国际电信联盟领导班子合影
左一：国际电联电信发展局主任布哈伊马·萨努　左二：国际电联无线电通信局主任弗朗索瓦·朗西
左四：国际电联副秘书长尔科姆·约翰逊　左五：国际电联电信标准化局局长李在摄

获选后的赵厚麟在对新闻媒体谈到未来的秘书长工作时说：信息通信技术（ICT）是社会和经济发展以及使世界各国人民获得可持续未来的重要驱动因素。我们近年来重点在移动和ICT应用领域取得的惊人发展将得到延续。一个大数据的世界正在快速成型。我支持我们的成员为国际电联在2015年后继续引领进程所做的努力。

联合国成员国正在开展"2015年后发展议程和可持续发展目标"这项单一发展框架的制定工作。我们必须继续开展说服工作，使利益攸关方相信ICT在促进经济社会和环境可持续发展方面的重要角色，及其在为这一星球和现有及未来人类建设可持续未来中的推动作用。我们将积极参与联合国未来的可持续发展进程，并将鼓励成员国、行业、非政府组织和所有利益攸关方与我们共同努力，通过ICT的利用促进可持续发展，并抓住一切可能的机会，参与他们实现同一目标的努力。

联合国2015年后可持续发展的议程，主要研究民众和整个星球面临的新挑战。该议程强调必须普及信息通信技术，特别是宽带网络和服务的使用，并弥合数字鸿沟。将开放电信市场和推广市场竞争视为当今世界有力助推新技术走向成功的途径。继续努力改善性别平衡并向青年提供支持、普遍接入、提高原住民能力和保护上网

---

① 赵媛：《人民邮电报》，2014-10-24。

第六章 中国信息通信网连通世界

儿童等其他紧迫或重要的工作领域。我们将不失时机地在须采取行动的领域开展合作、解决问题。

我将继续努力争取和赢得国际电联成员国的信任与支持，并提高部门成员、部门准成员和学术成员对国际电联活动的参与。我将通过提高国际电联效率应对新的挑战，并通过加强与伙伴机构的合作，强化国际电联在全球ICT发展中的领导作用。我将努力加强ICT的推广工作；努力推广电信和信息通信技术服务，帮助所有人过上更美好的生活；努力把国际电联建设得更加美好，更加强大[①]。

注：本节源自综合国际电联网站官方微博及媒体报道。

第四节　TD-LTE技术成为全球共同演进方向

2014年，4G牌照颁发一年。在工业和信息化部部署下，由中国移动主导建设的TD-LTE技术成为全球通信科技共同演进的方向。

LTE技术是中国通信业百余年来在国际通信业界自主科技创新的产物。其基于OFDMA技术，是3GPP组织制定的全球通用标准。2000年5月中国在世界无线电大会上向国际电联提交的TD-SCDMA的3G标准提案正式成为国际电联认可的三大国际3G标准之

中国移动董事长奚国华接受新闻媒体采访

一，并成为3GPP标准的重要组成部分后的又一次通信科技进步。至2013年，中国移动董事长奚国华出席全球合作伙伴大会时宣布：中国移动的目标是建成全球最大的4G网络。中国移动在2014年要以TD-LTE建成4G基站50万个，发展用户5 000万户"。

2014年，TD-LTE投入商用。与3G时代相比，达到这一用户规模用了3年，2G时代更是花费了10年时间。正是政府主导，通信科技与工业体系携手突破、全力以赴，成就了今日的TD-LTE，中国版4G技术成为全球用户发展最快的4G标准，我国高科技领域自主创新迈入增速转换期。是年12月12日，在北京在国家知识产权局和世界知识产权组织共同主办的第十六届中国专利奖颁奖大会上，中国移动通信集团参评的一项名为"接入网关的选择方法、系统及网关选择执行节点"（专利号ZL200710176228.6）的4G技术专利获得中国专利金奖的殊荣，这是通信运营商第一次获得国家专利金奖。另一项名为"信号传输系统以及相关装置"（专利号ZL200910080273.0）的PON技术专利也同时荣获中国专利优秀奖[②]。

每一项新通信技术的诞生都来之不易，且让我们回顾TD-LTE的研发历程。

[①] 《走近候选人（中国）选举国际电联最高层行政官员》，http：//itunews.itu.int/Zh/Note.aspx？Note=5290。

[②] 《通信运营商首获中国专利金奖》，2014年12月13日 17：22：09，来源于《新华信息化》。

法国技术代表团访问大唐

一、自主专利研发

2005年6月在法国召开的3GPP会议上，大唐移动联合国内厂家，提出了基于OFDM的TDD演进模式的方案。11月，3GPP工作组会议（汉城）通过由大唐移动主导的TD后续演进的TDD LTE技术提案。

2007年9月，在3GPPRAN37次会议上，27家国际运营商联合提出LTE只支持Type2的TDD帧结构提案，会议要求RAN1后续会议进行评估。在3GPPRAN150b会议上，国内五家公司联合Nokia、Ericsson等外企提交了关于Type2优化的wayforward文稿，并通过。核心规范的制定工作进展与FDD的标准化工作同步进行。在10月举行的世界无线电大会上，TDD LTE的频谱得到进一步分配和确认，而FDD LTE至今还没有世界范围的统一频谱。11月7日，在济州举行的3GPPRAN1的51次会议上，通过了27家公司联署的TDD LTE融合的帧结构的建议，3GPP就TDD LTE两种物理帧结构Type1和Type2，明确了TD-LTE的物理层帧结构为Type2，融合后的帧结构基于中国TD-SCDMA帧结构。融合后的TD-LTE的结构方案获得通过，被正式写入3GPP标准。

2009年年初，中国移动开始酝酿筹建TD-LTE试验网。8月，工业和信息化部主导的TD-LTE技术试验正式启动。年底，完成单系统基本集测试，TD-LTE进入外场测试阶段，工业和信息化部TD-LTE工作组和中国移动组织产业链厂商在北京怀柔外场开展MTnet外场关键技术测试，为TD-LTE规模建网奠定了基础。

2010年4月15日由中国移动建设的全球首个TD-LTE演示网在上海世博园开通，基于TD-LTE的移动高清视频会议、即摄即传等业务成为科技世博的最大亮点。在世博会期间，来自世界各国的73个运营商及电信组织的参会者累计超过1000人次，参观了TD-LTE演示网，并对TD-LTE性能给予极高评价。6月2日，大唐、中兴、华为、创毅视讯、安立等11家公司发布首款TD-LTE芯片的相关产品，TD-LTE端到端产品能力形成。工业和信息化部批复同意TD-LTE规模试验总体方案，在上海、杭州、南京、广州、深圳、厦门6个城市组织开展TD-LTE规模技术试验，在北京搭建TD-LTE演示网。TD-LTE规模试验由工业和信息化部统一组织、

国外电信公司访问中兴通信

第六章 中国信息通信网连通世界

深圳 TD-LTE 通信展

规划,中国移动作为运营商负责 TD-LTE 规模试验的网络建设、运营维护、技术产品试验和测试等工作。

2011 年 7 月,TD-LTE Band 38 成为达到 GCF 终端认证条件的首个频段。8 月由中国移动联合产业研发的 4G 全球首款 TD-LTE/TD-SCDMA/GSM 多模双待智能终端测试样机亮相于在深圳举办的世界大学生运动会,成功演示语音通话、高速上网、在线视频等业务,成为 2011 年大运会的一大科技亮点。该终端可实现用户在三网之间漫游,最大亮点在于当用户处于三网覆盖区域时,可以同时使用基于 TD-SCDMA(或 GSM)的语音业务以及基于 TD-LTE 的高速数据业务,其下载速率是现有 3G 网络的 50 倍。《中国电子报》记者报道:从 2011 年 2 月巴塞罗那"世界移动通信大会"上 TD-LTE 端到端产业链的成果展示及业务应用演示,到广州首届 TD-LTE 全球发展倡议研讨会,20 余家国际运营商和全球移动通信产业界在广州 TD-LTE 规模试验室内和室外环境中体验 TD-LTE 无线数据卡高速上网服务,TD-LTE 稳步发展,产业链越来越完善,全球运营商对 TD-LTE 商用部署的信心也越来越足[①]。

2012 年 5 月 31 日,TD-LTE 规模技术试验完成。TD-LTE 技术成熟度得到验证。从重要数据指标来看,TDD 与 FDD 基本相当。从系统产业发展来看,TD-LTE 网络设备无线网络性能指标达到了商用部署要求,与 LTE FDD 相比,具有基本相同的产业支持。从芯片、终端产业发展来看,TD-LTE 单模芯片及终端基本成熟,TD-LTE 完测试仪表体系也已经建立,基本满足商用建设需求。6 月,中兴、华为推出支持 40MHz 载波聚合的设备,标志着产业对 LTE-A 技术的支持。

2013 年 2 月 2 日,TD-LTE 规模应用体验启动。中国移动浙江公司宣布,在杭州、温州推出 TD-LTE 扩大规模试验应用体验。杭州、温州将对个人和企业用户全面开放 4G 业务。同时,继杭州在 B1 快速公交车上开通 4G 免费体验服务后,温州和宁波的市民也可分别在温州的 5 路公交车与宁波的 529 路公交车上免费体验 4G 上网的飞速感觉。杭州、温州、宁波的 4G 用户可以在三个城市之间实现漫游上网,并享受同样流量资费标

快速公交车上开通 4G 免费体验服务

---

① 连晓东、诸玲珍:《TD-LTE 规模试验设备商卡位终端业追赶》,来源于《中国电子报》。

准。尔后全国各地先后启动 TD-LTE 规模应用体验工作。

二、成为国际通信技术标准

2010 年 10 月国际电信联盟无线通信部门（ITU-R）第 5 研究组国际移动通信工作组（WP5D）第 9 次会议在重庆召开。这次会议对包括我国提交的 TD-LTE Advanced 在内的 6 项技术提案进行了深入研究讨论，最终确定 LTE Advanced（包含我国提交的 TD-LTE Advanced）和 IEEE 802.16m 为新一代移动通信（4G）国际标准。

庆祝 TD-LTE-A 成功入选国际标准

2011 年 2 月 14 日在西班牙巴塞罗那 GSMA 世界移动通信大会上，中国移动联合多家国际运营商发起成立了 TD-LTE 全球发展倡议（GTI）。截至 2011 年 10 月月底，GTI 已拥有 114 家运营商成员和 95 家厂商合作伙伴。GTI 成为具有全球重大影响力的国际组织。国际电信联盟决定于 2011 年年底前完成 4G 国际标准建议书编制工

中韩联合完成 VoLTE 高清音视频通话

作。2012 年年初国际电联正式批准发布 4G 国际标准建议书。12 月 15 日，全球首个 LTE FDD 和 TD-LTE 双模网络在瑞典正式商用。2013 年，中国移动与韩国 SK 电信和三星电子，联合完成了全球首次基于 TD-LTE 和 FDD LTE 商用网络的 VoLTE 高清音视频通话。

三、国际性的广泛宣传和运作

2010 年 5 月 17 日，由国际电联主办、工信部支持，TD 产业联盟和中国移动承办的"通信让生活更美好——TD 国际化发展高峰论坛"在上海世博园联合国馆举行。工业和信息化部副部长娄勤俭在论坛上表示，工信部将全力支持 TD-SCDMA 及 TD-LTE 发展，愿携手全球通信业伙伴，共同推进这项对全球通信业具有重要意义、惠及全球移动通信用户的事业走向全面成功。

国家发展和改革委员会高技术司副巡视员徐建平强调，国家发改委将继续积极支持 TD-SCDMA 及其后续研究技术 TD-LTE 的研发和产业化发展，加大相关技术标准的推广应用力度，支持企业技术创新和业务合作模式创新，鼓励中国企业和研究机构"走出去"与海外更多有实力的电信运营商和通信设备制造企业开展多层次合作，携手推进 TD-SCDMA 及后续演进技术 TD-LTE 的创新，完善产业链，实现共赢发展。

第六章 中国信息通信网连通世界

国际电信联盟赵厚麟副秘书长在会上发表演讲。他坚信 TD 的发展必将更好地带动城市信息化服务的更新，为城市化生活带来更加快速、便捷的信息交互模式，使城市化生活更加美好。

中国移动通信集团公司沙跃家副总裁在致辞中就 TD 的国际化提出主张：一方面不断巩固和增强国内 TD-SCDMA 及 TD-LTE 发展的基础；另一方面则面向全球市场，把握住新一轮产业变革的时间窗，围绕信心和资源两大要素，采用国际化的运作手段，构建端到端全球产业链，打造一个性能优异、产业健壮、统一漫游、全球规模的移动互联网基础设施。诺西、大唐、华为、中兴、上海贝尔、摩托罗拉、播思、高通等企业的参会代表分别发表了主题演讲，介绍了在 TD 领域尤其是 TD-LTE 方面的最新技术及解决方案，分享了企业的未来发展规划，并就 TD-LTE 国际化发展的广阔前景进行了交流。

"LTE-TDD/FDD 高峰论坛"启动仪式

2011 年巴塞罗那世界移动大会举办"LTE-TDD/FDD 高峰论坛"，中国移动董事长王建宙、印度 Bharti Airtel 董事长 Sunil Bharti Mittal、日本软银董事长孙正义、国际电信联盟副秘书长赵厚麟、工业与信息化部科技司司长闻库，与来自全球 60 余家国际运营商、30 多家主流厂商和多个重要国际通信组织的 400 多名嘉宾齐聚 LTE-TDD/FDD 峰会。会上，中国移动联合亚、欧、美运营商代表（包括印度 Bharti、日本软银、欧洲 Vodafone、美国 Clearwrie）共同发起并见证了全球 TD-LTE 发展倡议 Global TD-LTE Initiative（GTI）的启动。这象征着 TD-LTE 全面走向国际市场。由中国移动与这些运营商在 2011 年这一"国际化元年"共同发起的 GTI，正是为了进一步促进 TD-LTE 的多方国际合作，共同解决 TD-LTE 发展的关键问题，加速 TD-LTE 规模商用，推动 TD-LTE 成为全球主流宽带移动通信标准，实现我国主导 TD-LTE 在全球的应用和部署[①]。

2012 年 2 月 27 日，第六届 LTE FDD/TDD 峰会暨 GTI 峰会在西班牙巴塞罗那世界移动通信大会会场召开。在本届 GTI 峰会上发布了 GTI 行动宣言，确定到 2014 年使全球 TD-LTE 基站达到 50 万个，终端超过 100 款，覆盖人口超过 20 亿人的目标。该宣言翻开了 TD-LTE 全球发展新的篇章，迈向 TDD 全球规模商用新时

---

① 通信世界网：《LTE-TDD/FDD 高峰论坛启动》。

代。6月，中国移动香港公司4G（FDD-LTE）网络与内地4G（TD-LTE）网络实现双向漫游，这也是4G网络在全球首次实现双向、双制式的国际漫游。10月14日，在国际电信联盟2012世界电信大会期间，我国政府首次正式公布将2.6GHz频段的2 500～2 690 MHz全部190 MHz频率资源规划为TDD频谱。12月18日中国移动全球首个TD-LTE和LTE FDD融合网络在香港商用。

中国香港推出首个TD-LTE/LTE FDD网络

2013年1月TD-LTE全球发展倡议GTI第七次研讨会在上海召开，中国移动、华为、中兴、索尼、爱立信等多家国内外运营商都参与了此次研讨会。会议将焦点放在了TD-LTE商用技术问题的解决上。2月，中国移动高调发布"双百"计划：当年4G网络覆盖超过100个城市，4G终端采购超过100万部。在TD-LTE拓展全球市场的关键时刻，此举有力地提振了产业信心，高通、苹果等国际顶尖企业纷纷加入TD-LTE阵营。TD-LTE已形成链条完备、全球产业积极参与的正反馈生态圈[①]。在巴塞罗那移动通信世界大会（简称MWC）上，中国移动联合HTC、LG、华为、中兴公司共同发布了4款4G手机和4款4G MiFi（便携式宽带无线装置）产品。在中国市场的强力带动下，TD-LTE全球市场发展全面提速。截至2013年10月月底，GTI已拥有114家运营商成员和95家厂商合作伙伴，全球已有26个国家开通42张TD-LTE商用网，另有76张商用网络正在计划部署中，建成后将覆盖亚洲、欧洲、北美洲、南美洲、大洋洲的10多个国家和地区。中国主导的4G标准正迎来全球规模商用时代。

四、TD-LTE产业发展壮大

TD-LTE是我国占领无线宽带移动通信产业制高点的一项重大举措，推动TD-LTE产业发展壮大，可以促进提升通信企业的综合实力和国际竞争力，为我国发展自主可控的宽带移动通信产业、保证国家网络和用户信息安全奠定坚实基础。同时，TD-LTE产业发展对我国扩大内需、经济转型升级将发挥重要作用。

实践证明，TD-LTE商用一年来，已在提升大众信息生活质量、带动ICT产业腾飞、拉动信息消费等方面产生巨大拉动效应。一方面，我国无线宽带覆盖水平和质量快速提升，社会大众能以更低廉的价格获得连接更快、应用更丰富的信息服务，相关行业能借助4G技术加速转型升级，直接共享国家发展的信息红利。另一方面，运营业、制造业上千亿元市场投资得以撬动，进而带动近万亿元的产品销售和数万亿元的

---

① 《从标准制定到全面商用：TD-LTE的10年历程》。

应用开发。商务部统计数据显示,在投资增速持续回落的情况下,消费发挥了经济增长"稳定器"作用,而"信息消费高速增长"是消费市场的主要特点之一。在4G网络建设及新产品更新加快的带动下,国内通信器材销售、信息服务产品快速增长。2014年10月,单位通信器材零售额增长42.3%,增幅同比提高10.9%。

TD-LTE商用一年不仅产生了巨大的经济效益,而且有力带动了我国ICT产业自主创新能力的快速提升。工业和信息化部电信研究院院长曹淑敏表示,4G带动了我国应用、智能终端、操作系统和芯片等整个产业链条的创新与突破。目前,中国企业正成为4G标准的领跑者和产业主导者。在全球LTE专利数中,中国企业占比超过20%;在全球TD-LTE网络建设中,随处可见中国企业的身影,这也进一步促进了我国出口结构的优化,为国家"走出去"战略开辟了新空间。更令人期待的是,依托高速4G网络,移动互联网正打开新的上行空间,智能家居、移动医疗、车联网、智慧矿山等,信息化与工业化融合所创造的价值将更为可观[①]。

五、TD-LTE市场化成功之经验

(一)**技术本身实力过硬**。全球已进入无线宽带时代,频谱缺口巨大,2020年各国频谱需求将达到1 600～1 800 MHz。因此,TD-LTE能够高效利用非对称频率、适用于移动互联网上下行不对称数据流量的优势,引发了全球电信运营商的热切关注,得到国际产业的广泛支持。中国移动总裁李跃曾做过一个形象的比喻,对称的FDD就像城市双行道,不对称的TDD则像更高效的单行道。城市发展初期,双行道流行;土地资源紧缺时,单行道成为必需。频谱资源稀缺的现实给TD-LTE这一高效利用频谱的4G技术带来了广阔的发展空间。

(二)**发挥国家整体优势**。纵观全球通信发展史,一个国家技术走向的选择,从来不完全取决于技术本身的先进性,其背后是知识产权的争夺、产业发展的较量、市场格局的整合,甚至国家战略权益的考量。仅凭技术优势,TD-LTE如何能在各种力量的围追堵截中从标准化、产业化到商业化一步步走来?深受科技落后之痛的中国近代史证明,我们没有别的选择,非走自主创新的道路不可。面对稍纵即逝的战略机遇,发挥国家整体优势"集中力量办大事"成为必然选择。TD-LTE研发工作,得到了中央高层的高度重视,得到了工业和信息化部等相关部委的联动扶持,得到了各级地方政府的大力支持。从加强顶层设计到协调关键资源,从重大专项支持到保障网络建设施工,如果没有这些有利的政策和市场环境,就没有TD-LTE今日的市场化初步成功。

(三)**运营主导协同创新**。创新的主体是企业。在TD-LTE发展中,中国移动充分发挥市场牵引作用,引领产业链协同创新意义重大。早在TD-LTE角逐全球标准之初,中国移动就加入了TD-LTE工作组,并在标准制定、技术创新、规模化测

---

① 素文:《我国自主创新跑出4G加速度》,《人民邮电报》2014-12-04。

试中发挥了重要作用，特别是在 TD-LTE 产业化商业化进程中，中国移动全力全员投入 4G，引领系统、终端、芯片、天线、测试、仪表、软件等产业各方合力共举，探索了一条"从标准到产品、从设备到组网、从技术到应用、从分散产业链到完整产业链"的协同创新路径。

（四）国际视野开放环境。TD-LTE 在标准制定、技术研发和产业化进程中，积极与国际主流技术融合，大力吸引国际主流企业进入产业链，最终构建起全球化的产业联盟，破解了我国自主知识产权与吸纳国际先进经验高起点发展的矛盾。如在 TD-LTE 标准化中，通过对不同国家电信市场的需求分析，大唐移动先后在全球五大洲 28 个国家开拓了市场，与多国运营商签署了战略框架协议和商务合同，并在日本、比利时、南美等地已经建设或完成 TD-LTE 试验网，形成了大唐移动自有的国际销售平台。据工信部电信研究院发布的《4G/LTE-A 技术和产业发展白皮书》显示，截至 2014 年 10 月月底，全球 LTE 商用网络已达 354 个，LTE 用户总数达到 3.9 亿户，我国已建成全球最大规模的 4G 网络，4G 用户达到 5 777 万户，占全球 4G 用户的 14.8%，位居世界第二。我国也成为全球最大的 TDD 研发与产业基地。

2014 年，中国改革元年，4G 通信给人们带来全新的世界，虚拟的文化、经济地图在电波编织的互联网、移动互联网中运行，在现实中精彩纷呈地落地上演，在网络中再度连接古老的丝绸之路，2 月 25 日 GSMA 在巴塞罗那召开的世界移动通信大会上，中国移动以独立展台的形式展示了包括 TD-LTE、移动互联网与物联网、NFC 手机钱包、国际业务等在

工信部副部长尚冰在中国移动 TD-LTE 展台

内的多项亮点内容，全新展示了新一代"融合通信"服务，即新通话、新消息、新联系"三新"体验①。12 月 19 日中国移动发布了融合通信"三新·和"手机。

TD-LTE 这一通信科技的诞生，是电信/信息通信百年之伟大创新技术，其通信科技成果为我国在 5G、6G 等后续标准竞争中抢占先机赢得了更多可能。其发展历程正如习近平主席有关科技自主创新的论断"科技竞争就像短道速滑，我们在加速，人家也在加速，最后要看谁速度更快、谁的速度更能持续。"在未来精彩的通信世界里，TD-LTE 将以成功的典范而继续引领中国通信科技之路。

---

① 新浪科技：中国移动首次展示融合通信，提出"三新"体验。

第五节　首届世界互联网大会在中国召开

国务院新闻办首届世界互联网大会新闻发布会

中国首届互联网大会开幕式

2014年10月30日下午，国务院新闻办举行首届世界互联网大会新闻发布会。宣布由国家互联网信息办公室、浙江省政府共同主办的首届世界互联网大会将于11月19日—21日在桐乡乌镇召开。同时，世界互联网大会永久落户乌镇。本届世界互联网大会有四个"第一次"：第一次由中国举办世界互联网盛会，第一次汇集全球网络界领军人物共商发展大计，第一次全景展示中国互联网发展理念和成果，第一次以千年古镇命名世界网络峰会。

11月19日—21日，由中国国家互联网信息办公室、浙江省人民政府主办，以"互联互通共享共治"为主题的首届世界互联网大会在中国浙江乌镇举行。

此时，距中国邮电部于1986年引进意大利数据通信网，建立北京、上海、广州与美国、法国公众交换数据通信网29年，走过这一段历史路程，中国电信网辉煌变身为中国信息通信网。这张由三大电信运营商编织的世界第一大信息通信网，与全世界的信息通信网相连，目前，全世界网民数量达到30亿人，普及率达到40%，全球范围内实现了网络互联、信息互通，世界真正变成了地球村。中国互联网诞生了一个又一个神话。据统计，截至2014年6月，中国拥有6.3亿网民，5亿微博、微信用户，每天信息发送量超200亿条，社交端口同时在线人数突破2亿人。中国电子商务的发展更令世界瞩目。仅以电子商务而言，去年全国电子商务交易额超10万亿元，其中网络零售交易额大约1.85万亿元，超美国居全球首位。世界互联网十强企业，中国占据四席（阿里巴巴、腾讯、百度、京东）远超欧洲，一个世界网络强国已具雏形。中国作为名副其实的互联网大国，为世界搭建了一个具有广泛代表性的开放平台。

此时，距国际电联成员国于1998年在美国明尼阿波利斯举行的全权代表大会上启动信息社会世界峰会（WSIS）进程17年。随后，国际电联对WSIS进行了2003年12月的日内瓦阶段和2005年11月的突尼斯阶段，实施了成功的组织，在全球层面推广了信息社会的现代化概念。国际电联与联合国教科文组织（UNESCO）、联合国贸易和发展会议（UNCTAD）和联合国开发计划署（UNDP）协调举办的年度WSIS论坛，使成员国和其他利益攸关方能够交流ICT发展的成功经验和失败教训①。

浙江乌镇,以其古老温馨的水乡,连起现代互联网。来自近100个国家和地区的1 000余位嘉宾参会,其中,有10余个国家的政要和政府部门负责人,中国10余个部委领导以及苹果、思科、微软、谷歌、脸谱、高通等国际网络巨头,阿里巴巴、百度、腾讯、京东以及中国移动、电信、联通、华为、浪潮等

世界互联网大会分论坛高峰对话

中国著名网络和通信企业负责人,包括马云、马化腾、李彦宏、刘强东、雷军、周鸿祎在内的众多国内网络企业领军人物云集于乌镇,围绕"互联互通、共享共治"主旨,商议互联网治理、新媒体创新、跨境电子商务、网络安全和打击网络恐怖主义等国际互联网话题②。

会上,国家主席习近平向大会致贺词祝贺会议召开。贺词中指出:当今时代,以信息技术为核心的新一轮科技革命正在孕育兴起,互联网日益成为创新驱动发展的先导力量,深刻改变着人们的生产生活,有力推动着社会发展。互联网真正让世界变成了地球村,让国际社会越来越成为你中有我、我中有你的命运共同体。同时,互联网发展对国家主权、安全、发展利益提出了新的挑战,迫切需要国际社会认真应对、谋求共治、实现共赢。习近平强调,中国正在积极推进网络建设,让互联网发展成果惠及13亿中国人民。中国愿意同世界各国携手努力,本着相互尊重、相互信任的原则,深化国际合作,尊重网络主权,维护网络安全,共同构建和平、安全、开放、合作的网络空间,建立多边、民主、透明的国际互联网治理体系。

国家网信办主任、大会组委会主任鲁炜发言,他说:互联网是20世纪最重大的科技发明之一,将深刻地影响人类社会文明进程。我们举办世界互联网大会,就是让世界各国在争议中求共识,在共识中谋合作,在合作中创共赢,让互联网造福世界,而不能给人类带来危害;让互联网给各国带来安全与和平,而不能成为一个国家攻击另一个国家的"利器";让互联网更多服务发展中国家的利益,因为他们更需要互联网带来的机遇;让互联网保护公民合法权益,而不能成为违法犯罪活动的温床,更不能成为实施恐怖主义活动的工具;让互联网更加文明诚信,而不能充斥着诽谤和欺诈;让互联网传递正能量,继承和弘扬人类优秀文化;让互联网促进未成年人健康成长。

19日下午,世界互联网大会的"互联互通·共享共治"高峰对话在乌镇举行。爱尔兰前总理伯蒂·埃亨、全球移动通信系统协会会长潘福爱、互联网数字与地址

---

① https://itunews.itu.int/Zh/Note.aspx?Note=5290。
② 《江苏商报》记者徐熠整合报道。

分配机构（ICANN）总裁兼首席执行官法迪·切哈德、中国互联网络信息中心执行主任李晓东等7位中外嘉宾，就互联网发展和治理问题展开讨论。

是日，大会分论坛——"互联网创造未来：共建在线地球村"在乌镇召开，三大电信运营公司高层出席大会并做主题演讲。

中国移动副总裁李慧镝做了题为《移动互联，共创繁荣新经济》的演讲：提出面向2020"致力于移动改变生活，打造优质智能管道，成为值得信赖的数字化服务专家"的战略愿景，未来，移动互联网有无限的想象空间和发展空间，中国移动希望能够与业界伙伴一起，探索和实践移动互联网的诸多可能，共同创造更加繁荣的新经济。

中国电信董事长王晓初做了题为《跨界合作促进互联网持续增长》的演讲：今天的运营商，除了要向客户提供基础通信之外，还要向众多的互联网公司提供业务。作为基础运营商之一，中国电信现在也正在转型之中，我们也很希望和社会上的各个互联网公司进行合作，把我们中国的互联网的业务做得更好、更强大。

中国联通董事长常小兵做了题为《移动互联向智慧互联转变》的演讲：随着移动互联网技术的日新月异，作为当前最大的信息消费市场，最活跃的创新领域，正在以前所未有的广度和深度加速驱动经济转型升级。我们更需要的是智慧互联，中国联通愿意与社会各界共同努力、共同开创更加精彩的智慧生活。

21日，首届世界互联网大会闭幕。国家互联网信息办公室副主任任贤良在闭幕式上说：中国互联网发展理念和成就第一次全方位、全景式展现在世界面前。巨大的成就源于中国改革开放搭上了互联网的快车，反过来互联网又推动了改革开放的进程，同时也成了改革开放的重要内容。当下互联网早已超越了单个国家发明的范畴，成为全人类共创、共享的重要文明成果。在未来，以互联网为代表的信息技术革命必将进一步席卷全球，深刻改变人类的方方面面。正如一些外国专家和国际友人指出的，在中国举办首届世界互联网大会，是中国为人类如何抓住互联网机遇、应对互联网挑战的创举和贡献。通过本次大会，中国与世界的互联互通，有了一个国际平台，国际互联网的共享共治有了一个中国平台。借助这样一个平台，中国希望与世界一起，不断促进网络空间的互联互通，永葆互联网蓬勃的生命力。实现世界各国各民族的共赢。

对于首届世界互联网大会的影响，浙江传媒学院互联网与社会研究中心主任方兴东在《注定了非同凡响！》一文中写道：互联网无疑是中国的国运。我们正在追求的中国梦实际上就是网络空间主导时代的中国梦。2014年11月，全球网民正式突破30亿人，2/3的网民来自发展中国家。其中，美国网民比例已经跌破10%，而中国网民比例超过20%，已经超过美国、日本、德国、英国和法国等五个最大发达国家总和。而下一个30亿网民，将有90%来自发展中国家（其中包括中国的6亿新网民）。所以说，本次大会在中国召开，是时代的必然趋势，也是中国的必要担当！[①]

---

① 方兴东：《注定了非同凡响！》，2014年11月23日，人民网。

第六节 中国国务院总理会见国际电联秘书长

中国国务院总理李克强会见赵厚麟

2015年1月20日,中国国务院总理李克强应世界经济论坛主席施瓦布和瑞士联邦政府邀请,抵达瑞士苏黎世,出席1月21日至24日在达沃斯举行的冬季达沃斯"世界经济论坛2015年年会"。

此次世界经济论坛年会盛况空前,近50位国家元首和政府首脑出席,来自超过140个国家的政商学界以及媒体逾2 500名代表与会。

瑞士达沃斯当地时间21日下午6点,李克强在2015年世界经济论坛年会发表了题为《维护和平稳定,推动结构改革,培育发展新动能》的开幕演讲。

22日下午,中国国务院总理李克强在瑞士苏黎世会见国际电信联盟秘书长赵厚麟。

李克强说:国际电联作为联合国负责信息通信事务的专门机构,在世界发展进程、全球信息通信领域特别是标准设定方面发挥着重要作用。中国政府重视同国际组织的合作,愿支持你和国际电联的工作,为利用信息通信促进全球经济社会可持续发展作出积极贡献。中国是全球拥有最多互联网用户和手机用户的国家,但信息通信基础设施还处于世界较落后水准。希望你作为在国际组织工作的中国籍高级职员,在履行好职责的同时,关心中国发展,促进中国信息通信技术和标准的良好发展。

赵厚麟介绍了国际电联的情况,表示将积极推动国际电联同中国的全方位合作[①]。

注:本文源自综合媒体报道。

---

① 《李克强会见国际电信联盟秘书长赵厚麟》,新华社记者俞铮、郝亚琳,摄影李涛。

第七节　电信/信息通信技术创造人类共同的未来

2015年，国际电联成立150周年。

此时此刻，这个承接人类火信息文明，从电报起步的电信息文明，在全世界电信、信息通信人的信息连通和传递下，已然创造和改变了世界。

此时此刻，中华人民共和国工业和信息化部部长苗圩发表署名文章：

苗圩

2015年，世界电信和信息社会日来临之际，我谨代表工业和信息化部，对长期以来关心和支持我国信息通信业的社会各界表示由衷的感谢！向全国信息通信行业广大干部员工表示亲切的慰问！并对国际电信联盟成立150周年表示热烈的祝贺！

今年世界电信和信息社会日的主题是"电信与信息通信技术：创新的驱动力"。这一主题深刻反映了信息通信技术在人类经济和社会发展中的重要作用。创新，一直是人类社会进步和发展的根本动力。当前，我国经济发展进入新常态，发展方式从增量扩能为主转向调整存量、优化增量并举，发展动力正从要素驱动、投资驱动转向创新驱动。以移动互联网、物联网、云计算、大数据等为代表的新兴信息通信技术正与传统行业深度融合，催生出极具创新力的发展新模式。

党中央、国务院高度重视信息通信技术的带动作用，提出要建设网络强国、制造强国，深入推进"中国制造2025"和"互联网＋"行动计划。信息通信业要深入贯彻落实党中央、国务院的战略部署，立足服务经济社会发展大局，充分发挥信息化建设主力军作用，进一步加强信息基础设施建设，促进网速提升和网费下降，加快新一代信息通信技术创新发展，大力推进信息化和工业化深度融合，深入推进新技术和新业务的广泛应用，着力增强网络安全保障能力，为我国经济在新常态下持续健康发展作出新的更大的贡献。

此时此刻，联合国秘书长潘基文高度赞扬了国际电联在人类历史进步上发挥的重要作用：

国际电联因其经久不衰和与人类生活息息相关而赢得了全球声誉。我赞扬该机构作为联合国系统最古老成员所作出的许多贡献。

电信及信息和通信技术推动着创新。数字革命改变了我们的世界。我们联络起

潘基文

来比以往更容易。但是，我们需要的不止是保持连通——我们还要团结起来。

这就是为什么联合国正在动员全世界制订一个雄心勃勃的可持续发展新议程。

信息通信技术可以帮助实现该议程让人人过上有尊严的生活这一目标。新的信息和通信技术有助于振兴经济，保护环境。

今年是一个里程碑式的年份——国际电联成立150周年，联合国成立70周年，还可能成为改造世界的起始年。

让我们共同努力，将技术的力量用于我们共同的未来。

此时此刻，国际电信联盟秘书长赵厚麟为国际电信联盟150周年来的工作做了精彩的总结：

今年——2015年——将迎来国际电信联盟150周年华诞。自国际电联于1865年成立以来，不断通过证实自己是世界上最具适应能力和相关性的组织之一而享有盛名。作为联合国的专门机构及其历史最为悠久的成员，国际电联一如既往地开展电信和信息通信技术（ICT）领域方面的尖端工作。

国际电联的辉煌历史见证了本组织在利用最为先进、最具创新性的通信手段连通世界方面所发挥的杰出作用，从电报时代发展到互联网，到移动宽带，如今我们已经可以随时随地与朋友、家人、同事，甚至是物体保持联系。

在庆祝国际电联150周年华诞之际，我们可以欣慰且自豪地回顾我们取得的成就。展望未来，我们将不断适应瞬息万变的全球ICT大环境。

赵厚麟

利用ICT以及由其实现的创新和这些技术的应用已经渗入我们生活的方方面面。ICT亦是推进2015年后发展议程以及我们实现可持续发展目标的动力。

我们将在2015年举办多项大型活动，活动时间将贯穿一整年，在国际电联和全世界突出宣传ICT是创新的推动力，借此纪念国际电联150周年华诞这一重要里程碑。我邀请各位共同庆祝，参与活动，给予支持并作出贡献，从而实现我们连通世界的承诺。

第七章

电信文明与中国社会

　　电信息文明的诞生，沟通了人类文明的交流，也创造着新文明载体。从清代初到 21 世纪初，历经了一个半世纪的嬗变，以电报为开源的电信/信息通信文明，伴随着中国社会历史前进的每一步，其过程可歌可泣，可圈可点。

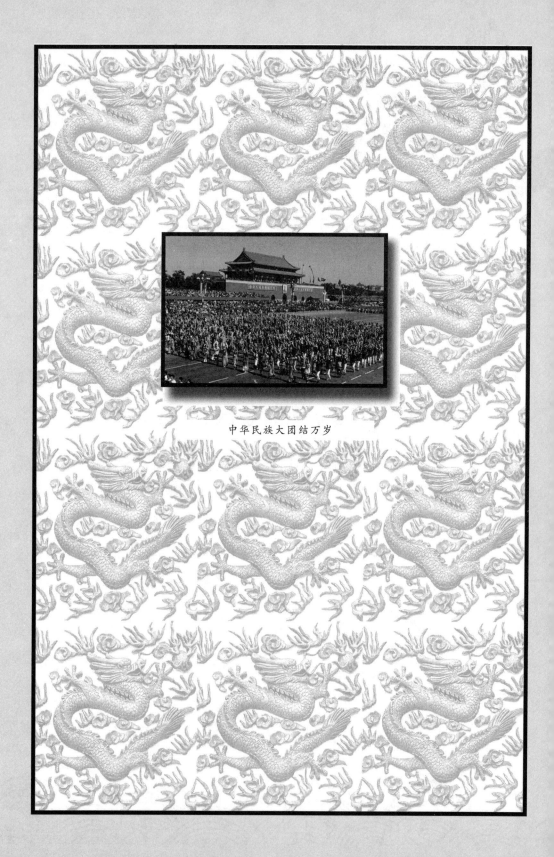

中华民族大团结万岁

第一节　电信创建与中国社会变革

在清代洋务运动中起步的中国通信事业，其开创之源和历史之功为：溯自海禁大开，天下一家，世界大同，立国于天地之间，不能离群以索居，更无法闭关而自守。邮电事业，关系一国之军事政治、经济、文化者，固为重大，而如何不分国界，交流国际间之文化，发展国际间之经济，沟通国际间之感情，通达国际间之消息，以加强各国相互间之关系，缔造人类共有之幸福者，更为邮电所应负之使命[①]。

至今，中国通信事业走过了一个半世纪之久，已由邮电通信转变为电信/信息通信网。其创建的通信文明和发展历程，是物质的，是科技的，更是中国社会历史文明的重要组成部分。在百年通信文明历史里，电信，以其引领性、前瞻性、科技性的传递信息之功能，在中国告别封建社会管理制度，建立新型国家管理制度的历史性变革中，起到了关键性的作用。电信百年后的今天，电信网已演进为含互联网、移动互联网、大数据、云计算的信息通信网。且以"起、转、承、合"来回顾中国信息通信伴随中国社会历史进步的百年之路。

起：是初创之路，学习之路。这条路，由建立管理制度开始。清代洋务运动中，实际主政的慈禧皇太后给予了电信事业极大的关注，但凡官员上奏关于建设电报、电话的奏折，均在一两天内即给予批复，并命速办、妥办。在总理衙门的部署下，满汉大臣同心协力，一切从零开始，精确谋划，布局统筹。在大北电报公司水线公司登陆上海的6年后，在台湾自主建立了中国第一条电报线，而后，在天津与上海间建立了第一条公众电报线，并迅速延展建成全国电报网。国外兴起的电话、无线电、长途电话，均在国外方兴就传入中国，并迅速服务于民众。

转：是建设之路，发展之路。民国年间，尽管战争连绵不断，但是，民国政府交通部仍然有所作为，在军阀染指电信的情况下艰难运营，颁布了《电信条例》，统一了全国电信事业，接力建设了中国国际电台，基本建成了全国长途通信网、无线电通信网，建设了市内电话，并开始注重电信服务，收回了国家国际电报、无线电通信利权，收回了台湾电信，先后加入国际联盟专业委员会，并以世界电信五强的身份，加入国际电信联盟。

承：是承前启后之路。中华人民共和国成立后，是邮电部带领全国电信业员工为人民服务的"人民邮电"的时代。中国电信业承前电信业建设理念，在以为军政服务为主的同时，亦以"为人民服务"之宗旨，建设了水情网、气象网、地震网、公用电话传呼网、医疗救护网（120）、报警电话网（110），为社会稳定，民生安全提供了信息传递最基本之便利，同一历史时期，完成了传统电信网向现代化电信科技网的整体转变，为实现普遍服务奠定了基础。

合：是融纳之路，是和合之路。信息产业部、工业和信息化部成立后，接力发

[①] 彤新春：《民国经济》，中国大百科出版社，2010年版。

展中国电信事业,融计算机网与互联网之合,融国际海光缆之合,融移动互联网之合,融广播电视网与电信网之合,融电信主体运营商与虚拟运营商之合。众多之合中,中国电信/信息通信网以历史赋予它的电文明信息传递者之身份,以其百年来所承担的开发民智,创新文化,振兴民族工业,建设国防体系的先导性,而成为融合于社会,以为民众服务为主的信息传递者,是承载语音、视频、娱乐的平台。用户将成为内容的主要创造者①:为遍布世界各地的人们提供了一个快捷且永不中断的沟通渠道。

150多年来,中国电信业从电线(电报)起步,引领电文明信息进入中国,在战争与和平、沧桑与辉煌中,伴随着中国社会历史的发展上演了一出出移宫换羽中国通信业的历史大剧,回到了其电信本身的特质"普遍服务",实现并继续实践着国际电信联盟的宗旨:致力于连通世界。

第二节 电信商用与中华民族形成

中华民族是一个由多民族不断融合的民族。在其融合壮大的历史进程中,电信网络公众商用至关重要。电信信息的诞生,开创了世界范围内人类广泛的多元文化的情感与信息沟通。正如曾经担任国际电联秘书长的内海善雄所说:人类通信向来都是智慧与情感的融合,电信传输的互联网信号正是人类沟通的银色电波使者。

在人类古远的历史中,人类的沟通信息从火文明信息开源,荒莽的原始森林,浩瀚原野中的篝火光亮中,人类氏族社会出现,原始崇拜的歌舞,伴随着祭祀篝火、神鼓声声,传递着人类与天地间、部落间、自然万物间沟通的信息。在碧海蓝天的鄂霍次克海,在辽阔的东北亚,一支由人类文明初始火文化口口相传至21世纪的神歌,记载了氏族沟通之火信息的起源:锡霍特阿林那丹格格山尖,咳咿耶,燃起七堆彻夜不灭的大火堆,伊耶,伊耶,咳咿耶,这是德立克(东海女神)妈妈的火呀,嗨耶,这是拖亚拉哈妈妈(雷电之火女神)的火呀,嗨耶,这是突姆离石头(火山爆发之火)的火呀,嗨耶,这是卧勒多星神星光(布星女神)的火呀,嗨耶,这是巴那吉胸膛(地母神)的火呀,嗨耶,这是额顿吉(风火女神)天风的火呀,嗨耶,这是顺格赫(太阳之火)永生的火呀,嗨耶……②

在人类母系社会原始文明的女神崇拜中,东北亚也诞生了人类崇拜的首位信息女神:这位觉昆恩都哩赫赫,生长着代敏妈妈(鹰神)的神爪,塔斯哈(虎神)的牙,啄木鸟的嘴,者固鲁(刺猬神)的针光,它先知先觉地将林莽山岩刻出符号,

---

① 内海善雄在2006年世界电信论坛上的致辞:http://www.cnii.com.cn/20060808/ca388891.htm。
② 富育光:《萨满论》第307页,辽宁人民出版社,2009年版。

第七章 电信文明与中国社会

传递信息，祐护北征的人有了活路，看到生存之光①。

在漫长的人类历史之路上，篝火伴随着人类走过母系社会、新石器社会，进入到奴隶社会。伴随着烽火四起，诸侯分争，曾经的秦朝结束了自春秋起五百年来诸侯分裂割据的局面，建立了中国社会历史上第一个以汉族为主体、统一的中央集权制国家。从此开始，修建西起临洮，东至辽东的万里长城。至明代，继续修建了西起嘉峪关，东至鸭绿江畔的明长城。社会的信息传递，在长城上燃烧的烽火和驿站的飞马中进行，延续着鲤鱼送信，鸿雁传书，成为北方游牧民族和南方稻耕民族渴望信息沟通方式。在那烽火连天，朝代更迭的历史年代里，由帝王圣旨点燃的烽火传递中，既有辎轩相属的繁华年代，也有铁马金戈，烽火连天的战争灾难；既有国泰民安的繁荣盛世，也有灾难频发，人民流离的沧桑岁月。

公元 1644 年，清王朝入关，修建了明陵，修缮了明故宫，却不再修长城。从此，长城的烽火熄灭。在驿站、驿马、铺兵传递着由康熙、雍正、乾隆帝颁发的一道道圣旨中，蒙古各部亲王驻守大漠草原；满洲、蒙古、汉军八旗将士往全国各军事要地建营驻防，八旗劲旅平定三藩，收复雅克萨，收复台湾，驻西藏、青海、新疆大臣建疆立业，满洲、蒙古八旗开赴边疆屯垦戍边，西南土司改土归流焕发新貌；长江与台湾、渤海军民共同抵御外来侵略；民族地区政治体制的建立和实边兴业的建设，开创了中国封建社会历史中唯一长达 126 年的康雍乾盛世，建立了大一统、多民族，空前团结的封建王朝，傲然屹立在世界东方的中华民族形成。正如美国约翰霍普金斯大学历史系教授、东亚研究中心主任罗威廉在其著作中所论述的：大清帝国在性质上与之前各代相继的汉人或异族王朝有所不同，作为标准的早期欧亚大陆之多民族形态普世帝国，其在扩展"中国"的地理范围，将蒙古、女真、西藏、内陆穆斯林与其他非汉民族，整合成一种新形态、超越性的政治体上，取得惊人的成功。渐渐地，中国士人开始接受此重新定义的中国，并认同其为自己的祖国②。

在这一历史时期内，人类进入后航海时代，伴随着新航路的开辟，东西方之间的文化融合、贸易交流开始大量增加，殖民主义与自由贸易主义也开始出现。这个时期的欧洲，快速发展奠定了其超过亚洲繁荣的基础。对世界各大洲在数百年后的发展也产生了久远的影响。电报在美国诞生以后，成为人类沟通的新工具。电报在联通欧洲后，走向亚洲，西方工业革命成果——电报进入中国。电报是继火文明信息后诞生的，最广泛、覆盖面最广的电信息文明之光。

晚清的电报声中，既有因战败而签约割地赔款于列强的屈辱，也有清政府整体部署图自强，引进西方工业文明，在洋务运动中建立船政、电报、邮政、铁路管理

---

① 白玉芳：《恩嘟哩赫赫的哈哈珠——女神的儿女》第 22 页，黑龙江美术出版社，2009 年版。
② 罗威廉：《中国最后的帝国——大清王朝》，中国台湾大学出版。

体制的开山之创。在慈禧皇太后、光绪皇帝的大力支持下,在总理衙门的部署下,南北洋大臣、一代仁人志士在创建电信事业之初就做出了周密的顶层设计:津沪线之设,系与丹国大北电报公司商立合同代为购料人,查勘设线电道路,除聘请丹国人为教习外,一切用人行政始终保持独立精神,丝毫不受外力之束博,实为此后我国电信建设树立良好之规模。

正是以此为根本建设基点,中国电信事业的创始人迅速建成了中国第一张通达海内外的中国公众电报网,建立了中国自主经营的市内电话,收购了原由外国人经营的长途电话、无线电通信以及水线,这一张张自我经营、惠及社会民众的商用电信网的建成,既是中国电信业的成就,也是洋务运动中"同治中兴"的成就,也是中国电文明信息——电信起源的成就。

在这一历史的进程里,由中国电信业建立连通全国的电报网,将各民族地区信息连成一体,在清代电报、电话、无线电通信信息的沟通与传递中,政治与文化信息透明公开,"官民意志发达",形成了"文明列邦,学会林立①"之势,因此,尽管有内乱,有外侵,但是,中华民族的凝聚力是历史主流,在电文明信息的传递下,各民族地区文化成为主流文化中的重要组成部分,汇成中华民族文化洪流,广泛与西方文化全面接轨。

正是在电文明信息的传播下,清政府有了快捷的信息吸纳和传播网,开发了民智,建立了全新的社会管理制度,宣布立宪。延续中国社会 2 000 多年的封建社会管理制度终结。至 1912 年,清王朝逊朝,交给中华民国 1 142 万平方千米土地,其中含租期 100 年的香港、澳门、日据的台湾,以及在清代每三年寻边一次的黑龙江边界领土。回顾中国封建社会历史上的朝代更换,多伴随着血腥屠杀。而在清代与中华民国之间这历史性的改朝换代中,隆裕皇太后下旨,由大臣签名颁发的退位诏书,通过专电及新闻媒体向全国颁发,透明快捷的信息在第一时间广泛传播,迅速稳定了全国混乱、战事频发的局势,实现了清廷皇室人员身份的和平转变,实现了西藏、新疆、东北以及内蒙古地区均整体稳定移交与中华民国,同时还有一张由邮传部成交,基本全面实现公众商用的邮电通信网,由此可见在信息通信沟通中形成的民族理念认同、民族文化认同的坚强凝聚力。

1931 年,"九·一八"事变揭开中国人民抗战的序幕,到 1945 年抗日战争全面胜利,在国家危难关头,中国军民前赴后继、浴血奋战、英勇抵抗,以血肉之躯筑起了捍卫民族尊严的钢铁长城,用气吞山河的英雄气概谱写了惊天地、泣鬼神的壮丽史诗。在这段悲壮的历史里,中国一代通信人在交通部的领导下全面建设中国抗战通信网,全国各地电报局派出有线、无线通信队随军作战,在前线,他们出生入死,为军队提供电信服务;在沦陷区,奉命留守,千方百计保持秘密通信,以职业报国,始终保持着中国与世界通信联系和抗战信息的传播,架起了一张沟通和传递为中华民族共同抗战的通信网,为抗日战争的最终胜利作出了贡献。中国电信业赢

---

① 程明超:《交通官报》,首期发刊词。

得了世界电信业的尊重，荣幸成为世界电信五强，并当选为国际电信联盟理事国。

中华人民共和国成立后，迅速建成了中国邮电通信历史上第一张覆盖全国的电信网。新疆、西藏、内蒙古、青海、广西等少数民族地区都实现了乡乡有电话。20世纪80年代的改革开放，中国电信业以企业公民责任，实现了少数民族及边远地区村村通电话、通宽带，快捷方便的信息传递着各民族交往交流交融，尊重差异、包容多样的信息，创建着各民族在中华民族大家庭中手足相亲、守望相助的精神家园。在海峡两岸直接连通的海底光缆把两岸共同的认知相连。2014年9月2日，中国人民抗日战争胜利纪念69周年，国务院民政部发出公告，公布了第一批80处国家级抗战纪念设施、遗址名录，以及第一批300名著名抗日英烈和英雄群体名录，其中属于国民革命军系统的共约90人，占总数的近1/3[①]。12月30日，台湾推出2015年抗战英烈纪念月历，1942年牺牲的八路军副总参谋长左权[②]出现在纳入各月份版面殉职将官的名录中。这是两岸对"全民族抗战"认识出现相向而行的势头，既是对历史事实的尊重，也有利于化解两岸的分歧，增进民族情感与团结[③]。由此可见，经由海峡两岸电信业界共同架构的电信/信息通信信号的传递，中华民族血脉相连的感情，跨海越洋，互相共识，融为一体。

21世纪，全球进入经济全球化、政治多极化、文化多元化，信息通信全球网络基础化，此时此刻，回望从清代初萌创建的电报网到移动互联网之百年历程，自其诞生以来，就以"处全球交通时代，则一国政教之设施，不能不随世界转移，苟自域为其弊，岂止隔阂而已[④]"之电文明信息创建的电信网物理特性和人类社会需要沟通的自然科学法则。在中国一代又一代电信人的努力下，广泛沟通了中国与世界的信息，沟通了海内外华人与祖国同胞同祖同根的民族感情，增进了海内外华人与世界人民相互了解和信任，推动了中国各民族平等团结、共同繁荣的发展，推动了世界人民和平友好事业的发展，正如习近平主席在访问联合国教科文组织时发表的讲话所说：

文明因交流而多彩，文明因互鉴而丰富。文明交流互鉴，是推动人类文明进步和世界和平发展的重要动力。推动文明交流互鉴，需要秉持正确的态度和原则。人类文明因多样才有交流互鉴的价值。人类在漫长的历史长河中，创造和发展了多姿多彩的文明。不论是中华文明，还是世界上存在的其他文明，都是人类文明创造的成果。文明交流互鉴不应该以独尊某一种文明或者贬损某一种文明为前提。推动文明交流互鉴，可以丰富人类文明的色彩，让各国人民享受更富内涵的精神生活，开

---

① 《中国公布第一批国家级抗战纪念设施、遗址和著名抗日英烈名录》2014年9月1日 14：49：11 来源于新华网。

② 《台湾军方推出抗战纪念月历 八路军左权首度列名殉职将领》新华网台北，2014年12月30日电（记者许雪毅 陈斌华）。

③ 同上。

④ 周万鹏：《万国电报通例》，序（周万鹏为清代中国电报局总办）。

创更有选择的未来①。

在这 21 世纪网络时代的中华民族多元文化，人类文明互鉴与交流中，中华民族各兄弟民族间"各其其美，美人之美，美美与共，天下大同，各民族同胞热爱自己的历史文化，守望优秀遗产，守望故里家园，守望祖国山河，自尊自爱，互相欣赏，互相支持，互相帮助，互为环境，互收尊严，共谋幸福"②，共建民族大家庭精神家园的美景，在架海擎天的中国信息通信网里，在国际电信网里交往交流交融，以电信信息的沟通和传播，让中华民族一家的理念源远流长，让中华民族文明信息跨洋越海，光耀世界。

第三节　电信科技与中国工业经济

通信科技进步与中国工业经济的建立和发展息息相关。

从原始狩猎时代起，人类走过悠悠数千年。至 19 世纪的晚清，西方工业文明伴随着坚船利炮与科技通信进入中国，封建社会以农业为主的自然经济发生变化。慈禧皇太后以"变法乃素志，同治初即纳曾国藩③议，派子弟出洋留学，造船械，以图富强也"④垂帘听政，辅佐年仅 6 岁的同治帝，在满汉大臣的同心共举下，"惟以乐育人才，振兴学术，为致治之要⑤"，在洋务运动之初就确立了引进、学习、消化、吸收西方工业成果，建立中国自主民族工业的国策。制定了船政、电线、邮政、铁路开源建设、学习管理之方针，掀起了中国封建社会历史上第一波工业化建设的浪潮。历经洋务运动 30 年变革的积累，中国社会古老的农耕生活方式，迈入现代化工业社会门槛：

——改火文明信息传播方式，建立了自己的电信息文明——电报、电话、无线电通信体系；

——改刀枪长矛国家军队的武器装备，建立了生产军舰、洋枪、洋炮的军工生产体系；

——改过去人力畜力的交通方式，建立了中国第一条铁路，并迅速发展成为重要的交通体系；

——改过去民用工业生产体系为零的完全手工操作方式，建立了火柴厂、洋灰厂等，中国社会生产方式由手工业进入到半机械化或机械化。

正是在清代通信业与国家工业经济萌芽并发展的形势下，清王朝进入封建社会与现代管理制度的改革元年。清光绪二十九年七月十六（1903 年 9 月 7 日），清政府设置商部，负责掌管商务及铁路矿务等事。商部的设立，既是中国封建社会唯农

---

① 《习近平在联合国教科文组织总部发表演讲》2014 年 3 月 28 日 00:23:19 来源于新华网。
② 纳日碧力戈：《和睦共生，和而不同》第 6 页。《中国民族》2014 年第 6 期，总第 514 期。
③ 曾国藩（1811 年 11 月—1872 年 3 月），"中兴四大名臣"之一，历任礼部侍郎、礼部右侍郎、兵部右侍郎、两江总督、直隶总督、武英殿大学士等职。
④ 费行简：《慈禧传信录》。
⑤ 大清穆宗毅（同治）皇帝实录（一）第 3 页。

业为生产力的转变,也是中国结束封建社会管理体制,进入现代社会管理体制,中国社会生产力进入全新格局的整体建立的开端。此时,清王朝历经同治中兴而发展的经济力量已为世界瞩目。光绪三十二年九月二十(1906年11月6日),国家机构进行重大改革,将工部①并入商部,改称农工商部②,掌全国农工商政并森林、水产、河防、水利、商标、专利诸事。所辖有商标局、商律馆、工艺局、京师劝工陈列所、农事试验场等,中国国家农工商业经济管理一体化正式开源。

  1912年,清王朝逊朝,中国民国成立。国民政府延续了清朝建立的国家管理体制,邮传部改为交通部。然而,民国建立伊始,中国即陷入政治动荡、四分五裂、军阀混战状态中。国内动乱的战争状态,加剧了美、英、日、苏等国在中国谋求政治势力与经济利益的争夺,由日本侵略中国而爆发的战争,使中国领土大部分沦陷,内乱外侵中,曾经一张完整的中国电信网四分五裂。在军阀混战、内乱外侵的年代里,通信作为战争的利器,既是破坏的力量,也是催生通信科技发展的土壤,在这一历史年代里,无线电广播(时称为无线电话)首次进入中国,并形成无线电广播网;先后建立了中国沈阳、上海国际电台,中国无线电国际通信开源并迅速发展;在抗战时期,由中共中央创建的解放区无线电通信网;由国民政府建立的国统区有线、无线电通信网,有力地支撑了中国抗日战争,使中国电信业受到了全世界的尊重,荣誉成为国际电信联盟的理事国成员。

  中华人民共和国成立以后,巴统组织对中国通信业进行封锁,但是,中国通信业以"中国人是有骨气的"精神,在邮电部的领导下,科研、电信工业、电信建设都取得了非凡的成就。例如,在20世纪60年代末,在无线电方面,试制成功了30千瓦自动调谐单边带发信机;提前实现国际电信联盟无线电咨询委员会(CCIR)的要求,试制成功我国第一部国产的360转/分高速真迹传真机;试制成功我国第一部国产电子管16路调频制音频载波电报机;研制成功我国第一台双机头自动交叉发报机(简称AB制发报机);等等。实现了中国通信业网络和设备的进步,实现了电信网络初步的陆(明线)、微波、卫星、海底光缆立体化,传输系统从人工传递实现半自动化和部分全自动化,这通信事业历史性的变化,是中国通信业工技人员与全国人民一起以独立自主、艰苦奋斗、自力更生、勤俭建国精神而创造的伟大历史成就!

  中国电信业科技事业的进步基本适应了国家建立工业化体系的要求。正是在这些电信自主科研设备进行信息的传递中,中国在20世纪70年代末实现了既无内债,又无外债。在工业生产上,中国的工业总值增长了30倍,钢铁产量从140万吨增长到了3 180万吨,煤炭产量从6 600万吨增长到61 700万吨,水泥产量从300万吨增长到了6 500万吨,木材产量从1 100万立方米增长到了5 100万立方米,电力从70亿度增长到了2 560亿度,原油产量从空白发展到了10 400万吨,化肥产量从3.9

---

  ① 清代工部设于天聪五年(1631年),是管理全国工程事务的机关。职掌土木兴建之制,器物利用之式,渠堰疏降之法,陵寝供亿之典。管理全国土木、水利工程。

  ② 清官署名。光绪二十九年(1903年),置商部,以二十四年(1898年)所设矿务铁路总局并入。

万吨上升到了869.3万吨。在工业科研成果上,万吨水压机、自主建设的火车、汽车、轿车、飞机也都问世。民用产品等成果亦精彩纷呈。在国防上,第一颗东方红卫星研制成功,第一颗原子弹爆炸成功,第一颗氢弹爆炸成功。有了两弹一星的中国人,成为海内外华人的骄傲。寓居美国的李宗仁说:"西方人终于将我们视为一个智慧的民族",他也就是由此下定了回归的决心。一位在西欧开饭馆的华侨曾讲过这样的经历:此前邻居经常将垃圾扫到他的门前,以示对黄种人的轻蔑。中国第一颗原子弹爆炸的消息传来后,他的门前再没有人来堆垃圾,警察也向他道贺说:"您有这样的祖国,以后不会有人再找您的麻烦!"

在改革开放年代电信/信息通信的传递和沟通中,中国通信科技亦在"引进、吸收、消化、创新"的科技发展的路上有建树,有发展。正是在第一张集农村电话、市内电话、长途电话的程控通信网,第一张中国移动通信网,第一张互联网,直至现在的移动互联网的支撑下,各行各业的科技成果实现了广泛的交流和传播。中国工业产品也实现了产品的升级换代。至21世纪以后,航天工业、航天科技拥有"神舟""长征"等著名品牌和自主知识产权、主业突出、自主创新能力强、核心竞争力强的产品。神舟飞天,中国航天员杨利伟进入太空行走,中国成为继前苏联(俄罗斯)和美国之后,第三个有能力自行将人送上太空的国家;"玉兔号"月球车抵达月球表面,传送回属于中国人拥有的月球照片,中国航天事业取得了举世瞩目的成就。在国防工业上,国产的歼击机翱翔在蓝天,国产的舰艇巡逻在万里海疆,国产的主战坦克奔驰在山川河谷,保卫着中国的领土安全。由中国第一条京张铁路而起的中国铁路事业,于1999年进入高速铁路建设,经过10多年的高速铁路建设和对既有铁路的高速化改造,现代化的高速铁路纵横于中国大地上,地铁成为众多大中城市的交通工具,截至2013年,中国高铁总里程达到10 463千米,"四纵"干线基本成形。高速铁路运营里程约占世界高铁运营里程的46%,稳居世界高铁里程榜首。2014年,中国获得首个菲律宾城铁车辆订单,中国铁路工业走向世界。

在信息的传递和沟通中,大批的工业和民用制造业也成就斐然,它们在国内或海外上市,在世界工业经济大潮里冲浪,民用产品更是宛如川剧变脸,悄然改变着人们的社会生活,如中国造纸业,据在大陆经商的台湾企业家冯台源介绍:20世纪80年代,中国大陆地区还没有工业用树木纤维制造的高强度包装用纸箱,因此,每年要花大笔的外汇向国外进口。从90年代开始,大陆的造纸工业进步迅速,产品的包装材料也日益丰富多彩,到2010年,中国造纸产量达到9 270万吨,消费达到9 173万吨。如今,根据行业协会和相关民间组织公开的产业信息,中国生产的纸张和消费量,达到世界第一。

2014年,中国信息通信业改革元年硕果累累,宽带网络遍及村镇乡屯;智慧政务、智慧城市、智慧教育、智慧医疗、智慧旅游与互联网同行;自主研发和投入商用的TD-LTE通信技术,成为世界信息通信科技演进方向,等等。中国电子工业也取得了不俗的成就,中国集成电路企业加强自主研发,在多项先进和核心技术方面取得突破，为在未来占据产业链条中的有利位置打下基础。宁波时代全芯科技发布中国第一款具有自主知识产权的55纳米相变存储技术，为我国半导体存储业在云计算、大数据时代开辟了有"芯"之路；北京思比科微电子推出高性能图像传感器芯片，打破了国外对此技术的长期垄断；一批优秀企业在移动芯片领域获得技术和市场的双突破，产业影响力极大提升，从而改变了我国在移动智能终端市场的被动地位[①]。

但不可否认的是，中国信息通信业的自主开发建设能力并不尽如人意，据报道，目前中国的芯片、操作系统、数据库以及通用协议和标准仍有90%以上依赖进口，关键信息系统的主机有99%是外国品牌，金融、电信、能源等核心行业的信息系统被国外提供商垄断[②]。电信网络如今已被视为继陆、海、空、天之后的第五空间，已成为大国博弈的一个主战场，其中危机四伏，暗战不断，一个个技术漏洞、产品后门，如同深埋的定时炸弹，随时都可能被引爆，给国家利益带来灾难性的打击。众多电信专家也不由得忧心忡忡，一旦国家进入战争状态，电信网络如何保证正常运营，保证国家和社会信息沟通的安全？在国家日益重视网络安全，中国自主研制的通信科技成果已在网络运营系统中运用的趋势下，相信中国通信业会在网络建设中逐步改善，并占有更大的主导地位。

第四节　电信与新闻传播网络融合

上溯到中国百年电信史，从其电报业务诞生以来，就与中国新闻媒体传播关系密切相连。让我们回顾电信/信息通信网的开源和发展史：

一、开放新闻电报。1871年，丹麦大北电报公司水线登陆上海。1872年4月30日（清同治十一年三月二十三），英国商人安纳斯脱美查（Ernest Major）在沪创办《申报》。从此，电信就与新闻传播相关联。至光绪二十五年（1899年）七月初一，邮传部正式开放新闻电报，实行半价收费。中国电信与新闻传播的关系由此正式开始。

二、建立无线电广播电台。民国年间，广播以"无线电话"的称谓而诞生，并先后由交通部无线电管理局、国际电信管理局、电信局进行广播电台的登记及管理。其播出业务则先后由教育局、社会局、国民党中央广播事业指导委员会发展管理。新闻专电的传递仍延续着新闻电报业务的使用。抗日战争胜利后，民国政府交通部即开始着手进行电视信号传递的科技研究。

三、建立全国长途通信网，传递广播、电视、传真报纸版面。中华人民共和国

[①]《2013年集成电路行业发展回顾及展望》：工业和信息化部2014年3月11日发布。
[②] 申江婴：《"第五空间"里的大国较量》。

成立以后，全国邮电通信网迅速建成，长途通信网络为新闻媒体提供传递信息服务。广播电视：20世纪50年代至70年代，中央人民广播电台、中央电视台彩色、黑白节目由各地电信局的无线电、微波电路传递。新闻报纸：20世纪50年代至70年代，新闻专电、报纸版面由电信局以传真照片业务传递。始创于1951年5月1日的中央人民广播电台《全国新闻联播》节目，通过长途通信网的电信线路，深入到每一个乡村大队的广播站，早晚两次传递着国家的声音：从1953年第一个"五年计划"开始实行，到60年代中国第一颗原子弹爆炸成功、第一颗氢弹爆炸成功，中国国防军事力量显著增长；从70年代中国第一颗人造卫星成功发射，到航天运载火箭先后成功发射，中国成为继美俄之后世界上第三个掌握空间交会对接技术的国家。1971年，中国发射了第一颗人造卫星。1972年美国总统尼克松访华，当他站在长城脚下时，被长城的伟大而震撼，他敬佩地说："只有一个伟大的民族，才能造得出这样伟大的长城。"那时，那刻，随尼克松总统而行的卫星通信终端器把这历史的一刻记录。首次进入中国的卫星通信跨越长城烽火墩百年，将伟大的中国展现给全世界，那是中国电信业"越过长城，走向世界"的又一次上路。中央人民广播电台、中央电视台的节目通过电信网的传递，将中央人民政府的声音传遍祖国的四面八方。20世纪70年代末，中国进入改革开放年代，70年代由电信微波电路电传递的电视传播、新闻传播都进入新的发展时期。

四、20世纪80年代至90年代末电信信息与广播影视媒体融合。在电信事业科技自主创新，取得重大发展的同时，中国新闻广播事业也发展迅速，广电数字化进程、视听新媒体业务的发展使广播影视规模和覆盖面不断扩大，广播影视节目生产制作能力大幅提升，人才队伍逐步壮大，农村广播影视公共服务体系初步建立。至21世纪，中国对外广播在播出语种、播出时间和发射功率等方面取得突破性进展，节目和频道在境外有效落地、覆盖范围进一步扩大，以38种外文报纸、3158个海外听众俱乐部等，逐步构建起现代化的国际传播新体系。中央电视台英语、中文国际、法语和西班牙语频道海外用户超过8400万户[①]。

五、进入21世纪以来，通信技术、计算机技术和视象技术高度相互渗透、相互兼容、相互融合。使传统通信行业界限显得越来越模糊，极大地扩展了网络新业务服务范围，并产生新的协调机制，在国际上出现了新闻媒体与电信网络融合的潮流。电视、广播、互联网上的新闻信息通过电信基础设施网络，广泛传递，新闻传播呈现立体化、多元化状态，全国各级政府建立的网站、微博、微信、自媒体等成为新闻媒体的信息源，也成为官方的新闻信息传播体。政府部门在新媒体上设立热线电话、电子信箱，进行信息公开，发布民生信息，征集民众的投诉与建议。在2014中

---

① 《改革开放30年：中国广播电视电影事业获得大发展》：http://news.xinhuanet.com。

国改革元年的政府决策里,中央制定的改革政策、惩治腐败的网上信息,设立的举报热线、举报短信,等等,透明、公开,呈现了中国政府进行法制化社会建设的进程,也使社会公民成为政治信息的传播者和受益者。

至今,新闻影视传播与电信信息传播的联合也比比皆是。例如,在各省市电视台、卫星电视台的电视节目里,电信公司的广告、电信与广电合作开发的与电信用户互动的电视节目的短信,由电信虚拟商以电信基础网络流量而建立的微信、微博互动等。新闻影视传播和报纸杂志等平面媒体也在这一过程中分化组合,社会新闻更为立体、广泛、快捷,电信与新闻影视传播的联系更为广泛。而对于电信用户来说,他们已成为电信与新闻影视传播信息的一个重要互动载体。在当今电信市场扩大,由电信运营商、电信虚拟运营商共同经营的网络世界里,在移动互联网络世界里,他们以每个用户就是一个新闻子媒体的身份,传播着社会突发信息与个人信息。他们的实地真实有效的发布,往往先于新闻媒体,并成为新闻热点,是社会新闻的一个重要组成部分。

以上电信网与媒体网络融合之历程,正如著名电信学者申江婴所论证:融合、跨界背后的深层次原因是技术在融合、产品在融合。融合、跨界背后最大的驱动力是满足人类迈向通信终极梦想的需求。以前,电信业与互联网产业是两条平行线,电信网沿着通信的这条线走,互联网沿着互联网的这条线走,即便两者各自的下一代网络发展思路也是不同的,互联网往 NGI 走,电信网向 NGN 前进。现在两个产业的技术已经在融合,既吸收互联网的开放、灵活,又纳入电信级的安全保障、可信、可管理特性。在人类最高的通信梦想指引下,电信网、互联网两股不同的发展力量汇集到一起,形成一股新的洪流。

电信业和互联网企业也交出了一份不俗的答卷:中国电信于 2010 年推出国内首个能力开放统一合作门户,中国移动于 2011 年举办全球开发者大会并宣布五大能力开放。中国联通也举办了相应活动并推出了自己的开放政策。百度、腾讯、新浪、阿里巴巴等互联网企业也不甘落后。在这些纷繁复杂表象的背后,就是电信网与互联网融合的趋势在推动[①]。

4G 网络的到来,移动互联网的崛起,使电信用户可以在一部手机上随时随地刷屏、上网、通电话、发文件、发短信、打游戏、看新闻、看电影、听音乐,游览全世界。正如一位网名为"学习、进步、平天下"的网友所说:近十年来,互联网的高速发展让我们真正地进入了信息的时代,平日里各种交流和办公几乎都在互联网上进行,这在二三十年前是难以想象的。今后,随着信息科技的不断推陈出新,人类将会享受到更多科技文明的成果。

---

① 申江婴:《融合通信让沟通无极限》。

第五节　电信垄断经营与三网合一

毫无疑问，中国通信基础网络服务经营在历史上存在着长期垄断经营的局面。其垄断经营为自然垄断，其产生原因：一是规模经济，二是范围经济。我们可以解释为：规模经营，源于其必须覆盖全国的网络型企业特质，其建设利益与国家军事、政治、文化事业、工业经济有重要利害关系。范围经济，源于其为社会与民众重要沟通工具，服务于社会。

因此，在中国社会管理制度体系下，电信处于特定的垄断经营，在长达近百年的时间里，均规定电信由国家统一经营。但是，客观地以电信为网络性运营之物理特质来解释，如果没有政府资源和商业资本的参与，电信业不可能顺利地敷设第一条从军用线路开始而环岛的台湾电报线，也不会建成第一条津沪公众电报线，更不会建成民国年间的中国国际电台，也不可能在中华人民共和国成立后建成中国第一张长途通信网络。20世纪，随着国际上60年代通信科技进入全自动化传递的时代潮，中国电信业于80年代建成了海（缆）陆（光缆）空（卫星通信）、互联网，90年代IP电话及新通信科技产品诞生后，中国电信业垄断经营局面开始出现裂变。

1998年3月，信息产业部正式成立。广电部改为广电总局，时国家有关部门在《印发国家广播电影电视总局职能配置内设机构和人员编制规定的通知》中明确决定："将原广播电影电视部的广播电视传送网（包括无线和有线电视网）的统筹规划与行业管理、组织制定广播电视传送网络的技术体制与标准的职能，交给信息产业部。"同时亦在1999年9月17日，国办发［1999］82号文件明确表示"电信部门不得从事广电业务，广电部门不得从事通信业务，双方必须坚决贯彻执行"。

但是：由于种种原因这段文字后来并未执行，但这说明在当时高层已经有了将传统的广播电视传输网络的技术问题交由一个部门统一管理的动向，同时这也充分说明了当时就已经存在了部门利益间的博弈，只是由于当时通信技术的欠发达和相关产业并未形成具有极大商业利益的市场，所以这场博弈并未被人们所关注[①]。这场博弈是在电信已由多家电信公司经营，电信资费由国家定价的情况下，在广电总局与信息产业部进行。这是继民国期间交通部与建设委员会争取电信管理权的又一次政府部门间的利益之争。

2001年3月15日通过的十五计划纲要首次将"三网融合"这一重大技术动向

---

① 《由工信部和广电总局的职能交叉和多头监管谈起》，原文网址：http://www.xzbu.com/2/view-683158.htm。

写入国家发展计划,"三网融合"上升至国家战略地位。三网融合,谁执牛耳?是以国际电信联盟的定义来确定信息通信的涵义,以《中华人民共和国电信条例》总则第二条"本条例所称电信,是指利用有线、无线的电磁系统或者光电系统,传送、发射或者接收语音、文字、数据、图像以及其他任何形式信息的活动"来确定网络融合的主体?还是以广电总局管辖的广播电视网来确定网络融合的主体?

一场政府部门间的利益博弈,在中国电信业时已呈现7家公司分别运营,并在2009年中国就已拥有1万多家增值服务商的业界状态下,电信垄断的说法屡被拥有话语权的新闻媒体广泛宣传。2010年5月,广电以未取得《互联网视听节目许可证》为由叫停当地运营商开展IPTV业务。对此,广州出云咨询分析师刘正昊认为,目前在三网融合中的主导权之争中,播控权是核心诉求,电信部门坚持无播控无融合,但播控权最终仍然被广电部门牢牢掌控,偏偏广电自身网络未能实现整合,而且没有独立的国际互联网出口,因此让"三网融合"彻底陷入了僵局。在这种情况下,电信运营商加速光纤宽带和移动互联等接入手段,通过互联网服务提供商来绕道实现三网融合。"这种方法广电自然不能坐视不理,这或许也是这场反垄断调查以及后续的舆论大战引爆的最重要原因"①。

自此开始,"三网融合"舆论大战日趋白热化。电信公司的服务及运营中出现的问题,皆被冠以"垄断"经营的原因。2011年月11月9日中央电视台《新闻30分》透露,国家发展和改革委员会正在对中国电信及中国联通进行反垄断调查。针对此事,《人民邮电报》记者进行了广泛的社会调查,并就调查结果在11月11日以《混淆视听 误导公众——驳央视对电信、联通涉嫌价格垄断的报道》头版文章进行了驳斥,如此,广电总局与工业信息化部之间争斗公开化。资深财经评论员何庆宇对此事件分析道:工信部主管的《人民邮电报》头版头条炮轰中央电视台,称其"电信、联通涉垄断"的报道是"混淆视听、严重失实、误导公众""完全是一面之词、错误百出",并称几十万电信、联通员工"震惊!冤枉!委屈!无奈!"。语气极为激愤,措辞极为强烈。堪称近年罕见的利益集团公开争斗。

从以上事实不难看出,电信网络运营体作为一个利益体而成为利益集团争夺的现象。但是,电信网络基础运营的科技规律,决定了其本质性的物理运营,随着虚拟运营商与国家基础通信网的整合与发展,中国通信业的互联网、移动互联网与虚拟运营商、互联网企业的崛起,中国电信业垄断经营的名词已被电信市场化运营所取代。就电信用户关心的电信资费而言,自电信诞生以来,清代邮传部、民国交通部、中华人民共和国邮电部以及信息产业部、工业和信息化部都进行过话价的调整,2014年5月9日,工信部、发改委联合发布了《关于电信业务资费实行市场调节价

---

① 《由工信部和广电总局的职能交叉和多头监管谈起》,原文网址:http://www.xzbu.com/2/view-683158.htm。

的通告》，放开所有电信业务资费，取消电信资费审批，所有电信资费将执行市场化调节。这意味着电信资费将完全市场化，垄断已不复存在。而网络建设也将由混合制经济组建的铁塔公司统一建设。历经 10 多年的网络建设，在市场经济公开竞争的环境下，互联网、广播电视网、电信网已融合为一体，一个三网合一的"你中有我，我中有你"的信息美景，已然呈现在广大用户的手机、计算机里，演绎美好的信息沟通画面。

第六节 电信行政体制与国家管理

本节主要叙写中国通信业行政管理制度的改革。

中国通信事业行政管理制度源于 1861 年，时总理衙门下设海防股，负责管理船政、邮政、电线事宜。此时的中国通信初萌的状况为：邮政为英国人率先登陆上海的"客邮"，电线为空白。这一管理体制的设立，使中国社会古老的烽火、驿站走出封建社会，踏进现代化通信的大门，迎来历史性的根本转变。

初初成立的总理各国事务衙门是国家最高外交事务的机构，但由于它没有正式的官品和编制，是由军机大臣们轮值，因此，它反而更类似于军机处的下属机构或是较临时性的机构。因此，电线的管理和建设，主要由船政和北洋、南洋以及两江总督进行。其建设历程为：1880 年，根据李鸿章、盛宣怀等拟定的《禀呈大略章程》，在天津成立津沪电报总局。1881 年，中国第一条公众电报线——津沪电报线开通运营，电信管理体制随之完善：在天津设立北洋官电局，负责管理全国官电局的设立与建设。1884 年，津沪电报线路延展进京，在总理衙门设立电报处，负责翻译官方电报及投递，在上海电报设立商电总局（由上海电报局，负责商电电报局的设局与电报业务）。1898 年，派出电政大臣，负责监督管理全国商电建设。电信行政管理体制基本完备。尽管如此，电信事业大发展和建设还是面临着窘迫局面：我国交通行政向无最高之专辖机关，如船政之招商局附属于北洋大臣，内地商船附属于旧时之工部，邮政附属于总税务司，路电两项虽由特派大臣督办，而未设专官，视同差使。

1906 年，清政府在派出大批政府官员前往西方国家考察后，进行国家管理制度改革，废除封建社会管理制度原有的体系，建立了现代化国家管理制度的六大部，邮传部是其中一个重要部门。但是在这社会管理制度向现代化转变的历史时刻，电信行政管理虽说时逢国家立宪，官制改革一改以往满汉对等制度为一正二副制，尚书拥有了在觐见、召开内阁会议、人事任免等方面的权利[①]，但是也存在着与其他

---

① 本部统计处编辑：《邮传部总务沿革概略》，邮传部档案全宗，第 47 号卷宗，中国第一历史档案馆藏。

第七章 电信文明与中国社会

部际间产生的"邮传部事难办在权限不一,即用人如犹此掣肘",再加上官场、权利与利益的种种原因,因此,作为管理国家信息通信的尚书更迭频繁"设部未及半年,死者、去者、革者相继连绵不绝"①。从光绪三十二年起至宣统三年十一月,十四任长官里,最短的任期为半个月,最长的也只有一年八个月。就是在这样的历史背景下,邮传部提出了"邮电合一"的设想。这个管理体制的顶层设计虽没有最终形成,但是,这一符合邮政与电信共性的原则,为日后邮电通信事业的发展提供了理论方向。

1912年,中华民国成立,改邮传部为交通部。在军阀混战时期,电信的管理权在军阀与政府间博弈。交通部长、电报局长的职务在军阀与交通部的任命中频繁更换,此时的电信事业因业务收入连年被挪做军用,维持运营已是步履维艰,发展就是梦中水月了。至1928,一场关于无线电通信管理权的风波在全国爆发,是年,由军方人员组建建设委员会与交通部就无线电通信管理权进入激烈的竞争,在双方都加紧进行无线电通信建设的同时,双方在报纸上公开辩论,全国电报局同人在沪上发起全国罢工,并到国民政府请愿,最终经国民政府发布《电信条例》,明确决定"凡国家经营之电信由国民政府行政院交通部管理之",使电信事业实现了统一管理,并迎来了发展契机,国际大电台应运而落成,市内电话、长途电话、国际电话也有了新的发展。这电信统一的决定,为国家在抗日战争中重建国家通信体系提供了重要保证,同时,这一电信管理体制也为中国通信业进入国际电信联盟,并成为理事国,奠定了基础。在这一历史时期,由邮传部设定的"邮电合一"迈开了第一步——邮政与电信营业合一,这一进步满足了社会方便地使用邮政、电信的要求,也为日后邮政与电信行政管理实现一体化打下了基础。

1949年,中华人民共和国成立伊始,经邮电部和中财委决定,邮政、电信行政管理体制进行了重新整合,实现了邮政、电信统一由邮电部下各省、直辖市、自治区邮电管理局统一管理,"对全面规划邮电发展,合理使用邮电网点,提高经营管理水平,方便公众使用邮电等方面均取得了良好效果,得到了各级政府特别是广大公众的好评,并为广大邮电员工所接受"②。但是,以上行政管理体系在1969年8月被改变,中共中央、中央军委决定撤销邮电部,分别成立邮政总局和电信总局,邮政总局归交通部管理。全国邮电机构自下而上实行邮电分设。邮电部门原有的行政管理机构、科研体系、教育体系、业务管理体系全部被打散,全国电信单位实行军事管制,重新组织军队管理体系进行运营。至1973年3月,国务院、中央军委以电信由军事部门领导"邮政电信分开,增加了机构、人员,也不方便群众,对开展业

---

① 胡思敬:《国闻备乘》第260页,荣孟源、章伯锋《近代稗海》第一辑四川人民出版社1985年版。
② 高仰止:《转型期的邮电改革》第660页,文汇出版社,2013年版。

务工作和对外交往都带来许多不便，社会主义经济服务工作也因此有所削弱"[①] 的结果，经中共中央批准，军队停止对电信的领导关系。当年 6 月恢复了邮电部原有的管理行政领导体系。在恢复后的邮电部领导下，中国通信业的建设取得了长足的发展，其网络运营、业务发展、电信服务都取得了了不起的成就，至 1979 年，中国邮电通信网络均已取得了全自动直拨、计算机查号、程控交换机等全自动的科研成果，并开始部分试验性投产。

20 世纪 80 年代改革开放后，邮电分营的讨论兴起，经过持续多年的讨论、分析、比较后，1998 年 3 月，全国人代会通过了邮电机构改革方案，撤销了邮电部，成立了信息产业部，电信实行政企分开，邮政另设国家邮政局，仍实行政企合一，由信息产业部领导全国自上而下实行邮电分营。1999 年，信息产业部成立，邮电正式分营。2008 年，工业和信息化产业部成立，邮政划归交通运输部管理，始于清代的"邮电合一"最终完成了历史使命。

分营后的电信公司，进入了市场化运营。面对三大矛盾：一、把属于第三产业的电信业与属于第二产业的电子设备业合并成立了信息产业部，这是全世界没有的奇特体制。二、在市场化改革的指导思想和总体设计上反复摇摆，是增量改革还是存量改革，是全业务经营还是专业化经营，是企业拆分还是做大做强，是推动竞争还是促进融合，是集权还是放权，政策往往前后不一致，以致在实践中产生问题。三、在没有出台电信法律法规、电信公司运营法则的情况下，对中国电信实行肢解、南北分拆，使中国成为全世界独一无二的没有覆盖全国的固定电信运营企业的国家。实行结果弊端丛生，至今后果严重[②]直至 2014 年，才成立铁塔通信公司进行全国通信网络的统一建设和管理。

第七节　电信文明与中华多元文明

从 1861 年邮电管理体制初萌，电信文明信息出现在中华民族文明里。从大北电报公司水线敷设至上海，电信文明信息传递方式登陆中国。从 1877 年台湾建立第一条电报线，从 1881 年建立第一条公众电报线津沪电报线起，电报——电信息文明的登陆，隐形推动了中华民族文化的传播和凝聚。其所产生的作用，正如国际电联秘书长内海善雄所论述的：创建一个以新的商业机会和创新方式实现繁荣的信息社会。

回顾中国通信业一百多年的历史，并不仅仅是一部通信史，还蕴含着中国社会的发展历史；其清代的初萌，民国烽火中的重建，中华人民共和国建设与发展的辉

[①] 当代中国的邮电事业编辑委员会主编：《当代中国的邮电事业》第 70 页，当代中国出版社，1993 年版。
[②] 高仰止：《转型期的邮电改革》第 663 页，文汇出版社，2013 年 5 月版。

煌,其所走过的道路,都与中国社会历史息息相关。一部通信史,是创造和记录中国社会历史文明的一部分。19世纪发生的第一次鸦片战争,列强以坚船利炮轰开了中国的大门。同治初,在慈禧皇太后的主持下,中国兴起洋务运动,历经30多年的努力,于1906年终结封建社会管理制度,进入到君主立宪制社会管理制度,原由陆军部管理的驿站之功能,被邮传部取代,建立了近现代邮政、电信管理体制,建成中国第一张电报网。这张电报网,至清朝逊朝,是连通中国(西藏已部署待建)各民族间政治、经济、文化、军事信息,传承中华民族文明的电信网。

在这张网络的支撑下,面对来自于西方的侵略,中国军队和各族人民一起,同心同德,保卫祖国领土和海疆,在中国镇南关、闽台海域、长江流域驻防中国军队的满洲、蒙古、藏、回、达斡尔、鄂伦春、鄂温克、锡伯等各民族清军将士与前来支援的藏军和湖南、陕甘地区的绿营军队投入战事。在战事中,电信人员紧急架设电报线,开设分局,通宵达旦,日夜不停地发出一封封电报,沟通清政府军机处与参战部队信息,配合部队作战,取得了抗击英、法军入侵的胜利。这一封封军事电报,如今保存在中国第一历史档案馆,成为各族人民共同打造中华民族江山社稷的历史见证。

19世纪,电报进入中国,使中国拥有了电信文明信息传播方式,开始拥抱一个崭新的世界,进入近代化生活。自电信诞生以来,边远地区及少数民族地区的电信网络建设,一直受到邮传部、交通部、邮电部、信息产业部、工业和信息化部的重视和关注,尽管因社会历史发展的不平衡,电信物质基础建设等原因,各个时代的管理机构成就有大有小,但其发展脉络却是一脉相传。例如,西藏的电信,在清代时,邮传部进行了规划,并派员勘察;民国交通部建立了无线电台;中华人民共和国邮电部建立了长途通信线路;信息产业部大张旗鼓地进行了"村村通"电话建设;工业和信息化部部署了"宽带中国"建设。伴随着边疆及少数民族地区的电信网络建设,各民族文化信息迅速传播。多彩云南、五彩贵州、魅力西藏、美丽新疆;广西的山歌节、内蒙古的那达慕节、宁夏的大学生旅游文化节、辽宁、吉林、黑龙江的满族风情节;成都、上海等地各兄弟民族同胞共同欢度的颁金节、那达慕节等,各民族文化走向全国,漂洋过海,展示着中华民族多元文化融合,各兄弟民族亲如一家的文化风采。这些由电信信息传递的民族意识、技术水准、礼仪规范、宗教思想、风俗习惯以及科学知识的新的民族文化元素,成为中华民族文明中璀璨于世界民族之林的瑰宝。

一部中国通信业的历史,是港、澳、台同胞与大陆同胞同祖同根的中华民族文明史。自20世纪80年代起,两岸通信业同仁同心同德,实现了通电通邮,与香港、澳门电信同仁携手,向全世界展示着中国通信业历史的深刻变革:电信网络进入新时代,实现电信普遍服务,计算机、移动电话、固定电话,电信成为老百姓的社会生活用品；通信，成为社会广泛关注的社会文化，在浩瀚的互联网世界，键下"通信网站"，可以搜索到约 472 万个结果，信息通信网络与世界网络通联，构架出一张涵盖全世界的虚拟地图，在这张世界地图里，有全世界各民族建造的"地球村"，分布在全世界的华人，在这张世界地图里，一个个电话，一个个点击，就可以用语言、声音、图像、符号来传递文化信息和民族符号，可以互相了解彼此的文化理念、风俗习惯，并达到文化的认同。

综上所述，一张全面连通大陆、香港、澳门、台湾的电信/信息通信网，是传递文化认同的网，其所承载传播的中华民族文明，凝聚了中华各兄弟民族的心理认同，传递着民众的文化沟通与交流，也连接和传递着中华民族"各美其美，美人之美，美美与共，天下大同"①的信息传递，和睦共生的文明信息，正如习近平总书记在联合国科教文组织总部演讲中的精彩阐述：

每一种文明都延续着一个国家和民族的精神血脉，需要薪火相传、代代守护，更需要与时俱进、勇于创新。中国人民在实现中国梦的进程中，将按照时代的新进步，推动中华文明创造性转化和创新性发展，激活其生命力，把跨越时空、超越国度、富有永恒魅力、具有当代价值的文化精神弘扬起来，让收藏在博物馆里的文物、陈列在广阔大地上的遗产、书写在古籍里的文字都活起来，让中华文明同世界各国人民创造的丰富多彩的文明一起，为人类提供正确的精神指引和强大的精神动力。

在 20 世纪通信科技高速发展的今天，中国通信业同仁继往开来，在电信/信息通信网里，以电信/信息通信是"利用有线、无线的电磁系统或者光电系统，传送、发射或者接收语音、文字、数据、图像以及其他任何形式信息的活动"，传递着中华民族历史悠久璀璨多姿文明延续的故事；传递着台湾与大陆电信业务全部直接通电的故事；传递着 1997 年香港回归和 1999 年澳门回归的故事；传递着中华民族实现伟大复兴中国梦的故事。

一个个充满感情的中华民族多元文明，由电信信息传递，化成一组组电信业务和数据，演绎和记录在中国社会通信史里。它们是和谐的交响乐，是优雅的圆舞曲，创造着充满亲情、讲述传奇、辉煌于世的中华民族文明中电信文明信息的故事。

电信文明信息，银波浩荡；寰宇翱翔；

电信/信息通信，架海擎天，连通五洲；

电信/信息通信网，锦绣中华，福祉中华！

---

① 纳日壁力戈：《和睦共生 和而不同》，中国民族杂志，2014 年 6 月总第 514 期，第 6 页。

第八节　电信/信息通信光照世界

回顾中国电信息文明从清代电报初萌到最终形成一张电信/信息通信网，其所走过的每一步，都由一代又一代电信同仁的努力而造就，正如曾担任邮电部和信息产业部部长的吴基传所说：

原中国邮电部、信息产业部部长吴基传

历史就是一代一代人的接力，每一棒都为历史做出贡献，人类社会才会前进，电信业也是这样①。

中国通信业创建的电信网是国际电信网的重要组成部分，是国际电信科技的产物，是中国电信科技与国际电联电信科技事业紧密相连的一部分。它的发源与建设至形成，既有清代丹麦大北电报公司的技术输出，又有继往开来中国一代电信/信息通信人的努力学习和实践；既有国际电信联盟有关国际电信公约的约定，又有电信/信息通信科技人员走自己发展道路的创新；其所走过的历史，是国际电信网中普遍服务最广泛的电信网的范例之一，它验证了国际电联所叙述的：

自第一台电报机问世，成千上万来自不同行业的科学家、工程师乃至研究工作人员的工作，成就了现代电信业的发展，在他们当中，没有人能够独揽使他们成名的发明成果，多数发明都是集体努力的结晶。

中国的电信网络在战争与和平中曲折前进。从1871年起至1949年，这张电信网曾因战争原因而分分合合，支离破碎。但是，网络虽有断有连，其联络和凝聚的中国多元文化链却已坚固，历经甲午战争、抗日战争、解放战争的历史选择，电信网络在分分合合中凝聚、联络着中华民族多元文明建立的亲情。在1999年以后，香港回归，澳门回归，台湾与大陆实现通电，中国电信业同仁共同建设了一张电信/信息通信网。这张电信网的构建价值，可与康熙统一台湾之历史媲美，是一张中华民族同属一个中国的共同认知网；是一张中华民族文化、经济与世界相连的世界文化、经济的基础网；是中国电信业百年历史中又一次辉煌的起点，更是中国电信业一代又一代工技人员，献给中华民族最高贵、最美丽的一串闪烁着银色光芒，缀满着五彩珍珠的项链。

在这张电信/信息通信网里，政治、经济、文化发生革命的裂变，中国与世界

---

① 吴基传：《大跨越——中国电信业三十春秋》，人民出版社，2008年11月版。

"环球同此凉热"。一张电信网,对于中国社会的作用和价值,正如中国人民大学教授、中国文化与经济发展研究所所长张立文在《民族文化的存在何以可能》一文中所阐述的:

> 在社会信息化和信息的全球化时代,信息和知识的价值升值,而成为社会的基本资源和财富。信息高速公路把时空变得越来越小,使全球真正成为一个"村"。它使社会范式、生产方式发生变革,加速工厂、办公、家庭的自动化的"三 A"革命,以及文化领域的产业革命和产业中的文化革命。文化领域以信息技术为新产业的文化信息技术系统的形成,使物质产品与精神产品融合在一起,向人们提供集声、图、文于一体的信息,让人们能够享受绚丽的文化生活空间,并为人们提供一个发挥人的创造力的文化空间。这个信息空间是与物理空间不同的信息、知识、情感交流空间,在进行跨地区、跨国界、跨民族的交流上,它能增强心理上的认同感[①]。

回首人类漫长的文明道路,烽火改变了人类的信息通信生活,从此人类有了远距离的沟通方式,尽管这沟通里总是战争与和平共存,毁灭与新生相伴。但是,人类从来就没有停止过沟通的愿望。19 世纪 80 年代电信息文明。电报将超越烽火、驿马,成为新信息通信的传递者,这个传递打破了国界,形成了一个泛世界之电信/信息通信网。

1851 年 5 月 1 日,第一届世博会在英国伦敦的海德公园里盛大开幕。那年,于 1837 年在美国诞生的电报机,以电信息文明使者的身份傲然登场。从此,电报的"嘀嗒"声,成为沟通的使者,改变着人类的文化结构和社会生活。

1871 年,由欧洲越洋而来的水线电报登陆中国,一道电文明信息之光,照亮了人类前行的道路,由陆线与海底电缆的相连,欧亚大陆连为一体,人类社会实现信息传递一体化的道路,伴随着战争与和平中的电报前行。

20 世纪初年,远距离无线电通信登陆中国,电文明信息的传播,踏上了有线通信与无线电通信并存的道路,推动着电信科技事业的探寻与前进。

20 世纪 50 年代至 60 年代,世界范围内的电信科技进入数据化、自动化时代,层出不穷的电信科技产物,架构着世界大流通时代的电信社会:

> "电信社会"是一种由于现代电信独有特性而得以出现的新现象,这些特性包括信息流通的高速度,信息的容量,物流与信息的交互性、联网性以及对人类互动方式和文化行为无所不在的潜在影响力。"电信社会"是强大的建立在利益共享基础上的无实体社会(虚拟空间社会)。它突破了地理和国界的约束和限定,对人类地理意义上的社会和文化产生了巨大的影响[②]。

---

① 张立文:《民族文化的存在何以可能》第 44 页,源自《今日东方》,亚太新闻出版社,1997 年总第 3 期。
② 辛旗:《跨世纪的思考》第 237 页,华艺出版社,2009 年第 2 版。

2010年,电报诞生173年。这一年,世博会在上海黄浦江畔璀璨开幕。

1861—1977年,电信,因洋务运动而生,长长的116年,每一个电信科技的引进、研发、应用,都是电信前辈艰苦创建。

1978—2010年,短短32年,在一代又一代电信业者薪火传承的奋斗下,电信技术飞速发展,网络和用户规模居世界首位。固定电话、移动电话、智能终端,走入千家万户,从奢侈品成为生活品,乃至必需品。在通信网络全自动直拨运转,移动互联网广泛连接的通信网络里,人与人之间的沟通更加便捷,信息获取更加丰富,产业升级不断加剧,生产效率不断提升,社会资源进一步优化配置,推动社会向更高的形态演进。电信产品成为百姓的社会生活用品,在电信/信息通信网里,人人成为千里眼、顺风耳。

在中国上海世博会上,美轮美奂,梦幻般神奇的信息通信馆以中国通信业先进的信息通信科技,以一条条隐形的银色电波,向世人展示宏伟辉煌的信息通信美景,绘就一幅没有边界的未来信息城市生活画卷。

回首中国百年通信业历史,"人生易老天难老",许多的往事和人如流逝的河水远去,而永远在人类历史长河中流淌的电波,还在延续和讲述着电信息文明的故事。

2010年6月23日,在黄浦江畔原大北电报公司电报站内建立的上海电信博物馆正式开馆。博物馆内展示的电信文物分为电报通信、市内电话通信、无线通信、长途电话通信等,见证了中国电信业一个多世纪的历程。

《上海电信史》编写人员在史温生铜像前合影

2011年6月23日,上海电信博物馆在黄浦江畔原大北电报公司电报站内正式对公众开放。当日,大北欧公司亚太区总裁马克·雷(Mark Leigh)代表大北欧公司,将爱德华·史温生(Edouard Suenson)——"将电报引入中国的丹麦人"的铜像捐赠给了上海电信博物馆。

那时那刻，参加撰写《上海电信史》的部分成员，在史温生的塑像前合影，那跨越时空的影像，是中国通信业从电信/信息通信的一个历史性的总结。历史就是这样在不经意之间，留下了电信人文的文明记录。

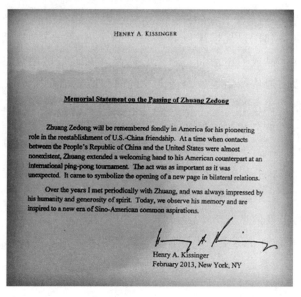

基辛格拍发的电报

2013年3月22日晚，一封由原美国国务卿基辛格经网络电路拍发，由人工投递与"乒乓外交之父"庄则栋遗孀庄佐佐木敦子的电报传递到北京：

作为一位重新建立中美友谊的先锋人物，庄则栋先生的美好形象永远被美国人民所怀念。在中华人民共和国和美利坚合众国之间几乎没有任何联系的年代，在一次国际乒乓球比赛时，庄则栋将他的欢迎之手伸给了他的美国对手，他的这一伸手是如此重要又出人意料，它成为两国关系新一页的象征。

在过去多年中，我和庄则栋时有见面，他充满慈爱、胸怀宽广，给我留下很深印象。今天，我们纪念他，为美中共同向往的新时代而鼓舞。

亨利·A.基辛格
2013年2月于纽约

这封电报，链接着20世纪70年代，基辛格与周恩来总理的会面。两位政治家，推开了中国电信业又一扇电信科技大门。40年后，这封走了一个月零二十二天的电报，由新华社记者唐师曾拍摄并撰文贴在了他的博客上。

这封电报，是一个人文的故事，也是信息通信进入网络时代，留给电报历史的一个弥足珍贵的完整记忆。

在这封电报的字里行间，莫尔斯电报码的滴嗒声，跨越时空，飘落在黄浦江畔的电信博物馆,在那台最古老的发报机按键上,那滴嗒的电波声与原上海国际电台里现代通信铁塔放射的银色电波汇合,回荡在天际。

那声音是电信文明的回声:

文明是给社会形态的物质生产和历史地域定型的范畴,电信文明是继人类火文明之烽火、石器文明之岩画之后诞生的产物,人类以电文明信息的传递,跨越大洋,开始了世界范围内各个国家、各个种族的广泛沟通。

那声音是信息通信护佑人类生命的回声:

1912年,国际电报联盟国际无线电报会议规定国际海上无线电救援信号为"SOS";2015年,国际电信联盟世界无线电通信大会(WRC)以全球大约70%的空域处于信息监控空白的原因,决定留出一个专门的无线电频率,供卫星跟踪飞机航行线路系统使用。从此,在浩浩天宇,茫茫海洋上,人类将因信息通信信号的传递而得到平安佑护,生命祥福。

那声音里,是百年电信历史的回声:

一条银色的道路若隐若现在蔚蓝天空中,闪烁在大地山川高高的通信铁塔间,那铁塔宛如一个慈祥高贵的银发祖母,微笑着走近每一个人的身边,带着您穿行在铁塔架下,穿行在五洲四海间,呢喃地讲述着中国电信业百年历史以来"国家弱,则电信弱;国家乱,则电信乱;国家兴,则电信兴;国家强,则电信强"的故事。讲述着中国电信业曾经的沧桑与曲折;讲述着中国电信业曾经的成就与辉煌;讲述着未来的电信故事——国际电信联盟代表全世界电信业者宣布的使命是:

使电信和信息网络得以增长和持续发展,并促进普遍接入,以便世界各国人民都能参与全球信息经济和社会并从中受益。自由沟通的能力是建设更加公平、繁荣与和平的世界的必不可少的前提。让所有人均能够以可承受的价格方便地获取信息和通信服务,从而为全人类的经济和社会发展做出重大贡献[①]。

回首1861—2015年之中国电信息文明历史,由电线而起的清代电信管理体制,由电报而起的电报网络,是首先作为电文明进入中国的,电报——作为人类文明重要的传播体,历经近一个半世纪的发展,中国电信科技成果是中国社会文明的黏结剂,由电报而起的电波传递,诞生了广播、电视;助力新闻平面媒体的快捷广泛传递,对中国社会与西方文明的交流起到了重要的作用。中国电信为中国社会政治、军事、经济、文化的全面进步做出了强有力的支撑。

随着电信/信息通信事业的发展,中国政府电信管理机构也进入新的历史时期。2015年7月,工业和信息化部的通信发展司改为信息通信发展司,电信管理局改为

---

① 国际电信联盟:宗旨与使命。见百度百科。

信息通信管理局，软件服务业司改为信息化和软件服务业司、通信保障局改为网络安全管理局。至此，在中国社会科技进步，文化多元，民智蓬勃的今天，由电报而起的传统电信信息传递方式已完成了其历史使命，以现代化信息通信进入后工业4.0时代，还原其电信科技、电信内核本质，以其本质运营服务于社会。一场电信和信息通信处理方式的再度变革业已拉开序幕的历史时刻，中国电信/信息通信网与国际电联193个成员国的电信/信息通信网联为一体，共同运转，架构了一张连通全球，造福人类社会，延续电文明信息的文明历史的信息通信基础设施网。

国际电信联盟秘书长赵厚麟

悠悠岁月千万年，神鼓声声仍在敲响，神歌阵阵仍在传唱，那是实现人类千百万年来传唱的即时通信终极梦想。从第一台电报机的诞生，到国际电信联盟成立，各成员国的电信业者从"电报为遍布世界各地的人们提供了一个快捷且永不中断的沟通渠道"起，到如今连接世界的互联网，全世界移动电话签约用户已达数十亿人，近50亿人看上了电视，而每年新增的互联网用户则以数千万计。全球数亿人享受到卫星服务，包括从卫星导航系统获得指路信息、查看天气预报或在闭塞地区收看电视，信息通信给人类带来福音，也创造新的社会生活方式。

在"国际电信联盟是一家"的理念下，国际电信联盟代表全世界电信/信息通信业者为人类沟通共同创建的美好愿景是：

致力于连通世界各国人民，无论他们身处何方，处境如何。通过我们的工作，我们保护并支持每个人的基本通信权利。

为全世界各国人民提供"更好的电信/信息通信，让人人生活更美好"。

世界，将因为电信/信息通信的平等拥有和使用，而实现人类社会的共商、互利、友好、和平的发展，实现人类文化资源的共享，推动人类文明的融合与新生。

电信/信息通信之光照亮人类前行道路，电信信息改变世界。

与国际电信/信息通信网共同运行，沟通中国与全世界人民之间的信息，由中国电信业开创和建立电信/信息通信网任重而道远！

全稿终
2016年春

附录

国际电信联盟与中国电信业沿革

  国际电信联盟简介
  中国与国际电信联盟
  中国通信业管理机构及领导人
  中国电信业的业务开端
  中国电信业网络建设大事记
  中国电报章程与电信条例

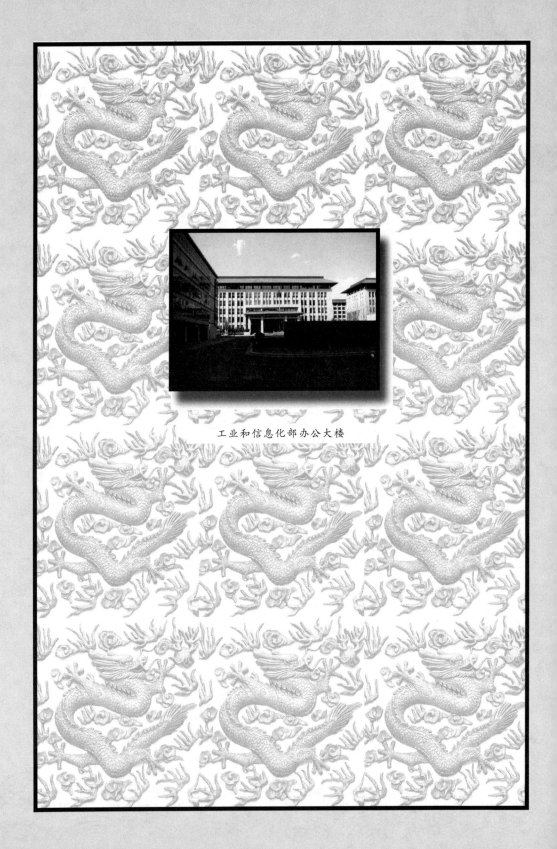

工业和信息化部办公大楼

附录 A 国际电信联盟简介

一、国际电信业务开端

电报
1835 年,第一部电报机在美国诞生。
1844 年 5 月 24 日,世界第一封电报在美国华盛顿向巴尔的摩拍发。

电话
1875 年 6 月 2 日,电话在美国诞生。
1878 年 1 月 28 日,在美国康涅狄格州的纽好恩,世界上第一个市内电话交换所开通。

无线电通信
1895 年,无线电实现发送和接收。
1924 年,第一条短波通信线路在瑞恩和布宜诺斯大艾利斯之间建立。
1931 年,英国多佛尔到法国加来建立了世界上第一条微波通信线路。
1973 年 4 月 3 日,世界上第一部手机在美国实现通话。
1979 年底,美国贝尔试验室研制成功移动电话系统(AMPS),建成了蜂窝状移动通信网。

传真
1907 年 11 月 8 日 相片传真机在法国诞生。
1913 年,世界上第一部用于新闻采访的手提式传真机在法国研制成功。
1914 年,法国的一家报纸首先刊登通过传真机传送的新闻照片。

卫星通信
1957 年 10 月 4 日,苏联成功发射世界上第一颗人造地球卫星。
1962 年 7 月,美国发射"电星 1 号"(telstar I),成功进行了世界第一颗有源通信卫星横跨大西洋的电视转播和传送多路电话试验。
1965 年 4 月 6 日,国际卫星通信组织发射了一颗名为"晨鸟"(early bird)的半试验、半实用的静止通信卫星,承担国际通信的任务。

互联网
1964 年,美国交互式的计算机网络研制开发。
1969 年,美国建成阿帕网。

1989年，美国发明互联网第一个检索功能。

1991年，第一个连接互联网的友好接口在Minnesota大学开发。

无线电海上救援

1912年，国际电报联盟在伦敦召开国际无线电报会议，统一规定国际海上无线电救援信号为"SOS"。

卫星跟踪飞机航行

2015年，国际电信联盟世界无线电通信大会（WRC）决定留出专用无线电频率，供卫星跟踪飞机航行线路系统使用。

二、国际电信联盟

1855年，国际电报合约订立。

1865年5月17日，法、德、俄、意、奥等20个欧洲国家在巴黎成立了国际电报联盟，通过了第一个国际电联《国际电报公约》，并开始实施首个《电报规则》。

1906年，德、英、法、美、日等27个国家的代表在柏林召开首届国际无线电报大会（全权代表大会），签订《国际无线电报公约》。

1932年，70多个国家的代表在西班牙马德里召开会议，将《国际电报公约》与《国际无线电报公约》合并，制定《国际电信公约》，并决定自1934年1月1日起正式将国际电报联盟改称为"国际电信联盟"（International Telecommunication Union，ITU）。

1947年11月15日，国际电信联盟与新创立的联合国达成的一项协议得到联合国大会批准，并自该日起临时生效。

1948年，国际电信联盟总部迁往日内瓦。

1949年1月1日，国际电信联盟为联合国专门机构的协议正式生效。

三、国际电信联盟专业委员会

1924年，在巴黎创建"国际电话咨询委员会"（CCIF）。

1925年，在巴黎创建"国际电报咨询委员会"（CCIT）。

1927年，在华盛顿创建"无线电报咨询委员会"（CCIR）。

1947年，在亚特兰大创建"国际频率登记委员会"（IFRB）。

1956年，国际电话咨询委员会和国际电报咨询委员会合并为"国际电报电话咨询委员会"，即CCITT。

1992年12月起，国际电信联盟的实质性工作由三大部门承担：标准化部门（ITU-T）、无线电通信部门（ITU-R）、电信发展部门（ITU-D）。

四、世界电信日主题

1968年,国际电联第23届行政理事会议上决定,把国际电信联盟成立之日——5月17日定为"世界电信日",并从1969年开始确定每年主题,各国电信业组织纪念活动。

2007年起,"世界电信日"将同"世界信息社会日"合并,称为"世界电信和信息社会日"。

1969—2016年世界电信日主题

年	主题	年	主题
1969	电联的作用及其活动	1993	电信和人类发展
1970	电信与培训	1994	电信与文化
1971	太空与电信	1995	电信与环境
1972	世界电信网	1996	电信与体育
1973	国际合作	1997	电信与人道主义援助
1974	电信与运输	1998	电信贸易
1975	电信与气象	1999	电子商务
1976	电信与信息	2000	移动通信
1977	电信与发展	2001	互联网:挑战、机遇与前景
1978	无线电通信	2002	帮助人们跨越数字鸿沟
1979	电信为人类服务	2003	帮助全人类沟通
1980	农村电信	2004	信息通信技术:实现可持续发展的途径
1981	电信与卫生	2005	行动起来,创建公平的信息社会
1982	国际合作	2006	推进全球网络安全
1983	一个世界、一个网路	2007	让信息通信技术惠及下一代
1984	电信:广阔的视野	2008	让信息通信技术惠及残疾人
1985	电信有利于发展	2009	保障儿童网上安全
1986	前进中的伙伴	2010	信息技术让城市生活更美好
1987	电信为各国服务	2011	信息通信技术让农村生活更美好
1988	电子时代的技术知识传播	2012	信息通信与女性
1989	国际合作	2013	信息通信技术与改善道路安全
1990	电信与工业发展	2014	宽带促进可持续发展
1991	电信与人类的安全	2015	电信与信息通信技术:创新的驱动力
1992	电信与空间:新天地	2016	宽带促进可持续发展

附录 B 中国与国际电信联盟

1906 年，清政府派出留学生列习在德国柏林召开的国际无线电会议。

1908 年，清政府邮传部派出中国电报总局提调和襄办周万鹏代表清政府邮传部，首次正式参加国际电联在里斯本举行的"万国电报公约"大会。周万鹏以中国电报"处全球交通时代，则一国政教之设施，不能不随世界转移，苟自域为其弊，岂止隔阂而已"，编纂《万国电报通例》，统一中国电报与国际电报公约统一运行。

1920 年，中国加入国际电报联盟。

1921 年 1 月 7 日，中国加入国际电报公约（万国电报公约）。

1925 年 9 月，国际电联在巴黎召开国际电报会议，中国派出王景春为首席代表，孙承宗、彭欲议二员为代表前往出席。以后均派代表出席国际电联会议。

1932 年，中国派代表参加马德里国际电联全权代表大会。

1936 年，中国正式加入国际电话咨询委员会。

1947 年，中国在美国大西洋城召开的国际电联全权代表大会上被选为行政理事会理事国和国际频率登记委员会委员。

1972 年 5 月 29 日，在日内瓦举行的国际电联第 27 届行政理事会上，中华人民共和国恢复国际电联的权利和席位。

1973 年 9 月 14 日，中华人民共和国第一次派出代表团出席在西班牙召开的国际电信联盟第十次全权代表大会，并继续当选为国际电信联盟理事国。

1981—1984 年，邮电部第一研究所曹梅杰出任 CCITT 第十二研究组副主席。

1986 年，赵厚麟以国际电信联盟成立百年以来首位中国籍职员身份进入国际电信联盟。

1998 年，经中国政府推荐，赵厚麟当选为国际电信联盟电信标准化局局长，为中国进入国际电信联盟领导核心层第一人。

2006 年 11 月，在土耳其召开的国际电信联盟（ITU）代表大会上，赵厚麟当选为国际电信联盟副秘书长，为国际电信联盟成立 140 多年以来第一位来自中国的高级官员。

2014 年 10 月 23 日，赵厚麟作为唯一候选人高票当选新一任国际电信联盟秘书长。赵厚麟是国际电信联盟近 150 年历史上首位中国籍秘书长，也是担任联合国专门机构主要负责人的第三位中国人，于 2015 年 1 月 1 日正式上任，任期四年。

附录C 中国通信业管理机构及领导人

1. 电报开创时期（清同治元年至光绪三十二年）

奕䜣：同治元年，掌管总理衙门，设海防股辖船政、铁路、电线、邮政等	
左宗棠：同治五年，奉旨在福建设置开设求是堂艺局（船政学堂前身）	
曾国藩与李鸿章：同治十年，主持派遣留美幼童赴美学习电机等	
丁日昌：光绪元年，建立福州电报学堂	
丁日昌：光绪三年，主持建立台湾电报线	
李鸿章：光绪六年，任总裁，建设中国第一条公众电报线	
盛宣怀：光绪六年，津沪电报总局总办	
黄建莞：光绪七年，天津官电局总办	
盛宣怀：光绪七年，中国电报总局总办	
经元善：光绪七年，上海电报总局总办（兼管中国电报总局商电总局业务）	
袁世凯：光绪二十八年，督办电政大臣	
吴重熹：光绪二十八年，驻沪会办大臣	
杨士琦：光绪三十二年，驻沪会办大臣	

2. 清邮传部尚书（大臣）

张百熙：光绪三十二年九月	
林绍年：光绪三十三年二月（暂行署理）	
岑春煊：光绪三十三年三月	
陈璧：光绪三十三年四月	
李殿林：宣统元年正月（暂行署理）	
徐世昌：宣统元年正月（四月到任）	
沈云沛：宣统二年七月（暂行署理）	
唐绍仪：宣统二年七月（九月到任，署理）	
盛宣怀：宣统二年十二月—宣统三年四月（大臣）	
吴郁生：宣统三年九月（暂行署理）	
唐绍仪：宣统三年九月（未到任）	
杨士琦：宣统三年九月（署理）	
梁士诒：宣统三年十一月（署理）	

3. 中华民国交通部交通总长（1912—1927年）

汤寿潜：1912年3月（未到任）	
施肇基：1912年4月8日—1912年6月27日	
朱启钤：1912—1913年	

续 表

周自齐：1913年9月11日—1914年2月9日
叶恭绰：1913年9月代交通总长；1920年8月任交通总长； 　　　　1924年11月14日再任，至1925年12月31日
梁敦彦：1914年5月1日—1916年4月22日
曹汝霖：1917年7月17日—1919年6月10日
汪大燮：1917年6月30—7月12日
权　量：1917年5月24日
龙建章：1917年6月29日—7月2日
曾毓隽：1919年6月10日—1920年7月24日
张志谭：1921年5月14日—12月24日； 　　　　1926年5月13—1927年1月11日
高洪恩：1922年6月12日—1923年1月4日
吴毓麟：1923年1月4日—1924年12月30日
黄　郛：1924年10月31日—11月24日
龚心湛：1925年12月31日—1926年5月13日
潘　馥：1927年1月11日—1928年6月3日

4. 中华民国交通部长

1．1928—1949年
附：国民政府交通部1927—1949年历任部长
王伯群：1927—1931年
陈铭枢：1931年12月—1932年10月
朱家骅：1932年10月28日—1935年12月12日
俞飞鹏：1935年
顾孟于：1935—1937年
俞飞鹏：1937年3月—1938年
张嘉璈：1938—1942年
曾养甫：1942年12月—1945年2月
俞飞鹏：1945年2月—1946年5月23日
俞大维：1946年5月23日—1948年5月31日
凌鸿勋：1949年2月8日—3月21日
端木杰：1949年3月21日—1950年2月1日
2．1949年10月以后为台湾"交通部长"
阎锡山：1949年12月—1950年2月1日（暂兼）
陈　良：1950年2月1日—3月15日
贺衷寒：1950年3月15日—1954年6月1日

袁守谦：1954年6月1日—1960年7月23日	
沈　怡：1960年7月23日—1967年12月11日	
孙运璇：1967年12月11日—1969年10月11日	
张继正：1969年10月11日—1972年6月11日	
高玉树：1972年6月11日—1976年6月11日	
林金生：1976年6月11日—1981年12月11日	
连　战：1981年12月11日—1987年4月23日	
郭南宏：1987年4月23日—1989年6月1日	
张建邦：1989年6月1日—1991年4月24日	
马镇方：1991年4月24日—6月1日（代理部务）	
简又新：1991年6月1日—1993年2月27日	
刘兆玄：1993年2月27日—1996年6月10日	
蔡兆阳：1996年6月10日—1998年4月1日	
林丰正：1998年4月1日—2000年3月27日	
陈世圮：2000年3月27日—5月20日	
叶菊兰：2000年5月20日—2002年2月1日	
林陵三：2002年2月1日—2006年1月25日	
郭瑶琪：2006年1月25日—8月22日	
蔡　堆：2006年8月22日—2008年5月20日	
毛治国：2008年5月20日—2013年2月18日	
叶匡时：2013年2月18日	

5. 中华人民共和国邮电部部长、副部长

1. 1949年10月—1967年8月	
部　长：朱学范　1949年10月—1967年8月	
副部长：王　铮　1949年10月—1953年4月	
王子纲：1952年8月—1967年8月	
范式人　1952年11月—1961年8月	
钟夫翔　1953年9月—1957年2月　1962年10月—1967年8月	
申　光　1956年4月—1967年8月	
赵志刚　1956年11月—1967年8月	
谷春帆　1957年2月—1967年8月	
李玉奎　1964年2月—1967年8月	
成安玉　1964年6月—1967年8月	
2. 1967年8月—1973年6月（邮电撤销）	
（1）邮电部军管会	
主　任：陈弯澜　1967年8月—1969年12月	
副主任：龙振彪　1967年8月—1968年4月	
马克绍　1968年4月—1969年12月	

续表

(2) 电信总局领导小组成员	
	钟夫翔　1970年1月—11月
	张　凯　1970年1月—11月
	申　光　1970年1月—11月
	马克绍　1970年1月—11月
	刘澄清　1970年1月—11月
(3) 电信总局	
局　　长：钟夫翔　1970年12月—1973年5月	
政　　委：张　凯　1970年12月—1973年12月	
副局长：申　光　1970年12月—1973年5月	
	李玉奎　1970年12月—1973年5月
	马克绍　1970年12月—1973年5月
	俞　涛　1970年12月—1973年5月
副政委：刘澄清　1970年12月—1973年5月	
	彭洪志　1970年1月—1973年5月
	曾庆良　1971年11月—1973年5月
(4) 邮政总局	
负责人：朱春和　1970年1月—6月	
	徐敏庄　1970年1月—6月
局　　长：朱春和　1970年7月—1973年5月	
副局长：杜庆云　1972年1月—1973年5月	
	乔为中　1972年4月—1973年5月
	李洪义　1970年7月—1973年5月
	燕　鼎　1970年7月—1973年5月
	张庆瑞　1970年7月—1973年5月
3. 1973年6月—1978年10月　邮电部恢复	
部　　长：钟夫翔　1973年6月—1978年10月	
副部长：申　光　1973年6月—1978年10月	
	朱春和　1973年6月—1978年10月
	李玉奎　1973年6月—1978年10月
	刘澄清　1975年10月—1978年10月
	彭洪志　1975年10月—1978年10月
	罗淑珍（女）　1975年10月—1978年10月
	韩国忠　1975年10月—1978年10月
	杨　杰　1975年10月—1978年10月

续表

4. 1978年10月—1981年2月	
部　　长：王子纲	1978年10月—1981年2月
第一副部长：李一清	1978年10月—1981年2月
副部长：申　光	1978年10月—1981年2月
朱春和	1978年10月—1981年2月
赵志刚	1956年11月—1967年8月
李玉奎	1978年10月—1981年2月
成安玉	1978年10月—1981年2月
罗淑珍（女）	1978年10月—1981年2月
杨　杰	1978年10月—1981年2月
李临川	1979年6月—1981年2月
阎晓峰	1979年6月—1981年2月
侯德原	1979年6月—1981年2月
5. 1981年2月—1984年6月	
部　　长：文敏生	1981年2月—1984年6月
副部长：李一清	1981年2月—1982年4月
朱春和	1981年2月—1982年4月
赵志刚	1981年2月—1982年4月
李玉奎	1981年2月—1982年6月
成安玉	1981年2月—1982年6月
罗淑珍（女）	1981年2月—1982年4月
杨　杰	1981年2月—1982年4月
李临川	1981年2月—1982年4月
侯德原	1981年2月—1982年4月
杨泰芳	1982年2月—1984年6月
朱高峰	1982年2月—1984年6月
6. 1984年6月—1993年3月	
部　　长：杨泰芳	1984年6月—1986年12月
副部长：李玉奎	1984年6月—9月
成安玉	1984年6月—9月
朱高峰	1984年6月—1986年12月
宋直元	1984年10月—1986年12月
吴基传	1984年6月—1986年12月
谢高觉	1988年7月—1993年6月
杨贤足	1990年7月7月—1993年3月
刘平源	1991年5月—1996年8月

续 表

7.1993年3月—1998年3月
部　　长：吴基传　1993年3月—1998年3月
副部长：杨贤足　1990年7月7月—1993年3月
林金泉　1993年11月—1998年3月
周德强　1994年9月—1998年3月
刘立清　1996年8月—1998年3月

6. 中华人民共和国信息产业部部长、副部长

部　　长：吴基传　1998年3月—2003年3月
副部长：刘剑锋　1998年3月—6月
杨贤足　1998年3月—1999年2月
吕新奎　1998年3月—2002年2月
曲维枝（女）　1998年3月—2001年10月
周德强　1998年3月—2000年4月
张春江　1999年12月—2003年5月
奚国华　2001年11月—2003年3月
部　　长：王旭东　2003年3月—2008年3月
副部长：奚国华　2003年5月—2008年3月
娄勤俭　2003年5月—2008年3月
张春江　2003年4月—2003年5月
苟仲文　2002年2月—2008年4月
蒋耀平　2004年4月—2008年4月

7. 中华人民共和国工业和信息化部部长、副部长

1.2008年3月—2013年
部　　长：李毅中　2008年3月—2010年12月
副部长：王旭东　2008年3—4月
奚国华　2008年3月—2011年6月
苗　圩　2008年3月—2010年12月
陈求发　2008年3月—2013年1月
娄勤俭　2008年3月—2010年8月

续 表

欧新黔（女） 2008年3月—2009年7月12日去世	
杨学山 2008年3月—2010年12月	

2. 2010年12月—2015年

部　　长：苗　圩 2010年12月—	
副部长：杨学山 2010年12月—2015年2月	
苏　波 2011年2月—2015年3月	
刘利华 2011年2月—	
尚　冰 2011年7月—2015年8月	
马兴瑞 2013年3月—2014年1月	
毛伟明 2013年11月—2015年7月	
许达哲 2014年1月—	
怀进鹏 2015年2月—	
辛国斌 2015年8月—	
陈肇雄 2015年10月—	
冯　飞 2015年10月—	

附录D　中国电信业的业务开端

一、电报
1871年4月18日，丹麦大北电报公司水线首在上海登陆，并在上海南京路设报房营业。
1877年，自主建设第一条由台湾旗后（今高雄）至府城（今台南）全线长47.5千米的电报线路。
1881年，第一条公众电报线——津沪电报线竣工，沿途设电报局开始营业。
1926年，开办天津至北京传真电报。
二、电话
1882年3月1日，丹麦大北电报公司在上海开设第一个人工电话交换所。
1900年，清政府首先在南京开办电话局。
1924年，天津开办自动电话。
公用电话
1882年，丹麦大北电报公司在人工电话交换所内设公用电话，付费即可拨打。
传呼电话
1951年，北京、上海先后开放传呼电话。
全国统一市内电话号码查询：114
电信服务热线：中国电信（10000）　中国联通（10001）　中国移动（10086）
社会公益服务电话：火警（119）　医疗急救（120）　报警（110）

续 表

三、无线电通信	
1900年，首先在海军舰艇上使用。	
1909年，上海无线电报局开办船舶电报。	
1924年，沈阳国际电台建立。	
1930年，交通部上海国际电台建立。	
1942年，中美试办无线电相片传真。	
四、长途电话	
1901年，丹麦人璞尔生，首先在天津—北京间开设长途电话。	
1905年，清政府收购璞尔生天津—北京间长途电话电路自主经营。	
1936年，开通中日无线电国际长途电话。	
五、移动通信	
无线寻呼：	
1982年7月1日，上海建立无线控制中心，开放无线电传呼业务。	
1984年5月1日，广州用150 MHz频段开通我国第一个数字寻呼系统。	
1991年11月15日，上海首先在150 MHz频段上开通汉字寻呼。	
移动电话：	
1982年7月1日，中国移动电话首先在上海研制成功，投入商用。	
1987年7月16日，引进移动电话首先在秦皇岛开通使用。	
1987年11月18日，引进移动电话网络系统首先在珠江三角洲（广州、深圳、珠海）开通使用。	
1993年，数字移动电话试验网首先在嘉兴建成。	
六、数据通信	
1970年中国第一颗人造地球卫星发射成功，数据通信进入实用阶段。	
1986年9月，邮电部引进意大利数据通信网。由上海经北京与美国DIALOGAH和OPBIT数据库系统及欧洲空间局（ESA）网相连通。11月，向公众开放国际数据检索业务。	
电子信箱：1987年9月20日22点55分，北京计算机应用技术研究所研究员钱天白发出经北京、意大利到德国卡尔斯鲁厄大学的中国第一封电子邮件：Across the Great Wall we can reach every corner in the world（越过长城，走向世界）。	
七、互联网	
1994年4月，中国全功能接入国际互联网，成为国际互联网大家庭中的第77个成员。1995年邮电部开始向社会提供互联网接入服务。5月，中国第一个互联网接入服务商——瀛海威信息通信公司创立。	
网吧：1996年11月，中国首个网吧"实华开网络咖啡屋"在北京开设。	
网站：1996年12月，中国公众多媒体通信网（169网）开始全面启动，广东视聆通、四川天府热线、上海热线作为首批站点正式开通。	

附录 E 中国电信业网络建设大事记

清代电报开源：同治元年至光绪三十二年

同治九年（1870 年）	大北电报公司开始敷设至上海的电报水线，西人威基竭致函与丹麦上海电报公司，提出按康熙字典部首编篆汉字电码初步设想，每个电码由四个阿拉伯数字号码组成，合编成 6899 个电码。
同治十年（1871 年）	大北电报公司违反其与清政府总理衙门签订的"关于电报水线不得上岸"的约定，从香港敷设电报水线至上海南京路 5 号大北电报公司电报站，开始收发电报。营业之初"只收发洋文电报。" 总理衙门对丹麦大北电报公司违背由英使威妥玛与清政府签订关于电报水线不得上岸的约定之事提出抗议，并提出对策：将外商所设陆上旱线"议定由政府备价收回，借给公司运用以保主权。"大北电报公司使用以中国文字编制成四个阿拉伯数字电码，名为《电报新书》，发电报至香港。时称之为华文电报。 大北电报公司将海参崴经长崎到上海的沪崎水线从大戢岛沿同一路线接至上海，至此，大北电报公司在上海的电报，北可经日本与俄国通报，南经香港与欧美通报，中国与世界的电报通信正式开始。
同治十二年（1873 年）	大北电报公司沪港水线开通上海至厦门电报电路。
光绪三年（1877 年）	清廷批准开设福州电报学堂。 李鸿章在上海行辕架设电报线至江南机器制造局。这是中国第一条军政电报专用线。 是年，福州电报学堂学生赴台建设台湾台南、安平、旗后的电报线。沿途设局，这是中国自主建设的第一条电报线路。
光绪五年（1879 年）	李鸿章命天津机器局电报学堂师生在天津老城和北塘大沽口炮台之间架设一条长约 60 千米的电报线。之后又在天津东机器局和直隶总督衙门间架设一条 6.5 千米的电报线。
光绪六年（1880 年）	慈禧皇太后、光绪帝批准李鸿章设南北洋电报奏折，建设津沪电报线。成立津沪电报总局，制定建设方针津沪线宗旨"一切用人行政始终保持独立精神，丝毫不受外力之束博，实为此后我国电信建设树立良好之规模"，筹备开建天津至上海中国第一条公众电报线。
光绪七年（1881 年）	津沪电报总局发布《电报章程》。制定电报业务种类、收费价目、发报方式、营业时间等规定。 12 月 28 日，津沪电报线竣工，沿线设立电局。开始营业。日后，由于威基竭编排的电报码使用不便，随后，郑观应改编出版了《四码电报新编》，完善了中国电报码的使用，使之成为中国电报码的基本文本。
光绪八年（1882 年）	第一批回国留美幼童 20 余名全部分在电报局工作。 由津沪电报局于 11 月 14 日晚传递，并投送至上海申报的一道谕旨，刊登于《上海申报》。 根据开办大略，改电报为官督商办。 架设天津至北通州及江苏、山东两省电报线。

续表

光绪九年（1883年）	架设南京至汉口及浙江、福建、广东三省电报线。准许大东大北电报公司水线登陆订立合同。
光绪十年（1884年）	成立中国电报总局，设立北洋官电总局（天津）、商电总局（上海），设立中国电报学堂。 架设河北、安徽、江西、湖北等省电报线。 津沪线延展至京，开办商电局、官电局电报进入清政府军机处，以电寄档成为政府文件存档。
光绪十二年（1886年）	架设四川、云南两省电报线。
光绪十三年（1887年）	敷设台湾至福州海底电缆。 架设贵州省电报线。
光绪十四年（1888年）	架设河南省电报线。 云南省与云南边界接线通报。
光绪十五年（1889年）	安徽电报局会办彭名保设计制造成功我国第一部电话机"传声器"，通话距离最远可达150千米。
光绪十六年（1890年）	架设山西、陕西、甘肃三省电报线。 邮传部架设经平凉到固原的宁夏地区电报线。
光绪十八年（1892年）	签订中俄边界接线通报条约。 天津制造厂生产莫尔斯打报机。
光绪十九年（1893年）	架设新疆省电报线。
光绪二十年（1894年）	云南省与缅甸边界接线通报。 中国电报总局首次统一制定国内电报价目，实行同府、本省及隔省递加办法，同府华文明码每字0.05元，本省每字0.10元，每隔一省加0.02元。华文密码及洋文电报加倍收费，官电及新闻电减半。
光绪二十二年（1896年）	清政府派兵入藏，随营架设电线，线路从成都经雅州（雅安）开通至打箭炉（康定）开设电报分局，归四川督署官电总局（后改为川藏电政总局）管辖。
光绪二十三年（1897年）	架设蒙古电报线。
光绪二十四年（1898年）	架设热河省电报线，装设两广军用无线电报机。 清廷下旨："翻后明降御旨，皆由电报局电告知各省。"
光绪二十五年（1899年）	在广州督署、马口、前山、威远等要塞及广海、宝壁、龙骧、江大、江巩等江防军舰上设立无线电报机。 正式开放新闻电报业务。
光绪二十六年（1900年）	第一个人工市内电话局在南京创办。
光绪二十七年（1901年）	增办赈务电报，供办赈处拍发有关赈务内容时使用，免缴报费。 在上海至天津、汉口电路上使用自动高速韦斯登机或快机收发报机，收发电报。 丹麦人璞尔生在天津设电话所，称为"电铃公司"。并将电话线从天津伸展到北京，在北京城内发展市内用户不到百户，都是使馆、衙署等。并开通了北京和天津之间的长途电话。 根据慈禧皇太后、光绪皇帝"人才为政事之本"谕旨，全国各地广立学堂，讲求中外实学。高等电报学堂成立。

续 表

光绪二十八年（1902年）	商办电报收归官办。兴办武昌、汉口市内电话。第一条由清政府外务部至京西万寿山的军政电话专线工程竣工。
光绪二十九年（1903年）	电政总局于上海、天津两地分别设立电报机械制造厂，聘用外国人，仿制人工电报机件，以供全国各电局应用。 在水灾频发的黄河流域山东设立河工电报汇总处，后改为河工电报总局，专司通报水情。 督办电政大臣袁世凯奏请批准试办北京军政电话网，北京电报局总办黄开文开始筹设京城内朝廷大臣与颐和园间电话、北京八旗各军营和万寿山窦营的电话。是年年底，第一个官办电话局建成，八旗军营总机移装西苑挂甲屯，称为2分局。翌年又于南苑万地开设南苑电话局，设电话总机于帅府园姜桂题军统营，清政府军政电话联网。 兴办广州市内电话。
光绪三十年（1904年）	与太平洋公司订立合同。准许其水线登陆。
光绪三十一年（1905年）	清政府再度用兵西藏，随营架线从打箭炉开始，经过中渡，设报房。 赎买收回丹商璞尔森所办北平、天津市内电话。 赎买收回丹商璞尔森平、津、沽长途电话，我国第一条自主经营的长途电话线路诞生。 西藏电报电路通到理塘，设电报分局。次年（1906年）通到巴塘。设电报局前后历时13年，开设分局及报房11所，建设线路1 500千米。

清 邮传部（1906—1912年）

光绪三十二年（1906年）	邮传部成立，电政属其管辖。 兴办沈阳、太原市内电话。 派出列席代表，出席在柏林召开的第二次国际无线电会议。 商部高等实业学堂划归邮传部，更名为邮传部高等实业学堂。 邮传部设立图书通译处，出版《交通官报》。
光绪三十二年（1906年）	广东琼州和徐闻两地设立了无线电机，在两地间开通了民用无线电通信。中国民用无线电通信开始。
光绪三十三年（1907年）	在高等实业学堂选派学生赴美学习电信、电机、商务等专业，赴奥学习邮电。交通传习所邮电班毕业生亦择优派赴法国高等电信学校、美国西方电气公司及日本递信省所属电话交换所实习；选派无线电学生前往香港天文台学习天文气候等。邮传部将中东铁路沿线附属地外支线电话经营权收归国有，由中国电报总局管理。 在齐齐哈尔设立黑龙江第一个官办电话局。 建北京电报局，建筑总面积3 360平方米，主楼内设营业处，国内、国际莫尔斯人工报房和电力室。 北京市市内电话改为共电式，用户已发展到2 000户。 由邮传部投资的上海电话局成立，打破外商独占上海电话市场局面。 第一条无线电报电路在吴淞、崇明间成立。 邮传部扩桂全线，将桂林官电改升为广西官电总局。 新疆开始执行邮传部制定的电报种类规定，将电报分为官电、公报、私报和外国报四种。

续表

光绪三十四年（1908年）	英商在上海英租界的汇中旅馆私设了一部无线电台与海上船舶通报。后由邮传部收买，移装到上海电报总局内，这是上海地区最早的无线电台。 第一条水线在徐闻、海口间布设。 慈禧太后命光绪帝设立电话，架设由颐和园"水木自亲殿"至西苑门内（今中南海）"来薰风门"东配殿岸电话专线。 增添报灾电报。 哈尔滨傅家甸商务总会设傅家甸电话局，东北三省开始将电话推广至商用、民用。 邮传部派出电政局襄办周万鹏、总管德连升携吴桂灵、荣永青参加国际电报联盟在普京里斯本召开的"国际有线电报"会议。
宣统元年（1909年）	电政局总办周万鹏在日本东京与日本宫员议定接收南满电线合同，回收南满电线管理权。 颁布《收发无线电报暂行章程》。 设立邮电学堂和邮电高等班，设立交通研究所。 收回德商在天津至大沽间设立的长途电话线。 开办船舶电报，供陆地与海上船舶通信时使用。 电报总局派遣官员到西藏巴塘到昌都进行电路勘察。
宣统二年（1910年）	清政府邮传部将官电局收归部办。 隆裕太后命在紫禁城后宫的建福宫、储秀宫和长春宫设立6部专线电话，安装一台10门小型磁石电话交换机。这是中国唯一的皇家电话局。 省办电报归并部办，兴办烟台市内电话。 架设归化至太原电报线路。
宣统三年（1911年）	兴办昆明市内电话。 德商西门子德律风公司向清政府申请，进行远距离无线电通信试验，电台分设在北京东便门和南京狮子山，通报试验结果良好。 设立交通传习所邮电高等班。
宣统四年（1912年）	邮传部制订全国边远地区电报线路建设计划。 隆裕皇太后颁布《宣统帝退位诏书》，清朝逊朝。 邮传部大臣梁士诒在诏书上署名，邮传部由此结束历史。

中华民国交通部（1912—1949年）

民国元年（1912年）	电政司设驻沪电料转运处，附设机器厂。
民国元年（1912年）	兴办镇江市内电话。
民国元年（1912年）	上海电报局开始用打字机抄收电报。京津长途电话线路加装加感线圈（即普平线圈或负载线圈）。国际无线电报公会规定我国无线电的呼号范围为 XNA～XSZ。
民国二年（1913年）	第一个电信机器厂成立于上海。 太原—包头间长途电话开办。 设立张家口无线电台。
民国三年（1914年）	兴办保定、郑州市内电话。 设立广州、武昌无线电台。

续表

民国四年（1915年）	公布电信条例。 收回汉口租界电话。 设立福州无线电台。
民国五年（1916年）	兴办扬州市内电话。
民国六年（1917年）	兴办九江市内电话。
民国七年（1918年）	北洋政府订立中国第一部电信条例。
民国八年（1919年）	北京远程收报处开始抄收外电新闻广播，并正式向报社供稿。
民国九年（1920年）	加入国际无线电报公约。 兴办长春、吉林、芜湖等地市内电话。 设立库伦无线电台。
民国十年（1921年）	兴办沙市、荆州市内电话。 中国加入国际电报公约，正式成为国际电信联盟成员国。 成立奉天无线电台。开始与哈尔滨、齐齐哈尔、长春、营口、吉林、延吉、绥芬河、满洲里8处分台，传递官报。
民国十一年（1922年）	在有英国，法国，意大利、日本、中国、葡萄牙、荷兰、比利时和美国代表出席的华盛顿会议上，通过我国政府代表提出的要求：英国在喀什噶尔，日本在汉口、济南所设无线电台先后撤销；青岛之日本电台亦由中国政府作价收回；上海法租界顾家宅法人所设无线电台停止收发商报。 敷设上海至烟台水线。 兴办蚌埠市内电话。 设立迪化、烟台无线电台。 回收中东铁路原苏联私设无线电台，回收哈尔滨原苏联私设电台。
民国十二年（1923年）	收回日本在济南、青岛设立的无线电台。 设立哈萨克尔、昆明、沈阳、长春、哈尔滨等十处无线电台。 上海开放至南翔长途电话，业务种类为加急、普通。
民国十三年（1924年）	设立洛阳无线电台。 上海华洋德律风公司在租界装设了爱立信生产的自动电话交换机并投入使用。这是中国最早使用的自动电话交换机。 在沈阳故宫大政殿设立国际无线电台，接收世界各国的新闻，并与德国、法国订立了单向通信（即单向接收欧洲发至中国的电报）。是年秋，北大营长波电台竣工，装设了10千瓦真空管发报机，实现了与迪化（今新疆乌鲁木齐）和云南的远程通信。 天津首开自动电话。架设津沈长途电话。 公布《装用广播无线电接收机暂行规则》。
民国十四年（1925年）	接收青岛佐世保水线及青岛长途电话。建设天津至沈阳，北平至绥远长途电话。 设立天津无线电台。 国际电联在巴黎召开国际电报会议，中国派出王景春为首席代表，孙承宗、彭欲议为代表出席。从此，国际电联历届会议中国均派员出席。

续 表

民国十五年（1926年）	北京至天津开通传真照片。 中国自建的第一座无线电广播电台在哈尔滨开播。
民国十六年（1927年）	国民政府奠都南京，建立南京至上海长途电话。 第一个自动式市内电话局在天津成立。 设立北平广播电台。 沈阳大型短波电台竣工，装设了10千瓦德制无线发报机。年底，成立沈阳国际无线电台，与德国建立了双向通报电路。这是中国与欧洲直接通信之始。
民国十七年（1928年）	沈阳国际无线电台增设了美制10千瓦短波发报机。承接转发北京、上海、天津、汉口等地的国际电报，成为当时我国最大的国际电台。制订全国无线电通信网建设计划。 全国各地新建了27个短波无线电台。 设电报机器制造厂，仿制电报快机及全部有线电报机件。 交通部派员会同北平电话局接收原北洋政府官办的北京广播电台，更名为"北平广播无线电台"。
民国十八年（1929年）	上海建设了功率为500瓦的中菲短波无线电台，开始与菲律宾通报，并由菲律宾中转发往欧美的电报。 国民政府公布《电信条例》，规定凡国家经营之电信，由国民政府行政院交通部管理。 交通部接收建设委员会所设各地短波无线电台。 青岛市话改装自动机。 开办南京至上海间传真电报业务。
民国十九年（1930年）	上海设立国际电台，我国国际通信开始自主。 南京改装自动式市内电话。 完成上海至杭州长途电话线路建设。 美商上海电话公司接盘华洋德律风公司，在上海发行股票，开始营业，并建设自动电话局，其中泰兴路电话局为远东最大电话局。
民国二十年（1931年）	收回沪、烟、沽水线管理权。 建立广州与香港之间的电话服务。
民国二十一年（1932年）	中英庚款会拨借5万英磅给交通部，建立中英无线电报电路。 中天电机厂制造出中国第一部手摇磁石电话机。 兴办洛阳市内电话。 上海电报局派出通信小分队，支援淞沪抗战。全国电报局向前线募捐。
民国二十二年（1933年）	收回上海水线收发处。 在南京、上海间开放第一个高速度自动电报电话。 中国电报通信首次使用打字电报机。 交通部电政司负责承建"中央电台"。
民国二十三年（1934年）	兴办九省长途电话。 各地无线电台与电报局合并。 中日间开放无线电话。

续表

	颁布电信会计制度。 在拉萨设立了功率为 100 瓦的无线电台,建立了与南京、成都、重庆和印度噶伦堡等地的无线电通信联系。 邮政电信实行营业合设。 清偿了大北电报公司、大东电报公司沪烟沽水线借款,该水线由我国收回自管。
民国二十四年(1935年)	上海国际电信局设立上海广播电台,并负责全国广播收音机登记。 班禅大师参观交通部上海国际电台。 交通部制定长途电话以空间距离的计费标准。 开出气象、水情公益电报。
民国二十五年(1936年)	裁撤国际电信局。国际通信业务由交通部上海国际电台管理。上海广播电台归上海电报局管辖。上海民营广播电台之监督亦归上海电报局办理。 中国正式加入国际电话咨询委员会。 开通上海—东京无线电话电路。这是我国第一条国际无线电话电路。 上海、广州、汉口间开放无线电话。 收回大北、大东、太平洋水线电报收发处,改称交通部某某电报收发处。
民国二十六年(1937年)	设立上海国际长途电话人工接续台。公布了《国际电话营业规则》,规定国际电话业务种类分为政务、业务和私务三种。通话种类分为叫号、叫人和传呼三种。 首次采用载波电话电路,在杭州—永嘉间、上海—南京间开放通话。 开通中美开放国际无线电话。
民国二十七年(1938年)	抗战在全国爆发,为蒋介石开出"军用电话专线台"。国民政府交通部建立战时电信委员会,发布非常时期全国电信统制办法,组建通信队随军进退,为国民革命军军事通信服务。同时,设防空情报网。交通部与美商马凯合组两无线电公司,将国际电台全部资产转让给该两公司经营,由上海电报电话留守处负责安排人员,在上海建立秘密无线电台,与后方保持通信。又与美商通信社、环球无线电公司、美商新闻无线电公司签订合同,经营上海和国外的无线电报和国际新闻电报业务。制订西南、西北通信网计划。设立成都国际电台。 制订西南、西北通信网计划。设立成都国际电台。
民国二十八年(1939年)	设立昆明国际支台。
民国二十九年(1940年)	首次采用载波电报电路在重庆—贵阳间开放通报。
民国三十一年(1942年)	中美开放无线电传真电报。
民国三十二年(1943年)	电信总局成立。设立重庆国际无线电台。
民国三十三年(1944年)	架设中印公路长途电话线。 国民政府交通部建立新的电信组织体系,统一电局名称,将各省电政管理局改为电信管理局及电信局。
民国三十四年(1945年)	日本投降,交通部组建各大区电信接收委员会先后接收满洲电电、上海华中电气、台湾电信与邮政、华北电电、蒙疆电电及抗战期间沦陷区电信、邮政机构。 在旧金山会议期间,开放中美第二条电话电路。 中国成为国际电信联盟理事国。

续表

	交通部将全国电信系统分为京（宁）沪区、武汉区、平津区、广东区、东北区和台湾区，设置各区特派员办公处及接收委员会，由特派员与各大电信局局长担任接收委员，接收全国电信。
民国三十五年（1946年）	第一次采用超短波电路，在南京—上海间、广州—香港间开放通话。渝汉、京汉、京平、平汉、汉穗及长铜（西安铜山）六大干线抢险通报。 扩充各地载波电话。完成兰州至迪化长途话线。
民国三十六年（1947年）	交通部电信总局设立"公众服务组"，各电信局亦设立相应机构，开展的主要工作是使电信作风转变为事业化和服务化。 中国被选为行政理事会的理事国。 举办"第一届电信纪念日"和"第一届电报工作技能竞赛"。
民国三十七年（1948年）	上海—旧金山间开放单向无线电相片传真。
民国三十八年（1949年）	交通部、电信总局撤退到广州。 成立台北国际电台，开放国际报话通信。 交通部随同国民政府撤退到台湾。
1946年5月2日	东北民主联军正式接管哈尔滨电信局，改哈尔滨电信局为哈尔滨电报电话局。
1947年夏到1948年春	为东北民主联军建立根据地提供通信保障，黑龙江先后抽调67名邮电干部、职工奔赴前线，担负抢修通信线路任务。

中华人民共和国邮电部（1949—1997年）

1945年8月19日	东北抗日联军、东北民主联军先后接收东北与内蒙地区电信与广播（因内战爆发有反复）。
1948年5月	中共中央、中央军委决定，由军委三局组建电信接管部，决定由通信兵派出人员接管邮政、电信和广播系统。
1948年9月10日	东北地区邮电部门发出号召，全力支援辽沈战役。
1948年11月2日	东北野战军解放沈阳，辽沈战役胜利完成。东北邮电系统抽调大批干部随军南下，参与接管新解放区邮电工作。
1949年1月15日	中国人民解放军天津市军事管制委员会电信接管处接管天津电信局和广播电台。
1949年2月3日	中国人民解放军北平市军事管制委员会电信处接管北平电信局。
1949年4月	中国人民解放军南京市军事管制委员会接管南京电信局与原中央广播电台。
1949年5月18日	中央军委电信总局成立。
1949年5月26日	关闭上海至台湾电路，南京、浙江、广东等地至台湾电路亦先后全部关闭。

续表

1949年5月28日	中国人民解放军天津市军事管制委员会电信接管处接管上海电信局、上海国际电台。
1949年6月	原电信管辖的广播电台划归中央广播事业管理处管辖。
1949年10月1日	中华人民共和国邮电部成立。
1949年11月21日	开放北京—莫斯科间无线电话。
1950年1月25日	第一届全国电信会议在北京召开。
1950年2月	实行邮政、电信合一的管理体制。
1950年8月	第一届全国卫生工作会议召开后,邮电部门建立医疗救护专线电话。
1950年	淮河流域发生特大水灾,邮电部派出由报务员组建的抗洪小分队设台报告水情,并开始建立全国水情电报网。
1950年9月	建立电信科学研究所。
1950年11月	邮电部市内电话总局召开第一次全国市内电话工作会议。
1950年12月12日	建成北京—满洲里2 400千米有线干线,开放北京—莫斯科国际有线载波电话。
1950年12月30日	收回美商上海电话公司。
1951年1月3日	北京国际电台中央收信台建成投产。
1951年3月	邮电部无线电总局召开第一次全国无线电专业会议。
1951年	在长江、黄河、淮河等流域建设水情电报网。
1952年	全国性的"邮电合一"工作基本完成。各地邮电管理局先后成立。
1952年10月1日	在北京至石家庄长途线路上开通12路载波(电话)机,这是中国第一次使用明线12路载波机。 邮电部电信科学研究所整体划归中国人民军事革命委员会通信部。
1953年5月29日	以北京为中心的全国邮电通信网基本建成。
1953年	邮电部推广制定话务员、机务员、线务员操作法。
1954年12月	印度政府将在中国西藏经营的邮政、电报、电话及其设备无偿交给中国邮电局部门。
1954年	邮电部将江海岸电台整体划归交通部统一管辖。 建立全国气象通信网。
1955年7月20日	北京邮电学院成立,钟夫翔副部长兼任院长。
1955年12月	邮电部开展全国农村电话建设。
1956年8月17日	上海研制成功中国第一部"55"型电传打字机。
1957年	电信部门利用农村电话线在每天早、中、晚以固定时间传送各省、市及中央人民广播电台的节目,时间一般为每段两小时。
1957年	设立邮电部科学研究院。
1958年1月1日	实行全国统一电报、国内长途电话、市内电话在内的全国统一电信资费。

续表

1958年8月1日	国产第一部12路载波电话设备研制成功。
1958年5月	西安邮电学院成立。
1958年8月	南京邮电学院成立。
1958年9月29日	北京电报大楼建成投产。
1958年	上海试制成功第一部纵横制自动电话交换机。
1959年1月20日	开通北京—莫斯科国际用户电报电路。
1959年3月	重庆邮电学院成立。
1959年3月8日	邮电部门研制并生产出60路电缆载波设备。
1959年4月26日	邮电部门研制成功60路微波设备。
1960年1月1日	邮电部门研制的第一套1 000门纵横制自动电话交换设备在上海市吴淞电话局开通使用。 中国邮电通信学会、中国电子学会先后成立。
1962年1月3日	丹麦大北电报公司资产作价转让给上海邮电。
1963年10月1日	邮电部与中央军委总参通信兵部联合建成成都至拉萨有线通信干线，开通北京至拉萨有线报话电路。
1964年10月1日	北京至天津60路微波试验段建成，首次在京津两地间利用微波中继电路传送电视节目。
1964年11月20日	北京至石家庄60路对称电缆载波通信试验段投产。
1965年12月4日	成都电缆厂建成投产。
1965年12月	研制成功600路电缆载波设备。
1966年4月	研制成功600路微波设备。
1966年8月1日	内蒙古自治区试办蒙文电报。
1966年	建立全国地震震情监测通信网。
1966年	中国第一套长途自动电话编码纵横制交换机研制成功，在北京安装使用。
1967年	电子式中文译码机样机试制成功，在上海安装试用。
1969年6月	国务院和中央军委通知撤销邮电部，分别成立中华人民共和国邮政总局和中华人民共和国电信总局。
1970年4月	完成第一颗人造卫星的数据收集处理传输系统，跟踪和控制发射、卫星科研、发播标准时号任务。
1970年10月1日	中央电视台的电视节目通过邮电部门的微波电路传送至全国15个省市。
1971年9月16日	中国北京与美国华盛顿间开通直达无线电报、传真和电话电路。
1972年1月19日	上海试传中央电视台黑白电视节目。
1972年2月24日	我国第一个收、发信设备齐全，直径10米天线的移动卫星地球站于2月15日在上海虹桥机场安装完毕，经调测、试通，2月24日正式与美国詹姆斯堡卫星地球站开通启用。
1972年4月30日	批准建设北京、上海卫星通信地球站。

续 表

日期	事件
1972年9月22日	开通北京至东京的卫星电路。
1972年10月21日	北京、天津长途通信明线全部改为地下电缆。
1973年6月1日	邮电部恢复。
1973年7月4日	北京卫星通信地球站一号站建成投产。
1973年8月22日	上海卫星通信地球站建成投产。
1973年9月14日	中华人民共和国第一次派出代表团出席在西班牙召开的国际电信联盟第十次全权代表大会。
1974年3月25日	北京卫星通信地球站二号站建成投产。
1974年4月15日	广州至香港300路小同轴电缆载波工程竣工。
1974年11月1日	开办北京至成都传送《人民日报》《解放日报》和《参考消息》3种报纸传真业务。
1974年12月16日	邮电部侯马通信电缆厂建成投产。
1975年2月11日	建成11 000多千米微波干线线路，向21个省、区、市传送中央电视台彩色电视节目。
1975年11月	自行设计制造的"邮电一号"海底电缆敷设船在上海下水。
1976年3月31日	京沪杭1 800路中同轴电缆载波通信工程竣工投产。
1976年7月1日	北京长途电话大楼竣工投产。开放北京天津、济南、石家庄、合肥、上海、南京、杭州8个城市的长途电话自动拨号业务。
1976年7月28日	天津电信局机务站值大夜班机务员在第一时间向北京电信总局60机务站、河北省电信处值班室报告唐山大地震消息。唐山邮电局郊外机务站以一条幸存的线路，邮电部共组织了17个省、自治区、直辖市邮电管理局1 700多名邮电职工，对口支援抢修通信网，为抗震救灾提供通信保障。
1976年10月25日	中日两国合建的上海—熊本间海底电缆投产。
1976年	短波发信电台自动化设备研制成功，实现计算机遥控短波收、发信台自动化管理。
1976年	武汉邮电科学研究院研制出中国第一根光纤。
1977年	数据通信技术研究所设计制造了数据交换设备，初步组成了国家计划委员会电子计算机中心与各省级计划委员会以及全国30多个大中型钢铁企业联通的专用低速数据通信网。
1977年	中国加入国际海事卫星组织。
1978年3月6日	上海市内电话实现计算机查号。
1979年1月1日	全国人大常委会发表《告台湾同胞书》，建议台湾与大陆通邮，以利两地同胞直接接触、互通信息。
1979年2月7日	邮电部开放对台湾电报业务。
1979年3月9日	邮电部开放对台湾电话业务。

续 表

1979年10月2日	上海市电话局建成第一根由海宁路分局至四川北路分局全长为1.8千米的二次群120路光纤试验阶段光缆,传输速率为8.44 Mbit/s,接入市内电话网开通试用。
1980年1月17日	邮电部科学技术委员会成立。
1980年12月11日	上海电报局研发成功SHZB64路自动转报系统投产。
1980年12月24日	福建省邮电管理局与富士通株式会社签订了引进FETEX-150市话万门程控交换机系统的合同,为我国市话交换机的建设发展开创了引进国外先进设备的成功范例。
1981年1月	邮电部门研制的大容量HJ941型纵横制自动电话交换机通过鉴定。
1982年7月1日	上海移动电话系统正式投产使用,向社会开放移动电话业务,并纳入市话网24小时开放。
1982年7月1日	上海邮电与香港星光传呼机公司建立无线控制中心,为第一届东亚运动会提供服务。
1982年12月1日	中国从日本引进的第一个万门程控市话交换系统在福州市电信局投产使用。
1982年	联合国人口发展组织为中国提供了大中型电子计算机20台,分别安装在20个省、自治区、直辖市的人口普查办公室,专供及时对各种数据进行汇总统计和分析之用。邮电部门以市内和长途通信电路,将20个城市的计算机与北京国家计划委员会计算机中心连接起来,为全国人口普查提供中速数据通信(12 bit/s)服务。
1982年11月27日	第一套万门程控电话交换系统在福州开通,这是我国从日本引进的第一个万门程控市话交换系统。
1982年	我国第一次在国内进行卫星通信和电视传播试验获得成功,参加这次验证测试的共有10个卫星通信地面站。
1983年1月	邮电部引进350亿日元贷款,购买F150程控交换机系统,进行天津、上海、广州三个城市的市内电话网改造。
1983年8月	引进意大利数据通信网,开放中国意大利数据情报检索业务,4条300(300 bit/s)电路自用户接到北京电报大楼复用器,由一条(9 600 bit/s)经国际通信卫星接到意大利数据网的分组交换机,由此接到欧洲空间组织ESA的数据库。
1983年10月7日	广州至香港2 700路微波通信工程竣工投产。
1983年	广东省南海县建成中国第一个全县城乡自动电话网。
1983年7月	中国同非"巴统"成员国比利时签订了引进比利时贝尔公司程控交换机技术、创办上海贝尔电话设备制造公司的合同,是我国通信行业第一个引进技术创建的合资公司。
1984年1月1日	上海无线寻呼中心正式向社会公众开放。

续 表

1984年4月8日	中国 DFH-2（东方红二号）试验通信卫星成功发射，通过该星进行了电视传输、声音广播、电话传送等试验。 中国大陆地区开始在长途通信线路上使用单模光纤。
1984年5月26日	第一个万门以上大容量纵横制自动电话交换系统在天津建成投产。
1984年6月	西藏自治区试办藏文电报。
1984年8月1日	自行设计制造的256路程控自动转报系统在上海市电报局投产。
1984年11月28日	北京无线通信局实现中国南极科学考察队1万千米24小时超远程短波不间断通信。
1985年9月2日	全长2 702千米的北京至汉口至广州1 800路中同轴电缆载波通信干线工程全线竣工投产。
1985年	中国广播卫星公司成立。后于1990年整体划归邮电部管理，并更名为中国通信广播卫星公司。
1985年	在深圳首批投入卡式电话，发行了第一套电话卡，称为绿箭卡，共3枚，面值共87元。
1986年2月1日	北京至南极长城站卫星通信电路开通。
1986年2月	自主研制的第一颗实用通信广播卫星发射成功。
1986年3月	北京通过国内卫星地面站正式开通了北京—拉萨、北京—乌鲁木齐半自动长途电话。国内公众卫星电话电路首次开通。
1986年7月1日	以北京为中心的国内卫星通信网建成投产。
1986年7月2日	中国第二颗实用通信卫星发射成功。
1986年9月4日	郑州—西安1800路4管中同轴电缆载波通信干线建成投产。
1986年10月	第一台国产局用程控数字电话交换机（DS-2000）研制成功。
1987年7月16日	河北省秦皇岛引进的瑞典爱立信公司900 MHz TACS 蜂窝移动电话系统正式开通使用。
1987年8月	中国引进法国SESA分组设备，由三个节点组成分组公众交换资料实验网（CNPAC，网号4602）在北京、上海、广州三地电信局安装投产。9月20日，钱天白教授发出我国第一封电子邮件"越过长城，通向世界"。
1987年11月18日	广东引进的珠江三角洲（广州、深圳、珠海）移动电话系统首期工程正式开通。
1987年12月23日	北京国际电信局正式开通。
1987年	12个城市投产10 400路端长途程控交换机后，广州、深圳、天津、石家庄等10个城市又投产11 520路端长途程控交换机。
1987年	我国第一个160人工信息台在上海投入使用。
1988年1月1日	由上海市长途电信局承建的"浦江之声"广播电台正式开播。

续表

1988年	大陆与台湾实现国际长途电话直拨。 是年，大陆国际国内人工长途电话业务量终结历年持续递增约12%的历史，首次出现下跌。 人工长途电话业务总量下跌为2 239.48万张，以后连年下跌。
1988年	北京高能物理所利用因特网首次实现了国内与欧洲及北美地区的电子邮件通信。
1989年5月	第一个公用分组交换网通过鉴定并于11月正式投产。
1989年6月7日	台湾宣布"开放对大陆通邮、通电"。
1989年11月12日	上海电话网在全国首先升为七位号码。至1994年先后升为七位号码的城市有北京、广州、深圳、长沙、太原、长春、哈尔滨、沈阳、南京、杭州、郑州、连云港、苏州、无锡、常州、镇江、徐州、东莞、中山、抚顺、莆田、漳州、龙岩等。
1989年年底	研制出容量为10 000门市话、8 000门长途的长市合一型中大容量数字程控交换机样机。
1989年	512路电报自动转报系统在上海研发成功。
1990年10月	我国第一条长途光缆——宁汉光缆干线工程建成投产，全长2 400千米。
1990年8月13日	西藏自治区开通全自动直拨电话，大陆地区国际、国内长途自动电话联网。
1990年	由我国科技人员自行设计研制的第一条深水大长度国产化水底光缆，在安徽省芜湖市敷设成功。
1990年	列入国家"七五"计划的重大项目——程控数字交换机工业性实验项目通过了鉴定和验收，在上海建立了程控数字交换机软件开发支援中心，在西安建成了数字交换机硬件生产线。
1990年11月28日	钱天白教授代表中国正式在国际互联网络信息中心（InterNIC）的前身DDN-NIC注册登记了中国的顶级域名CN。
1991年11月15日	上海在150 MHz频段上开通汉字寻呼。
1991年12月	由信息工程学院和邮电工业总公司联合开发的我国第一套万门数字程控交换机HJD04机研制成功，拉开了"巨大中华"群体突破的序幕。
1992年3月12日	邮电部和美国AT&T、日本KDD合作建设的国际商用专线业务的中、美、日卫星数字专线网（IBS）在上海开通。
1992年5月	20米天线A标准的印度洋卫星通信地球站在上海建成。
1992年11月24日	由沪闽、榕穗、沪宁三条光缆组成的南沿海光缆干线开通。
1993年9月19日	嘉兴地区全数字移动通信试验网（GSM）正式开通。我国第一个公用数据通信网—公用分组交换网正式开通业务。
1993年12月	邮电部组建邮电部电信科学研究规划院，下辖邮电部电信传输研究所、邮电部科学技术情报研究所、邮电部经济技术发展研究中心、邮电部通信计量中心。
1993年12月15日	由中、日、美三家电信公司投资，通往美洲的太平洋海底电缆，贯穿东南亚的APC等4条光缆竣工开通。

续表

1994年4月20日	首次开通接入因特网的第一条64 kbit/s国际专线。中国公用计算机网（Chinanet）的建设开始启动。
1994年	国际电报电路归口到北京，上海国际电报电路全部关闭。
1994年3月26日	邮电部移动通信局成立。
1994年7月	中国联合通信有限公司成立，鑫诺卫星通信有限公司成立。
1994年	中国国家计算机与网络设施工程连入Internet的64K国际专线开通，中国首次接入互联网，成为国际上正式承认真正拥有全功能Internet的第77个国家。
1995年1月	在北京、上海开通了64K专线，以电话拨号、DDN专线以及X.25网等方式向社会提供Internet公众接入服务。
1995年4月	邮电部中国电信总局以"中国邮电电信总局"（简称"中国电信"）的名义在国家工商局进行企业法人登记，电信企业化起步。
1995年10月4日	我国第一张IC卡——中华IC卡，研制成功并通过专家鉴定，填补了我国逻辑加密存储器卡的空白，性能达到当时国外同类产品的先进水平。中华IC卡由华旭金卡公司联合清华大学研制，从芯片设计、生产，到卡片的加工，全部实现了国产化，并攻克可电擦、可编程存储器等项技术难关。
1995年11月	ZXJ10大容量局用数字程控交换机研制成功。
1995年11月25日	上海率先实行市内电话8位号码，北京、广州、天津、重庆、武汉、沈阳、杭州、宁波、温州、海南全省、苏州、成都、深圳、哈尔滨、南京、西安、佛山、大连、福州、泉州、郑州、洛阳、南阳、济南、青岛、石家庄、无锡、徐州、南通、东莞、长春等城市先后升位为8位号码。
1996年1月	邮电部公众互联网向全国用户开放服务。
1996年1月1日	北京、上海、天津、黑龙江、辽宁、山东、江苏、浙江、福建、广东、广西、海南、河北、湖北、陕西15个省市开通"全球通"GSM数字移动电话自动联网漫游。
1996年2月5日	凡长途自动直拨已通达的城市，原则上不再受理挂发国内人工长途电话，全部由用户使用长途直拨（DDD）功能直接进行拨打。各地长途台先后关闭。
1996年11月	建立大陆与台湾间直达卫星电路。
1996年	第一个城域网——上海热线正式开通运行。 邮电部第一研究所与合作单位自主研制出中国第一套GSM数字蜂窝移动电话通信系统设备。
1997年2月5日	中国电信（香港）有限公司在香港正式注册。
1997年4月底	江苏太仓成为全国2 000多个县市中第一个"电话市"。
1997年9月29日	江苏省东海县安峰乡杨村程控电话开通。至此，江苏成为全国"行政村村村通电话"的第一家。
1997年10月22日	中国电信（香港）在纽约证券交易所上市。
1997年10月23日	代码为"0941"的中国电信（香港）红筹股在香港上市。 全国县以上城市电话全部实现程控化。
1997年	中国最早的民营IPS、ICP瀛海威全国大网开通，门户网站网易开通。

中华人民共和国信息产业部

1998 年 3 月	中华人民共和国信息产业部成立。
1998 年 3 月 18 日	中美 45 M 因特网在上海开通。
1998 年 7 月	中国公用计算机互联网（Chinanet）骨干网二期工程开始启动，八个大区间的主干带宽扩充。
1998 年 6 月 22 日	成都军区、兰州军区派出的 2 万余名官兵开赴施工一线，担负兰西拉光缆通信工程的挖沟、放缆、回填土石方作业任务。
1998 年 8 月 7 日	兰西拉光缆工程竣工开通仪式在海拔 5 231 米的唐古拉山山口隆重举行。
1998 年夏	大陆长江中下游地区、东北嫩江、松花江流域等地遭遇百年不遇特大全流域性洪灾，全国各地通信部门调集通信人员赶赴灾区，携带应急通信设备 478 台（套）紧急赶赴灾区抗洪救灾。
1998 年 10 月	国际电联三大组织之一的标准化局领导人改选，中国电信业专家赵厚麟当选为国际电信联盟电信标准化局第一位非欧洲籍局长。
1998 年 10 月 4 日	由中国邮电部于 1993 年发起建设全长 27 000 千米，连接德国、土耳其、波兰、匈牙利、奥地利、伊朗、哈萨克斯坦等 20 多个国家的亚欧国际陆地光缆正式开通。
1998 年	全国电报技术改造，电报电路进入分组交换技术阶段。 浙江余杭开通国内第一个"小灵通"网。 长城 CDMA 商用试验网——133 网在北京、上海、广州投入试验。 门户网站新浪、搜狐、腾讯成立。 网络游戏运营商盛大成立；搜索引擎公司百度成立；电子商务公司成立；电子阿里巴巴成立；中华网在纳斯达克首发上市，是第一支在海外上市的中国概念网络公司股。
1999 年 1 月	以中国电信业作为主要实施部门的"政府上网工程启动大会在北京举行"。至年底，中央机关各国务院有关部委建立的站点超过 66 家，政府域名突破了 2 500 余家。
1999 年 2 月	中国在国际电信联盟全球电信标准化大会上，提出将 IP 互联网技术纳入信息网络的主导技术，推动国际通信标准的战略调整的意见被采纳。
1999 年 4 月	信息产业部批准中国电信、中国联通、吉通三家公司进行 IP 电话业务试验。 原邮电部电信科学研究规划院更名为信息产业部电信研究院。
1999 年 8 月 6 日	中国网络通信有限公司并获得国家工商局颁发的营业执照，开始正式运营。
1999 年 12 月 20 日	中葡两国政府在澳门文化中心举行政权交接仪式，澳门电信划归特区政府管理。
1999 年	招商银行成为国内首个全国联通"网上银行"的商业银行。
2000 年	中国移动通信与新浪等四家互联网服务商推出了"奥运短讯"合作的新模式。这是移动通信与互联网的首次嫁接。 中国武汉邮电科学研究院余少华向国际电联提交中国第一个 IP 国际标准（ITU-TX.85）获批准。

续 表

时间	事件
2000年3月4日	信息产业部向中国联通、中国电信、中国移动、吉通公司、铁通5家电信企业颁发了IP电话经营业务许可证。互联网和传统的电信业务实现第一次融合。
2000年4月20日	中国移动通信业务从中国电信母体剥离，中国移动通信公司成立。
2000年5月	世界无线电大会批准中国向国际电联提交的TD-SCDMA 3G标准提案。这是我国百年电信史上第一次向国际电联提出的电信系统标准。
2000年5月16日	中国移动通信集团公司成立。
2000年5月17日	中国电信集团公司成立。 中国电信、中国联通公司海底光缆通信通达全球236个国家和地区。
2000年5月19日	中国人正式加入WTO，中国电信业入市。
2000年9月25日	《中华人民共和国电信条例》正式发布实施。
2000年10月27日	广州至昆明至成都通信光缆干线正式通过竣工验收，历时8年、总长达8万千米的"八横八纵"光缆干线网全部竣工投产。
2000年	中国移动互联网CMNET投入运行，中国移动正式推出"全球通"WAP服务。
2001年3月1日	铁道通信信息有限公司成立，其主要职能是为铁路系统提供通信服务。
2001年7月	固定电话初装费、移动电话入网费全部取消。
2001年	中国移动通信关闭TACS模拟移动电话网，停止经营模拟移动电话。
2001年8月	各地通信管理局全部组建完成。
2001年12月19日	中国卫星通信集团公司成立。
2001年9月10日	上海电信公司与台北中华电信公司互开两对互联网直通电路，一对为20 Mbit/s，另一对为45 Mbit/s。
2001年12月19日	卫星通信业务从中国电信划出，中国卫星通信集团公司正式挂牌成立。
2002年年初	原中国电信所属南方和西部21个省、区、市、的固网资产留在中国电信公司；将原中国电信所属北方10省、区、市的固网资产与网通、吉通两公司合并，重组为中国网通集团公司。
2002年	各电信公司投入全社会抗击非典行动之中。
2003年7月	中国电信与中华电信两岸网际网路的互联作业相连不再经由美国的线路中转。
2003年10月	中国移动电话用户数首次超过固定电话用户数。
2003年	国务院正式批复启动"中国下一代互联网示范工程"CNGI。

续表

2004年年初	铁通由铁道部移交国务院国有资产监督管理委员会管理，并更名为中国铁通集团有限公司，作为国有独资基础电信运营企业独立运作。卫星通信公司接办寻呼业务。
2004年	中国通信业在全国范围内实施"村村通电话"工程。 至2009年年底，中国电信、中国移动、中国联通三家基础电信企业克服困难筹集资金103亿元，全年共为2.7万多个偏远自然村和行政村开通电话。全国开通电话的行政村和20户以上自然村的比重分别达到99.86%和93.4%。
2004年	中国电信收购美国、日本、欧洲多家公司的多条国际海底光缆，总容量达66.4G。
2005年	中国网通与北京奥林匹克广播公司（BOB）正式签订合作协议，正式落实传输权利。同时与140多家国际电信运营商建立了业务往来。
2005年4月20日	施行信息产业部制定的《电信服务规范》。
2005年9月1日	中国互联网协会、香港互联网专业人士协会、台北县计算机商业同业公会首度携手以"拓展区域合作，把握产业机遇"为主题的"2005（第四届）中国互联网大会"在北京国际会议中心召开。
2006年11月	国际电信联盟（ITU）第17届全权代表大会在土耳其安塔利亚举行，赵厚麟以93票的绝对优势，当选为国际电信联盟副秘书长。这是国际电信联盟成立近150年以来，第一位来自中国的高级官员。
2006年	中国联通公司与美国高通公司共同出资组建"联通博路"公司，与韩国SK电信公司共同组建"联通时科"公司，并先后获得了澳门CDMA漫游、CDMA3G牌照及经营澳门本地业务的许可。 中国直播卫星有限公司成立。
2007年	中国自主通信科技TD-LTE标准化工作取得突破性进展。
2007年1月	中国移动通信集团继收购香港华润万众、入股凤凰卫视之后，宣布收购巴基斯坦第五大电信运营商巴科泰尔有限公司88.86%的股份。
2007年11月13日	中国通信摄影协会正式成立。
2007年12月25日	由中国卫星通信集团公司和中国航天科技集团公司共同发起投资组建的中国直播卫星有限公司宣告成立。 首次将互联网、手机等新媒体作为独立转播平台列入奥运会的转播体系。
2008年春节	中国南方大部分地区和西北地区东部出现了建国以来罕见的持续大范围低温、雨雪和冰冻的极端天气。各地通信公司第一时间启动了应急通信保障预案，迅速派出队伍投入一线抢险。并配合国家相关部门发出应急公益短信息约9.9亿条，为稳定社会、疏导交通、救灾抢险等方面发挥了重要作用。

附 录

中华人民共和国工业和信息化部

日期	事件
2008年3月11日	工业和信息化部组建成立。
2008年5月12日	四川汶川发生8.0级大地震，各大通信公司紧急派出通信抢险队伍奔赴灾区，并建立公众免费赈灾电话，为四川籍在外的人员、为灾区寻亲的人们提供通信服务；各通信公司开通的12580、10086、118114、116114等寻亲热线，免费可视电话等服务。
2008年5月17日	第40届世界电信日。是日，年仅37岁的四川移动通信公司抢险队队长刘建秋在理县境内抢修通信线路时以身殉职。
2008年5月23日	中国联通G网与中国网通合并，中国卫通的基础电信业务并入中国电信，中国铁通并入中国移动。
2008年5月24日	六大基础电信营运商合并为三大集团，即：中国联通将与中国网通合并，中国卫通基础电信业务并入中国电信，中国铁通并入中国移动，鼓励中国电信收购联通CDMA网，重组完成后发放3G牌照。
2008年8月	中国固定电话用户为35 407.1万户，移动电话用户为61 601.7万户，网民达2.53亿，电信用户和网络规模均跃居世界第一。
2008年8月18日	中国第一次举办全世界注目的体育盛会——第29届奥林匹克运动会，中国移动通信集团公司、中国网通为2008年北京奥运会固定通信服务合作伙伴。
2008年8月	中国移动通信公司在西藏珠穆拉玛峰海拔5 800米和6 300米处建设直放站和基站。
2009年8月26日	"海峡两岸通信交流协会"在北京成立。
2008年10月15日	中国联通和中国网通正式合并。新的公司名称为"中国联合网络通信有限公司"。
2008年10月21日	中国电信正式接手CDMA新网络，至此，中国通信业形成中国电信、中国移动、中国联通三大公司皆全业务运营竞争格局。
2008年	北京邮电大学研制成功宽带无线移动TDD-OFDM-MIMO技术。 高效、抗干扰无线宽带图传关键技术研制成功。 高性能宽带信息网（3TN-256）研制成功。
2008年12月15日	根据海峡两岸签署的两岸空运、航运邮件等规定，海峡两岸直接通邮。
2009年年初	中国移动开始酝酿筹建TD-LTE试验网。8月，工业和信息化部主导的TD-LTE技术试验正式启动。
2009年8月26日	"海峡两岸通信交流协会"在北京成立。
2009年10月	中国在国际电信联盟德国德累斯顿举行ITU-RWP5D工作组第6次会议上提交提具有自主知识产权的TD-LTE Advanced技术方案成功胜出。
2009年	中国电信、中国移动、中国联通共为2.7万多个偏远自然村和行政村开通电话。全国开通电话的行政村和20户以上自然村的比重分别达到99.86%和93.4%。
2010年4月15日	中国移动建设的全球首个TD-LTE演示网在上海世博园开通。

续表

2009年4月23日	"2009年全球移动互联网大会"在北京召开。
2010年5月17日	中国第一次举办世界博览会,国际电信联盟在上海世博会上荣誉举办2010年世界电信和信息社会日庆典和颁奖活动。
2010年6月2日	大唐、中兴、华为、创毅视讯、安立等11家公司发布首款TD-LTE芯片在内的产品,TD-LTE端到端产品能力形成。
2010年7月1日	北京、大连、哈尔滨、上海、南京、杭州、厦门、青岛、武汉、长沙、株州、湘潭地区和深圳成为第一批"三网融合"试点地区(城市)名单。
2011年2月14日	在西班牙巴塞罗那GSMA世界移动通信大会上,中国移动联合多家国际运营商发起成立了TD-LTE全球发展倡议(GTI)。7月,TD-LTE Band 38成为达到GCF终端认证条件的首个频段。
2011年4月25日	全国村村通电话工程"十一五"总结暨"十二五"启动大会在新疆乌鲁木齐市召开。
2011年6月9日	中国电信浙江10000号台州区域中心、中国移动山东公司客户服务中心获得2010年亚太杰出顾客关系服务亚太最佳荣誉奖。
2011年6月月23日	上海电信博物馆在原大北电报公司电报站内正式对公众开放。
2011年7月17日	海峡两岸光通信产业联盟在厦门成立。
2011年12月15日	全球首个LTE FDD和TD-LTE双模网络在瑞典正式商用。
2011年8月	由中国移动联合产业研发的4G全球首款TD-LTE/TD-SCDMA/GSM多模双待智能终端测试样机亮相2011年深圳大运,成功演示语音通话、高速上网、在线视频等业务。
2012年年初	国际电信联盟正式批准发布4G国际标准建议书。
2012年1月4日	天津、重庆、石家庄、西安在内的42个地区(城市)第二批三网融合试点地区(城市)名单通过。
2012年8月21日	中国电信集团公司在厦门举行"海峡两岸第一条直通光缆建成庆典"仪式。
2012年6月	中兴、华为推出支持40 MHz载波聚合的设备。
2012年6月	中国移动香港公司4G(FDD-LTE)网络与内地4G(TD-LTE)网络实现双向漫游,这是4G网络在全球首次实现双向、双制式的国际漫游。
2012年10月14日	在国际电信联盟2012世界电信大会上,我国政府首次正式公布将2.6GHz频段的2 500~2 690 MHz全部190 MHz频率资源规划为TDD频谱。
2012年11月11日	"海峡两岸光通信论坛"在江苏吴江同里召开。
2012年12月18日	中国移动全球首个TD-LTE和LTE FDD融合网络服务首先在香港商用。
2013年1月16日	横跨台湾海峡、连接大陆和台湾本岛的海底光缆——"海峡光缆1号"工程顺利竣工。两岸电信业在北京和台北举行竣工典礼视频会议。

续表

2013年2月2日	TD-LTE规模应用体验启动。中国移动浙江公司宣布,在杭州、温州推出TD-LTE扩大规模试验应用体验。
2013年3月22日	原美国国务卿基辛格经中美两国网络电路拍发,由人工投递与"乒乓外交之父"庄则栋遗孀庄佐佐木敦子的电报传递到北京。
2013年8月19日	国务院制定《"宽带中国"战略及实施方案》。
2013年12月4日	工信部正式向三大运营商发布4G牌照,中国移动、中国电信和中国联通均获得TD-LTE牌照。
2014年1月	工信部正式授予十一家企业虚拟运营商牌照。它们分别是:天音通信、浙江连连科技、乐语、华翔联信、京东、北纬通信、万网志成、迪信通、分享在线网络技术、话机世界数码连锁集团、巴士在线控股有限公司。
2014年2月25日	在GSMA在巴塞罗那召开的世界移动通信大会上,中国移动以独立展台的形式展示了TD-LTE、移动互联网与物联网、NFC手机钱包、国际业务等多项亮点内容,全新展示了新一代"融合通信"服务。
2014年3月21日	虚拟电信运营商拨通"170"段移动电话号码。
2014年3月31日	中国虚拟运营商产业联盟在北京正式成立。 "170"号段作为虚拟运营商的专属号段,于4月25日正式对外放号,虚拟运营商业务全面铺开。
2014年5月17日	由人民邮电出版社、中国通信学会普及与教育工作委员会主办,中国虚拟运营商产业联盟协办,北京信通传媒通信世界网承办的"2014年中国虚拟运营商发展论坛"在北京隆重举办。
2014年7月15日	中国通信设施服务股份有限公司正式成立。
2014年9月11日	"中国通信设施服务股份有限公司"于该月月初进行了工商变更登记手续,正式更名为"中国铁塔股份有限公司"。
2014年9月16日	由电信运营商、互联网企业、通信转售业务运营商、行业客户服务商、集成商、终端厂商、研究机构等单位的专家学者组成的通信运营服务中心成立。
2014年10月20日	国际电信联盟(ITU)第19届全权代表大会选举中国电信专家赵厚麟担任国际电信联盟秘书长。
2014年11月19日	由中国国家互联网信息办公室、浙江省人民政府主办,以"互联互通共享共治"为主题的首届世界互联网大会在中国浙江乌镇举行。
2015年1月20日	中国国务院总理李克强访问瑞士,在苏黎世会见国际电信联盟秘书长赵厚麟。
2015年2月3日	中国通信企业协会和中国铁塔股份有限公司会同通信设施服务关联领域大中型通信装备和工程服务企业、科研单位、高等院校以及各省(市、自治区)通信行业协会、铁塔分公司共同发起的"中国铁塔联盟"成立。
2015年6月	工业和信息化部的通信发展司改为信息通信发展司,电信管理局改为信息通信管理局,软件服务业司改为信息化和软件业服务司、通信保障局改为网络安全管理局。中国的电信事业进入信息通信时代。

附录 F 中国电报章程与电信条例

一、电报章程

光绪七年十一月初二（1881年12月22日）津沪电报总局

一本局现设电线自津至沪以天津为总局紫竹林大沽附之以临清济宁清江浦镇江苏州上海六处为分局嗣后如有添设地方再行随时布告凡中外官商送寄电报均按照万国电报通例以及本局所订专章随时收发不致泄漏迟误

一凡官商托传华字电报需将信中字句就本局电报新编此书可向各局购买查明逐字逐句之号码用本局印成信纸将号码开写送局不必写明字句局中即将号码代为传递收信人亦须备电报新编方可查对号码号码或有涂抹更注刀刮挖补等情应由寄信者签名信纸或加图章即有差误与局无涉倘欲代传密信凭寄信人照检字法第五条伸缩号码之法送局代传

一商民托寄显明电报如有干犯网纪妨疑民生等事本局不便代传原信应即扣留倘信内称呼不合语言不逊咎归寄信之人本局不代受过如系送来号码局中无从知道

一春夏收发电报早以七点钟起晚以九点钟止秋冬收发电报早以八点钟起晚以十点钟止如有紧要电报过时送寄者必须预先知照临时方可代传

一代传电报官报为先官报须以寄报官员印文为凭倘有商人兼任领事者遇以公事报官亦谓之官报非此不以官报论如递官报回音须将原来之官报电信呈局电报公务次之私事紧急信又次之私事平常信又次之投送电报则以接到先后为序

一本局收发电报无论中外官商皆须先取报费后与传递惟军机大臣总理衙门大臣各省将军抚督出使各国大臣公务官报有关防印信为凭者遵照详定章程送报即发其报费暂时登册汇案详报如此项电报有由洋公司转递各国者其费仍应同官报随时具领转给

一寄收电报之人如於四十二日限内欲向局中钞取原报号码者果本人或有人保非假冒方准再予钞录

一投送电报时或交收信之本人或其家属夥友同居及司阍之人均无不可倘收信人预致局中某信不可他人代取者必应交付本人惟不论何人经收均须於送信簿上亲自签押或盖图章并取到时刻如无人签押盖章即将布启交存其家布启式样录后电报带回存局守候本人或代理其事者持布启来局领取倘逾四十二日不来领取当即毁弃

一信中所载收信人姓名寓址按字计算信费寄信者不可靳惜信费缩减字数书写不清以致无从投递倘有前项情事应由寄信人签名信格本局不任其咎如果姓名寓址既於信中详叙复於信面照写者信面之字概不计费或收信之人因姓名寓址字数过多与寄信者预先商定减字之法向局中挂号注明某字即系某人姓名寓址便可照送惟至少以两字为率至寄信人之姓名信中应否传递听其自便如需传递计字收费

附 录

一寄信之费至少以七个字起算每三码作一字算七字以内亦算七字七字以外按字加算路有远近费有等差另行列表於后局中照表收费给与收条后方为代传

一本局按照万国公例每三码作一字算如寄信者用四码至五码六码送寄俱用一律码号别无字母夹杂者应将缮来码号统而计之如寄三个四码通计十二码应扯作四字算如寄四个四码通计十六码应扯作六字算凡另数凑不及三码亦作一字算倘码号内夹杂者便难扯算如一个四码应径作两字算两个四码应作四字算

一遇有私事电报欲提前立发者即为私字紧急信须出信费三倍每洋一角者加作洋三角并于信尾自加一急字此急字亦算一字之费

一如来报中加用点句者其点不能照传祇可每句自加一句字此句字亦算一字之费

一如所寄之报欲使一无差误须由收报之局照原信号码传回校对者信费另加一半每洋一角者加作一角五分并於信尾自加一对字此对字亦算一字之费

一如所寄之报欲使收报之局报明收信人何时接到者本局电线可寄之信应收报费外加收五字之费其由本局转交洋公司代递上海至香港厦门欧洲各国之信仍照万国通例加收十字之费并于信尾自加一到字此到字亦算一字之费

一如所寄之报欲使立候回信者须于信尾自加一复字此复字亦算一字之费所有回信之费必须予付然寄信人不能预定回信字数凡本局电线之信如信尾加复字者一例先收十字之费收报局于送信时附交凭单一纸照予收字数传递回音如果回信字多再由收报局向寄回信人找足如无回信收报之人可将此单寄还发信之人凭单向发报局取回原费计限发报日起本局界内三外六礼拜为期逾期作废不递回音不还原费倘去信无人接收即由收报局用公务电音传知发报局告知寄信人其予付回信之费即抵知照之费例不给还

一如寄信人因收信人住址不定于开写住址之后又写一处住址欲使收信局两处探投者应于信尾自加一探字此探字亦收一字之费除信费已由寄信人付讫外其探送之费应由收信人照付

一信至某局尚须雇人专送或由信局接递未设电线之处者除报费已由寄信人付讫外其雇送转寄之费应由收信人照付并应于信尾自加一送字此送字亦算一字之费

一收信人应付探送雇送等费若不照付或姓名寓址不能真确以致投送不到无从取费者收信之局即以公务电报传知寄信之局向寄信人如数补收

一寄信人欲将一信分送几人或一人分住几处者如其同在一埠仍收一分信费但每纸另加抄写费洋一角寄信南北亚美利加等处不能照此办理如果分送几人几处不在一埠者即照各埠信费逐一计算

一寄信人复欲追回原信无须发递者果系本人之意或有人保非假冒者均可照准如果此信尚未代传即将原信及信费立即交还并将本局收条收回倘信已代传可续寄一信令收信之局注销前信不代投送所收送费除此信已到某埠应照某埠信费扣收若干如有余资交回原人至于续寄之信仍须照字先行收费倘寄信者欲索回信先付回信之费则此信在何局止住该局即须照复倘未付回信之费该局亦应由信局寄与复音

一收信人因来信有不解之语即请原局追问者所有追问及回复信费均须先行照付

如果复信到时实系局中之误其事大有关系者应将信费全数交还

一如所寄电信收信人并未收到应将信费全行交还者即由寄信局传公务电音至收信局查得送信簿上并不签名盖章又未交留布启者当凭寄信人所执本局收条及收信人写来未曾收到之字据全数照付或电线未断迟至一百四十四点钟之久方能递到或追问原信后局中果有人误应将信费全行交还者当凭收信人所收之信纸照付除此三者之外平常小误概不还费至于应还信费之期凡因中国日本之信者以两个月为限因欧罗巴等处之信者以六个月为限洋字寄报专章十二条

一传递洋字电音其或有三一日显语一日暗语一日机密暗号

一显语之信尽人可知惟须用万国电报通用之文

一暗语之信能使人识其字而不介其意惟须用英法德意荷葡日拉八国文字至于人名地名不准借作暗语至于暗语底本应准局中查看

一机密暗号之信若用号码或速写或几号裁作一段局中不必明其意惟商民之信不准用外国不成字之字母以作暗号如果一信之内暗号与显语间用则所写暗号必须用笔截出全用暗号者听之

一洋字均以字母并成然至多以十个字母算一字不止十个字母者加费

一信内有二三字点画接连者仍按字数收费

一人名地名及数目等字倘系接写准照字母核算字数倘写某邑某街某巷者其邑街巷等字逐一收费

一凡书写号码之信以三个号码为一字

一凡遇号码或字母截开单写者各照一字计算紧要语下用画者亦算一字

一遇有分别数目点画各算一个号码遇有号数之后又加一字母者即系中国第字亦以一个号码计费

一洋字书函均有定格若电信不按款式及有错字省文者均不代传

一洋字电音条理甚繁均照万国电报通例不及一一详载规例与华字电信相同者已见前文此不再录

二、中华民国电信条例

民国七年（1918年）北洋政府交通部订立

第一条　电报电话，不论有线无线，均称为电信。

第二条　电信由国家经营。

第三条　左列电信经政府之许可。得由个人或团体私设。

（一）供铁路矿山及其他特别营业之专用者。

（二）个人团体或官署因图递送之便利。设于其所居之处。与电报局相接续者。

（三）个人团体或官署。专供一宅地范围内通信之用者。

（四）船舶航海时所用者。

（五）供学术试验上之用者。

（六）电话之通信范围。限于一定之区域者。但以该区域尚未有电话之联络为限。

前项之规定。除第四款第五款外。于无线电报。不适用之。

第四条　政府因必要情事。依法令之所定。得以私设电信。供公用。或军事通信之用。政府依前项规定。使用私设电信时。得派员管理之。

第五条　政府因用公安之维持。认为必要时。得指定区域。停止或制限电报电话之传达。

第六条　政府所指定之电报局。于电报之内容。认为妨害公安时。得拒绝或停止其传达。

第七条　电报因特别事故。及不可抵抗之障害。致迟滞或不能传达时。通信者不得要求损害赔偿。

第八条　电报内事故。由通信者负其责任。

第九条　关于电信之传递无能力者之行为。电报电话局视为有能力者。

第十条　电报局所收电报。除有命令特定者外。须依指定地点递送。因受信人所在地之不明。致无从递送者。公告之。

自前项公告之日起。满四十二日。尚无认取者。得毁弃之。

第十一条　电报局收受密码电报。或用秘词隐语者。认为必要时。得使发信人说明意义。发信人若拒绝说明。或说明不真确者。得停止其传达。

第十二条　关于电报电话之职员工人信差。於执行职务时。经过道路关津。不得阻止其通行。

第十三条　前条之职员工人信差。于执行职务。遇道路障碍。除设有栅栏围墙者外。凡宅地田地。皆得通行。但因此致损害建筑物或种植物时。经被害者之请求。应由政府给以相当之赔偿。

第十四条　第十二条之职员工人信差。于执行职务上。因特别障害或登山涉水。请求他人助力时。被请求者非有正当之理由。不得拒绝。但由助力者之请求。应由政府给以相当之报酬。

第十五条　电报电话线路。不论经过何地。得择便建设。但因妨害他人之权利。经被害者之请求。由政府给以相当之赔偿。

第十六条　电报电话费。各依定率征收现款。

第十七条　电报电话所用材料概免课税。但海关税不在此限。

第十八条　关于电信之损害赔偿及报酬之请求权。其消灭期间。及对于其请求权决定处理方法。别以教令定之。

第十九条　违反第二条第三条第四条第十二条第十三条第十四条之规定者。处以二百元以下五元以上之罚金。其违反第二条第三条者。并没收其杆线及机器。

第二十条　第十二条至十九条之规定。于私设电信不适用之。但第三条第六项之特许电话。得适用第十六条之规定。

第二十一条　本国与外国间之电报。法律命令或条约有明文者。各依其规定。

第二十二条　本条例自公布日施行。

三、中华民国电信条例

民国十八年（1929年）八月五日国府公布

第一条　电报电话不论有线无线及其他任何电气通信统称为电信。凡用电气由金属传递之符号字母文字形象及数目字名曰电报。其传递之语言声音名曰电话。凡用电波于空间传递之符号字母文字形象及数目字名曰无线电报。其传递之语言声音名曰无线电话。

第二条　凡国家经营之电信由国民政府行政院交通部管理之。惟海陆军及航空机关为军用起见自行设置者不在此例。

第三条　左列电信经国民政府行政院交通部或其委托机关之核准得由地方政府公私团体或个人设置。其电信设置规则由交通部另订之。

（一）供铁路矿山或其他特别营业之专用者。

（二）供船舶及航空机航行时通信之用者。

（三）因图收发之便利其当地电信机关接线通电者。

（四）专供在一定地范围内通信之用者。

（五）专供广播有益于公众之新闻讲演气象音乐歌曲之用者。

（六）供学术试验上之用者。

（七）在未有电话联络之一定区域内设置电话者。

第四条　凡未向国民政府行政院交通部或其委托机关登记领照者不得装用无线电收音机接收前条第五项规定之广播无线电信。

第五条　国民政府行政院交通部对于左列公私团体或个人有征收照费并制定取缔之权。其照费及取缔规则另定之。

（一）经营第三条规定之各项私营电信事业者。

（二）装用第四条规定之无线电收音机者。

第六条　国民政府行政院交通部于必要时得派员在私设电信机关检查电信或依法令之规定得将私设电信供公用或军事通信之用。并得派员管理或出价收用之。

第七条　电信机器及其附件须有国民政府行政院交通部之护照方准进口。

第八条　国营电信事业所用之机器和材料概免课税但进口关税不在此例。

第九条　电信内之事故应由通信人负其责任。

第十条　关于电信之传递无能力者之行为国营电信机关视为有能力者。

第十一条　国营电信机关及其职员工役对于往来电信之有无及其内容应严守秘密职员工役退职后亦同。

第十二条　国营电信机关对于法庭或维持公安之机关为侦查罪犯之证据认为有查阅电信之必要时经正式公文之请求者不受第十一条之限制。

第十三条　政府因维持公安认为必要时得指定区域停止或限制电信之传递。

第十四条　国营电信机关对于电信之内容认为妨害公安时得拒绝或停止其传递。

第十五条　电信因特别事故及不可抵抗之障害致迟滞或不能传达时通信者不得要求损害赔偿。

第十六条　电信机关所收电信除有特别标明外须依照电信所载收信人姓名住址投送之。如因收信人姓名住地不明致无从投送者公告之自前项公告之日起逾三个月尚无认取者得毁弃之。

第十七条　电信机关收受或投送密码或隐语电信在军事期间认为有检查之必要时得使发信人说明意义或向发信人或收信人取阅密本如有拒绝说明或说明不真确或不交阅密本者得停止其传达或投送。

第十八条　国营电信机关之线路不论经过何地得择便建设但因妨害私人之权利经被损害者之请求由国民政府行政院交通部或其委托机关查明确实后得给以相当之赔偿。

第十九条　国营电信机关之职员工役于执行职务时经过道路关津无论何人不得阻止其通行。

第二十条　前条之职员工役于执行职务时遇有道路阻碍除设有栅栏围墙者外凡宅地田地皆得通行但因此致损害建筑物或种植物时经被损害者之请求由国民政府行政院交通部或其委托机关查明确实后得给以相当之赔偿。

第二十一条　违反第三条第七条之规定者处五十元以上二千元以下之罚金并没收其全部杆线机器及附件违反第四条第廿条之规定者处以五元以上二百元以下之罚金。

第二十二条　本条例自公布日施行。

四、中华人民共和国电信条例

（2014年8月15日国务院修订版）

第一章　总　则

第一条　为了规范电信市场秩序，维护电信用户和电信业务经营者的合法权益，保障电信网络和信息的安全，促进电信业的健康发展，制定本条例。

第二条　在中华人民共和国境内从事电信活动或者与电信有关的活动，必须遵守本条例。

本条例所称电信，是指利用有线、无线的电磁系统或者光电系统，传送、发射或者接收语音、文字、数据、图像以及其他任何形式信息的活动。

第三条　国务院信息产业主管部门依照本条例的规定对全国电信业实施监督管理。

省、自治区、直辖市电信管理机构在国务院信息产业主管部门的领导下，依照本条例的规定对本行政区域内的电信业实施监督管理。

第四条　电信监督管理遵循政企分开、破除垄断、鼓励竞争、促进发展和公开、公平、公正的原则。

电信业务经营者应当依法经营，遵守商业道德，接受依法实施的监督检查。

第五条　电信业务经营者应当为电信用户提供迅速、准确、安全、方便和价格合理的电信服务。

第六条　电信网络和信息的安全受法律保护。任何组织或者个人不得利用电信网络从事危害国家安全、社会公共利益或者他人合法权益的活动。

第二章　电信市场

第一节　电信业务许可

第七条　国家对电信业务经营按照电信业务分类，实行许可制度。

经营电信业务，必须依照本条例的规定取得国务院信息产业主管部门或者省、自治区、直辖市电信管理机构颁发的电信业务经营许可证。

未取得电信业务经营许可证，任何组织或者个人不得从事电信业务经营活动。

第八条　电信业务分为基础电信业务和增值电信业务。

基础电信业务，是指提供公共网络基础设施、公共数据传送和基本话音通信服务的业务。增值电信业务，是指利用公共网络基础设施提供的电信与信息服务的业务。

电信业务分类的具体划分在本条例所附的《电信业务分类目录》中列出。国务院信息产业主管部门根据实际情况，可以对目录所列电信业务分类项目作局部调整，重新公布。

第九条　经营基础电信业务，须经国务院信息产业主管部门审查批准，取得《基础电信业务经营许可证》。

经营增值电信业务，业务覆盖范围在两个以上省、自治区、直辖市的，须经国务院信息产业主管部门审查批准，取得《跨地区增值电信业务经营许可证》；业务覆盖范围在一个省、自治区、直辖市行政区域内的，须经省、自治区、直辖市电信管理机构审查批准，取得《增值电信业务经营许可证》。

运用新技术试办《电信业务分类目录》未列出的新型电信业务的，应当向省、自治区、直辖市电信管理机构备案。

第十条　经营基础电信业务，应当具备下列条件：

（一）经营者为依法设立的专门从事基础电信业务的公司，且公司中国有股权或者股份不少于51%；

（二）有可行性研究报告和组网技术方案；

（三）有与从事经营活动相适应的资金和专业人员；

（四）有从事经营活动的场地及相应的资源；
（五）有为用户提供长期服务的信誉或者能力；
（六）国家规定的其他条件。

第十一条　申请经营基础电信业务，应当向国务院信息产业主管部门提出申请，并提交本条例第十条规定的相关文件。国务院信息产业主管部门应当自受理申请之日起180日内审查完毕，作出批准或者不予批准的决定。予以批准的，颁发《基础电信业务经营许可证》；不予批准的，应当书面通知申请人并说明理由。

第十二条　国务院信息产业主管部门审查经营基础电信业务的申请时，应当考虑国家安全、电信网络安全、电信资源可持续利用、环境保护和电信市场的竞争状况等因素。

颁发《基础电信业务经营许可证》，应当按照国家有关规定采用招标方式。

第十三条　经营增值电信业务，应当具备下列条件：
（一）经营者为依法设立的公司；
（二）有与开展经营活动相适应的资金和专业人员；
（三）有为用户提供长期服务的信誉或者能力；
（四）国家规定的其他条件。

第十四条　申请经营增值电信业务，应当根据本条例第九条第二款的规定，向国务院信息产业主管部门或者省、自治区、直辖市电信管理机构提出申请，并提交本条例第十三条规定的相关文件。申请经营的增值电信业务，按照国家有关规定须经有关主管部门审批的，还应当提交有关主管部门审核同意的文件。国务院信息产业主管部门或者省、自治区、直辖市电信管理机构应当自收到申请之日起60日内审查完毕，作出批准或者不予批准的决定。予以批准的，颁发《跨地区增值电信业务经营许可证》或者《增值电信业务经营许可证》；不予批准的，应当书面通知申请人并说明理由。

第十五条　电信业务经营者在经营过程中，变更经营主体、业务范围或者停止经营的，应当提前90日向原颁发许可证的机关提出申请，并办理相应手续；停止经营的，还应当按照国家有关规定做好善后工作。

第十六条　经批准经营电信业务的，应当持依法取得的电信业务经营许可证，向企业登记机关办理登记手续。

专用电信网运营单位在所在地区经营电信业务的，应当依照本条例规定的条件和程序提出申请，经批准，取得电信业务经营许可证，并依照前款规定办理登记手续。

第二节　电信网间互联

第十七条　电信网之间应当按照技术可行、经济合理、公平公正、相互配合的原则，实现互联互通。

主导的电信业务经营者不得拒绝其他电信业务经营者和专用网运营单位提出的互联互通要求。

前款所称主导的电信业务经营者，是指控制必要的基础电信设施并且在电信业务市场中占有较大份额，能够对其他电信业务经营者进入电信业务市场构成实质性影响的经营者。

主导的电信业务经营者由国务院信息产业主管部门确定。

第十八条　主导的电信业务经营者应当按照非歧视和透明化的原则，制定包括网间互联的程序、时限、非捆绑网络元素目录等内容的互联规程。互联规程应当报国务院信息产业主管部门审查同意。该互联规程对主导的电信业务经营者的互联互通活动具有约束力。

第十九条　公用电信网之间、公用电信网与专用电信网之间的网间互联，由网间互联双方按照国务院信息产业主管部门的网间互联管理规定进行互联协商，并订立网间互联协议。

第二十条　网间互联双方经协商未能达成网间互联协议的，自一方提出互联要求之日起60日内，任何一方均可以按照网间互联覆盖范围向国务院信息产业主管部门或者省、自治区、直辖市电信管理机构申请协调；收到申请的机关应当依照本条例第十七条第一款规定的原则进行协调，促使网间互联双方达成协议；自网间互联一方或者双方申请协调之日起45日内经协调仍不能达成协议的，由协调机关随机邀请电信技术专家和其他有关方面专家进行公开论证并提出网间互联方案。协调机关应当根据专家论证结论和提出的网间互联方案作出决定，强制实现互联互通。

第二十一条　网间互联双方必须在协议约定或者决定规定的时限内实现互联互通。遵守网间互联协议和国务院信息产业主管部门的相关规定，保障网间通信畅通，任何一方不得擅自中断互联互通。网间互联遇有通信技术障碍的，双方应当立即采取有效措施予以消除。网间互联双方在互联互通中发生争议的，依照本条例第二十条规定的程序和办法处理。

网间互联的通信质量应当符合国家有关标准。主导的电信业务经营者向其他电信业务经营者提供网间互联，服务质量不得低于本网内的同类业务及向其子公司或者分支机构提供的同类业务质量。

第二十二条　网间互联的费用结算与分摊应当执行国家有关规定，不得在规定标准之外加收费用。

网间互联的技术标准、费用结算办法和具体管理规定，由国务院信息产业主管部门制定。

第三节　电信资费

第二十三条　电信资费实行市场调节价。电信业务经营者应当统筹考虑生产经营成本、电信市场供求状况等因素，合理确定电信业务资费标准。

第二十四条　基础电信业务资费实行政府定价、政府指导价或者市场调节价；增值电信业务资费实行市场调节价或者政府指导价。

市场竞争充分的电信业务，电信资费实行市场调节价。

实行政府定价、政府指导价和市场调节价的电信资费分类管理目录，由国务院信息产业主管部门经征求国务院价格主管部门意见制定并公布施行。

第二十五条　国家依法加强对电信业务经营者资费行为的监管，建立健全监管规则，维护消费者合法权益。

政府指导价的电信业务资费标准幅度，由国务院信息产业主管部门经征求国务院价格主管部门意见，制定并公布施行。电信业务经营者在标准幅度内，自主确定资费标准，报省、自治区、直辖市电信管理机构备案。

第二十六条　电信业务经营者应当根据国务院信息产业主管部门和省、自治区、直辖市电信管理机构的要求，提供准确、完备的业务成本数据及其他有关资料。

第四节　电信资源

第二十七条　国家对电信资源统一规划、集中管理、合理分配，实行有偿使用制度。

前款所称电信资源，是指无线电频率、卫星轨道位置、电信网码号等用于实现电信功能且有限的资源。

第二十八条　电信业务经营者占有、使用电信资源，应当缴纳电信资源费。具体收费办法由国务院信息产业主管部门会同国务院财政部门、价格主管部门制定，报国务院批准后公布施行。

第二十九条　电信资源的分配，应当考虑电信资源规划、用途和预期服务能力。

分配电信资源，可以采取指配的方式，也可以采用拍卖的方式。

取得电信资源使用权的，应当在规定的时限内启用所分配的资源，并达到规定的最低使用规模。未经国务院信息产业主管部门或者省、自治区、直辖市电信管理机构批准，不得擅自使用、转让、出租电信资源或者改变电信资源的用途。

第三十条　电信资源使用者依法取得电信网码号资源后，主导的电信业务经营者和其他有关单位有义务采取必要的技术措施，配合电信资源使用者实现其电信网码号资源的功能。

法律、行政法规对电信资源管理另有特别规定的，从其规定。

第三章　电信服务

第三十一条　电信业务经营者应当按照国家规定的电信服务标准向电信用户提供服务。电信业务经营者提供服务的种类、范围、资费标准和时限，应当向社会公布，并报省、自治区、直辖市电信管理机构备案。

电信用户有权自主选择使用依法开办的各类电信业务。

第三十二条　电信用户申请安装、移装电信终端设备的，电信业务经营者应当在其公布的时限内保证装机开通；由于电信业务经营者的原因逾期未能装机开通的，应当每日按照收取的安装费、移装费或者其他费用数额百分之一的比例，向电信用户支付违约金。

第三十三条　电信用户申告电信服务障碍的，电信业务经营者应当自接到申告之日起，城镇48小时、农村72小时内修复或者调通；不能按期修复或者调通的，应当及时通知电信用户,并免收障碍期间的月租费用。但是,属于电信终端设备的原因造成电信服务障碍的除外。

第三十四条 电信业务经营者应当为电信用户交费和查询提供方便。电信用户要求提供国内长途通信、国际通信、移动通信和信息服务等收费清单的,电信业务经营者应当免费提供。

电信用户出现异常的巨额电信费用时,电信业务经营者一经发现,应当尽可能迅速告知电信用户,并采取相应的措施。

前款所称巨额电信费用,是指突然出现超过电信用户此前三个月平均电信费用5倍以上的费用。

第三十五条 电信用户应当按照约定的时间和方式及时、足额地向电信业务经营者交纳电信费用;电信用户逾期不交纳电信费用的,电信业务经营者有权要求补交电信费用,并可以按照所欠费用每日加收3‰的违约金。

对超过收费约定期限30日仍不交纳电信费用的电信用户,电信业务经营者可以暂停向其提供电信服务。电信用户在电信业务经营者暂停服务60日内仍未补交电信费用和违约金的,电信业务经营者可以终止提供服务,并可以依法追缴欠费和违约金。

经营移动电信业务的经营者可以与电信用户约定交纳电信费用的期限、方式,不受前款规定期限的限制。

电信业务经营者应当在迟延交纳电信费用的电信用户补足电信费用、违约金后的48小时内,恢复暂停的电信服务。

第三十六条 电信业务经营者因工程施工、网络建设等原因,影响或者可能影响正常电信服务的,必须按照规定的时限及时告知用户,并向省、自治区、直辖市电信管理机构报告。

因前款原因中断电信服务的,电信业务经营者应当相应减免用户在电信服务中断期间的相关费用。

出现本条第一款规定的情形,电信业务经营者未及时告知用户的,应当赔偿由此给用户造成的损失。

第三十七条 经营本地电话业务和移动电话业务的电信业务经营者,应当免费向用户提供火警、匪警、医疗急救、交通事故报警等公益性电信服务并保障通信线路畅通。

第三十八条 电信业务经营者应当及时为需要通过中继线接入其电信网的集团用户,提供平等、合理的接入服务。

未经批准,电信业务经营者不得擅自中断接入服务。

第三十九条 电信业务经营者应当建立健全内部服务质量管理制度,并可以制定并公布施行高于国家规定的电信服务标准的企业标准。

电信业务经营者应当采取各种形式广泛听取电信用户意见,接受社会监督,不断提高电信服务质量。

第四十条　电信业务经营者提供的电信服务达不到国家规定的电信服务标准或者其公布的企业标准的，或者电信用户对交纳电信费用持有异议的，电信用户有权要求电信业务经营者予以解决；电信业务经营者拒不解决或者电信用户对解决结果不满意的，电信用户有权向国务院信息产业主管部门或者省、自治区、直辖市电信管理机构或者其他有关部门申诉。收到申诉的机关必须对申诉及时处理，并自收到申诉之日起 30 日内向申诉者作出答复。

电信用户对交纳本地电话费用有异议的，电信业务经营者还应当应电信用户的要求免费提供本地电话收费依据，并有义务采取必要措施协助电信用户查找原因。

第四十一条　电信业务经营者在电信服务中，不得有下列行为：

（一）以任何方式限定电信用户使用其指定的业务；

（二）限定电信用户购买其指定的电信终端设备或者拒绝电信用户使用自备的已经取得入网许可的电信终端设备；

（三）无正当理由拒绝、拖延或者中止对电信用户的电信服务；

（四）对电信用户不履行公开作出的承诺或者作容易引起误解的虚假宣传；

（五）以不正当手段刁难电信用户或者对投诉的电信用户打击报复。

第四十二条　电信业务经营者在电信业务经营活动中，不得有下列行为：

（一）以任何方式限制电信用户选择其他电信业务经营者依法开办的电信服务；

（二）对其经营的不同业务进行不合理的交叉补贴；

（三）以排挤竞争对手为目的，低于成本提供电信业务或者服务，进行不正当竞争。

第四十三条　国务院信息产业主管部门或者省、自治区、直辖市电信管理机构应当依据职权对电信业务经营者的电信服务质量和经营活动进行监督检查，并向社会公布监督抽查结果。

第四十四条　电信业务经营者必须按照国家有关规定履行相应的电信普遍服务义务。

国务院信息产业主管部门可以采取指定的或者招标的方式确定电信业务经营者具体承担电信普遍服务的义务。

电信普遍服务成本补偿管理办法，由国务院信息产业主管部门会同国务院财政部门、价格主管部门制定，报国务院批准后公布施行。

第四章　电信建设

第一节　电信设施建设

第四十五条　公用电信网、专用电信网、广播电视传输网的建设应当接受国务院信息产业主管部门的统筹规划和行业管理。

属于全国性信息网络工程或者国家规定限额以上建设项目的公用电信网、专用电信网、广播电视传输网建设，在按照国家基本建设项目审批程序报批前，应当征得国务院信息产业主管部门同意。

基础电信建设项目应当纳入地方各级人民政府城市建设总体规划和村镇、集镇建设总体规划。

第四十六条 城市建设和村镇、集镇建设应当配套设置电信设施。建筑物内的电信管线和配线设施以及建设项目用地范围内的电信管道,应当纳入建设项目的设计文件,并随建设项目同时施工与验收。所需经费应当纳入建设项目概算。

有关单位或者部门规划、建设道路、桥梁、隧道或者地下铁道等,应当事先通知省、自治区、直辖市电信管理机构和电信业务经营者,协商预留电信管线等事宜。

第四十七条 基础电信业务经营者可以在民用建筑物上附挂电信线路或者设置小型天线、移动通信基站等公用电信设施,但是应当事先通知建筑物产权人或者使用人,并按照省、自治区、直辖市人民政府规定的标准向该建筑物的产权人或者其他权利人支付使用费。

第四十八条 建设地下、水底等隐蔽电信设施和高空电信设施,应当按照国家有关规定设置标志。

基础电信业务经营者建设海底电信缆线,应当征得国务院信息产业主管部门同意,并征求有关部门意见后,依法办理有关手续。海底电信缆线由国务院有关部门在海图上标出。

第四十九条 任何单位或者个人不得擅自改动或者迁移他人的电信线路及其他电信设施;遇有特殊情况必须改动或者迁移的,应当征得该电信设施产权人同意,由提出改动或者迁移要求的单位或者个人承担改动或者迁移所需费用,并赔偿由此造成的经济损失。

第五十条 从事施工、生产、种植树木等活动,不得危及电信线路或者其他电信设施的安全或者妨碍线路畅通;可能危及电信安全时,应当事先通知有关电信业务经营者,并由从事该活动的单位或者个人负责采取必要的安全防护措施。

违反前款规定,损害电信线路或者其他电信设施或者妨碍线路畅通的,应当恢复原状或者予以修复,并赔偿由此造成的经济损失。

第五十一条 从事电信线路建设,应当与已建的电信线路保持必要的安全距离;难以避开或者必须穿越,或者需要使用已建电信管道的,应当与已建电信线路的产权人协商,并签订协议;经协商不能达成协议的,根据不同情况,由国务院信息产业主管部门或者省、自治区、直辖市电信管理机构协调解决。

第五十二条 任何组织或者个人不得阻止或者妨碍基础电信业务经营者依法从事电信设施建设和向电信用户提供公共电信服务;但是,国家规定禁止或者限制进入的区域除外。

第五十三条 执行特殊通信、应急通信和抢修、抢险任务的电信车辆,经公安交通管理机关批准,在保障交通安全畅通的前提下可以不受各种禁止机动车通行标志的限制。

第二节 电信设备进网

第五十四条 国家对电信终端设备、无线电通信设备和涉及网间互联的设备实行进网许可制度。

接入公用电信网的电信终端设备、无线电通信设备和涉及网间互联的设备，必须符合国家规定的标准并取得进网许可证。

实行进网许可制度的电信设备目录，由国务院信息产业主管部门会同国务院产品质量监督部门制定并公布施行。

第五十五条 办理电信设备进网许可证的，应当向国务院信息产业主管部门提出申请，并附送经国务院产品质量监督部门认可的电信设备检测机构出具的检测报告或者认证机构出具的产品质量认证证书。

国务院信息产业主管部门应当自收到电信设备进网许可申请之日起60日内，对申请及电信设备检测报告或者产品质量认证证书审查完毕。经审查合格的，颁发进网许可证；经审查不合格的，应当书面答复并说明理由。

第五十六条 电信设备生产企业必须保证获得进网许可的电信设备的质量稳定、可靠，不得降低产品质量和性能。

电信设备生产企业应当在其生产的获得进网许可的电信设备上粘贴进网许可标志。

国务院产品质量监督部门应当会同国务院信息产业主管部门对获得进网许可证的电信设备进行质量跟踪和监督抽查，公布抽查结果。

第五章 电信安全

第五十七条 任何组织或者个人不得利用电信网络制作、复制、发布、传播含有下列内容的信息：

（一）反对宪法所确定的基本原则的；
（二）危害国家安全，泄露国家秘密，颠覆国家政权，破坏国家统一的；
（三）损害国家荣誉和利益的；
（四）煽动民族仇恨、民族歧视，破坏民族团结的；
（五）破坏国家宗教政策，宣扬邪教和封建迷信的；
（六）散布谣言，扰乱社会秩序，破坏社会稳定的；
（七）散布淫秽、色情、赌博、暴力、凶杀、恐怖或者教唆犯罪的；
（八）侮辱或者诽谤他人，侵害他人合法权益的；
（九）含有法律、行政法规禁止的其他内容的。

第五十八条 任何组织或者个人不得有下列危害电信网络安全和信息安全的行为：

（一）对电信网的功能或者存储、处理、传输的数据和应用程序进行删除或者修改；
（二）利用电信网从事窃取或者破坏他人信息、损害他人合法权益的活动；
（三）故意制作、复制、传播计算机病毒或者以其他方式攻击他人电信网络等电信设施；
（四）危害电信网络安全和信息安全的其他行为。

第五十九条 任何组织或者个人不得有下列扰乱电信市场秩序的行为：

（一）采取租用电信国际专线、私设转接设备或者其他方法，擅自经营国际或者香港特别行政区、澳门特别行政区和台湾地区电信业务；

（二）盗接他人电信线路，复制他人电信码号，使用明知是盗接、复制的电信设施或者码号；

（三）伪造、变造电话卡及其他各种电信服务有价凭证；

（四）以虚假、冒用的身份证件办理入网手续并使用移动电话。

第六十条　电信业务经营者应当按照国家有关电信安全的规定，建立健全内部安全保障制度，实行安全保障责任制。

第六十一条　电信业务经营者在电信网络的设计、建设和运行中，应当做到与国家安全和电信网络安全的需求同步规划，同步建设，同步运行。

第六十二条　在公共信息服务中，电信业务经营者发现电信网络中传输的信息明显属于本条例第五十七条所列内容的，应当立即停止传输，保存有关记录，并向国家有关机关报告。

第六十三条　使用电信网络传输信息的内容及其后果由电信用户负责。

电信用户使用电信网络传输的信息属于国家秘密信息的，必须依照保守国家秘密法的规定采取保密措施。

第六十四条　在发生重大自然灾害等紧急情况下，经国务院批准，国务院信息产业主管部门可以调用各种电信设施，确保重要通信畅通。

第六十五条　在中华人民共和国境内从事国际通信业务，必须通过国务院信息产业主管部门批准设立的国际通信出入口局进行。

我国内地与香港特别行政区、澳门特别行政区和台湾地区之间的通信，参照前款规定办理。

第六十六条　电信用户依法使用电信的自由和通信秘密受法律保护。除因国家安全或者追查刑事犯罪的需要，由公安机关、国家安全机关或者人民检察院依照法律规定的程序对电信内容进行检查外，任何组织或者个人不得以任何理由对电信内容进行检查。

电信业务经营者及其工作人员不得擅自向他人提供电信用户使用电信网络所传输信息的内容。

第六章　罚　则

第六十七条　违反本条例第五十七条、第五十八条的规定，构成犯罪的，依法追究刑事责任；尚不构成犯罪的，由公安机关、国家安全机关依照有关法律、行政法规的规定予以处罚。

第六十八条　有本条例第五十九条第（二）、（三）、（四）项所列行为之一，扰乱电信市场秩序，构成犯罪的，依法追究刑事责任；尚不构成犯罪的，由国务院信息产业主管部门或者省、自治区、直辖市电信管理机构依据职权责令改正，没收违法所得，处违法所得3倍以上5倍以下罚款；没有违法所得或者违法所得不足1万元的，处1万元以上10万元以下罚款。

第六十九条　违反本条例的规定，伪造、冒用、转让电信业务经营许可证、电信设备进网许可证或者编造在电信设备上标注的进网许可证编号的，由国务院信息产业主管部门或者省、自治区、直辖市电信管理机构依据职权没收违法所得，处违法所得3倍以上5倍以下罚款；没有违法所得或者违法所得不足1万元的，处1万元以上10万元以下罚款。

第七十条　违反本条例规定，有下列行为之一的，由国务院信息产业主管部门或者省、自治区、直辖市电信管理机构依据职权责令改正，没收违法所得，处违法所得3倍以上5倍以下罚款；没有违法所得或者违法所得不足5万元的，处10万元以上100万元以下罚款；情节严重的，责令停业整顿：

（一）违反本条例第七条第三款的规定或者有本条例第五十九条第（一）项所列行为，擅自经营电信业务的，或者超范围经营电信业务的；

（二）未通过国务院信息产业主管部门批准，设立国际通信出入口进行国际通信的；

（三）擅自使用、转让、出租电信资源或者改变电信资源用途的；

（四）擅自中断网间互联互通或者接入服务的；

（五）拒不履行普遍服务义务的。

第七十一条　违反本条例的规定，有下列行为之一的，由国务院信息产业主管部门或者省、自治区、直辖市电信管理机构依据职权责令改正，没收违法所得，处违法所得1倍以上3倍以下罚款；没有违法所得或者违法所得不足1万元的，处1万元以上10万元以下罚款；情节严重的，责令停业整顿：

（一）在电信网间互联中违反规定加收费用的；

（二）遇有网间通信技术障碍，不采取有效措施予以消除的；

（三）擅自向他人提供电信用户使用电信网络所传输信息的内容的；

（四）拒不按照规定缴纳电信资源使用费的。

第七十二条　违反本条例第四十二条的规定，在电信业务经营活动中进行不正当竞争的，由国务院信息产业主管部门或者省、自治区、直辖市电信管理机构依据职权责令改正，处10万元以上100万元以下罚款；情节严重的，责令停业整顿。

第七十三条　违反本条例的规定，有下列行为之一的，由国务院信息产业主管部门或者省、自治区、直辖市电信管理机构依据职权责令改正，处5万元以上50万元以下罚款；情节严重的，责令停业整顿：

（一）拒绝其他电信业务经营者提出的互联互通要求的；

（二）拒不执行国务院信息产业主管部门或者省、自治区、直辖市电信管理机构依法作出的互联互通决定的；

（三）向其他电信业务经营者提供网间互联的服务质量低于本网及其子公司或者分支机构的。

第七十四条　违反本条例第三十四条第一款、第四十条第二款的规定，电信业务经营者拒绝免费为电信用户提供国内长途通信、国际通信、移动通信和信息服务等收费清单，或者电信用户对交纳本地电话费用有异议并提出要求时，拒绝为电信用户免费提供本地电话收费依据的，由省、自治区、直辖市电信管理机构责令改正，并向电信用户赔礼道歉；拒不改正并赔礼道歉的，处以警告，并处5 000元以上5万元以下的罚款。

第七十五条 违反本条例第四十一条的规定，由省、自治区、直辖市电信管理机构责令改正，并向电信用户赔礼道歉，赔偿电信用户损失；拒不改正并赔礼道歉、赔偿损失的，处以警告，并处1万元以上10万元以下的罚款；情节严重的，责令停业整顿。

第七十六条 违反本条例的规定，有下列行为之一的，由省、自治区、直辖市电信管理机构责令改正，处1万元以上10万元以下的罚款：

（一）销售未取得进网许可的电信终端设备的；
（二）非法阻止或者妨碍电信业务经营者向电信用户提供公共电信服务的；
（三）擅自改动或者迁移他人的电信线路及其他电信设施的。

第七十七条 违反本条例的规定，获得电信设备进网许可证后降低产品质量和性能的，由产品质量监督部门依照有关法律、行政法规的规定予以处罚。

第七十八条 有本条例第五十七条、第五十八条和第五十九条所列禁止行为之一，情节严重的，由原发证机关吊销电信业务经营许可证。

国务院信息产业主管部门或者省、自治区、直辖市电信管理机构吊销电信业务经营许可证后，应当通知企业登记机关。

第七十九条 国务院信息产业主管部门或者省、自治区、直辖市电信管理机构工作人员玩忽职守、滥用职权、徇私舞弊，构成犯罪的，依法追究刑事责任；尚不构成犯罪的，依法给予行政处分。

第七章 附 则

第八十条 外国的组织或者个人在中华人民共和国境内投资与经营电信业务和香港特别行政区、澳门特别行政区与台湾地区的组织或者个人在内地投资与经营电信业务的具体办法，由国务院另行制定。

第八十一条 本条例自公布之日起施行。

参考文献 图版文献

一、馆藏史料

中国第一历史档案馆	邮传部史料
北京邮政档案馆	馆藏邮电部史料
中国第二历史档案馆	馆藏国民政府交通部史料
上海电信档案馆	馆藏上海邮电史料
上海交通大学图书馆档案室	馆藏史料
上海电信公司长途无线事业部	部藏史料
中国人民解放军总参谋部通信部编研室	部藏史料

二、报　纸

《申报》1899年、1925年、1930—1937年
《民国日报》1925年
《时事新报》1937年
《解放日报》1957年
《上海邮电报》1988年
《上海长途电信报》1991—1998年
《人民邮电报》1998年、2008年
《良友》1929—1933年

三、书　籍

《清史稿》	中华书局
《盛世危言》	辽宁人民出版社
《电信事业》	中华民国行政院新闻局印行
《清末邮传部研究》	中华书局
《晚清电报及其传播观念》	上海世纪出版集团
《铁路电信七十五周年纪念刊》	文海出版社
《电信大意》	中国科学图书仪器公司发行
《中国邮电百科全书——电信卷》	人民邮电出版社
《回忆——邮电离退休干部回忆文集》	人民邮电出版社
《当代中国的邮电事业》	当代中国出版社
《中国统计年鉴》	中国统计出版社（1984年）

《中国交通年鉴》	中国交通年鉴社
《百年电信铸辉煌》	中国计划出版社
《交通大学校史》	交通大学出版社
《抗战中的柳州》	广西人民出版社
《通信兵回忆史料1—3》	解放军出版社
《今日东方——中文版》	亚太新闻出版社主办
《电信的记忆》	文汇出版社
《大跨越——中国电信业三十春秋》	人民文学出版社
《北方交通大学志》	中国铁道出版社
《国民党特务活动史》	九州出版社
《历史天空的红色电波》	长城出版社
《转型期的邮电改革》	文汇出版社
《中国萨满女神——东海南极》	黑龙江美术出版社

四、各地方志、邮电志、电信志（部分）

北京志　电信	天津通志　邮电卷	上海邮电志
江西省志　电信	广东省志　邮电志	河北省志　邮电志
黑龙江省志　邮电志	辽宁省志　邮电志	吉林省志　邮电志
贵州省志　邮电志	安徽省志　邮电志	云南省志　邮电志
陕西省志　邮电志	山东省志　邮电志	湖北省志　交通邮电
吉林市志　电信志	福州市志　电信	内蒙古邮电志
杭州市志　电信	成都市志　电信志	九江邮电志
沈阳市志　电信	重庆市志　电信	柳州市邮电志
瑞金邮电志	石家庄市电信志	广州交通邮电志
包头邮电志	南京电信志	延安邮电志
郑州电信要览	海口市邮电志	乌拉特前旗邮电志
唐山市志　邮电志	杭州市邮电志	珠海市邮电志
丹东邮电志	苏州邮电志	阿勒泰地区邮电志
承德邮电志	瓦房店市邮电志	青海省志　邮电志
宁夏通志	西藏自治区邮电志复审稿	

五、内编资料（部分）

《邮电经济》	上海邮电经济研究会主编

参 考 文 献

《中国近代邮电史》	高学良主编　王廉伯审订
《上海电信文物图志》	上海电信有限公司编
《上海长途电信图志》	上海长途电信历史丛书之三
《上海长途电信百年大事记》	上海长途电信历史丛书之四
《上海电信系统职工运动史料》	中共上海党史资料征集委员会主编
《电信人员训练所纪念刊》	上海电信人员训练所校友编
《沪台邮电通信和交流交往二十年》	上海邮电经济研究会等单位编
《1949—1988年上海公安大事记》	上海市公安局编
《移动·上海》	上海移动通信公司五周年志庆专刊
《上海市长途电信局创业110周年纪念刊》	上海市长途电信局编委会

后　记

在将本书文稿交付北京邮电大学出版社之时，难以抑制我满心的感慨、感谢、感伤、感激。

感慨于本书的创作，字字句句来之不易。百余年来，记录中国通信业来时之路的各局、各地的邮电志、电信志如烟如海，却唯缺将其汇总为一套的《中国通信史》。也许是我此生职业生命冥冥之中安排，也许是我心中电信文学的萌芽破土，1998年，在原上海市长途电信局领导的关心下，我开始师从著名剧作家曲信先先生学习写作。记得在我跟他学习的第一天，他就语重心长地跟我说："白玉芳，我对你的期望，是你要写电信，中国一百多年的电信历史，是很值得写的，但是，电信是很专业的，没有熟悉的生活体验，是没法写好的，所以，很少有作家和剧作家来写这个题材，如果你不写电信，就太可惜了。"

是啊，有哪位笔者有如此天赐的、长达34年的电信文学创作生活体验？1969年8月，我成为桂林市邮电局长途台一名长途话务员。直至1997年，我一直在柳州、上海长途话务员的岗位上工作。28年长途话务员的工作中，我和话务员姐妹们接转了千千万万个长途电话——从磁石交换机到共电式交换机，从人工接续到半自动接续，再到全自动直拨。我与许多话务员姐妹们一起，成为长途电话人工接续的终结者，成为中国邮电通信事业辉煌巨变的亲历者。

从此，我手中的电信文学之笔，叙写了《长途话务员的人生故事》到《长途电话，告别人工》等专栏文章。至2007年的春天，在出版了两部长篇小说以后，我开始了电信文学的创作。创作的过程可谓艰辛，为了能够真实记录我和同仁们所经历的通信事业，我数次自费北上南下查找资料，采访了众多同仁与用户。让我感动的是，当了解到我是要以中国电信业的历史背景进行文学创作时，许多单位的领导和初次相识的同仁给予了我极大的帮助和支持，为我提供了大量有关的历史资料和书籍。正是有他们坚强的支持，才使我得以坚韧地度过了在查找资料中所遇到的一些委婉的拒绝与推托，坚定了我以在电信行业从业34年的工作经历，以中国作家的身份，去记录中国电信业百年历史的决心；也正是这些领导和同仁们提供的宝贵历史资料，开阔了我写作的思路，帮助我在电信文学创作之路的前行。从《天波颂——中国通信百年记事》到《上海电信史》第二卷，再到今天的《中国通信史》，一系列作品的完成，首先要衷心感谢为邮电通信历史付出过辛勤文字劳动的众多前辈以及各地电信志的编撰者们，是他们的真实记录，使我能以我和许多同事的亲身经历，

后　记

融入中国通信业发展的大背景里，成为我写作源泉，圆了我的电信人生之梦。

感谢社会各界人士与单位与许多接受我采访的同仁和电信用户，他们无私的帮助和他们的叙述，帮助我完成了我文学人生的心愿：作为一个作家，其责任，是以历史感和使命感，成为一个记录中国百年通信社会历史的笔者。回顾15年来的电信文学创作之路，不是我一个人的孤寂之路，众多朋友与我一路同行，路上的风雨化为彩虹，赤橙黄绿青蓝紫，写满我对他们深深的感谢。

辽宁沈阳陈国经、尤喜绵、陈嘉、迟海燕，是他们无私的资助了我在2000年完成了第一本长篇小说《秋霄落雁女儿情》的出版，从此，我踏上了文学创作的道路。

在创作电信文学的道路上，《上海邮电经济》主编高仰止、史志办主任王里备的极大帮助，已是耄耋之年的他们，为我的文稿谨慎把关，尽心尽力；上海市通信管理局李振坤，原上海市长途电信局党委书记陈鸿生，上海移动通信公司郑杰、张新康、张志强、路长南、余杰、范伯圉等领导以及杨勇、成婕和我工作过的圆明园路营业厅、九江路营业厅的同事们，上海邮政局沈丽华，上海电信公司新闻中心胡宝平、杨锡高，长途无线部史志办阮光曙等都给予我支持和帮助，使我从电信员工成长为中国作家。2011年，上海电信公司张维华、花锐强等领导邀请我参与编写《上海电信史》，在这个为时一年半的集体写作中，我有幸与吴林、沈继达、季均贤组成第二卷编写小组，是他们帮助我学会了规范写史，使我得以在完成《上海电信史》的写作后，创作本部《中国通信史》。

在本套丛书的写作过程中，给予我帮助的有关领导和同仁有：信息产业部规划司综合调控处李乃苓、张明钟，工业和信息化部外事司唐子才，港澳台办刘子平，国际合作司罗俊章，离退休工部局陈红雨，中国移动研究院谷伟，中国工程院位鑫、范桂梅、王迪，中国人民解放军总参谋部信息化部编研室靳军民、张进，西藏自治区通信管理局洛桑、扎顿，中国网通北京分公司博物馆刘殿义，中国电信公司宋桂香、廖鸿翔，原邮电电信总局高晓月，河北秦皇岛移动通信公司张肖山，天津移动通信公司王河，山西移动通信公司王峰，浙江移动通信公司王晓征、马守武，贵州移动通信公司张明龙，四川移动通信公司姚晓敏、彭薇，江苏徐州移动通信公司耿静，唐山电信公司王淑华，柳州电信公司郑波、李柳群、林秀云、刘桂秋，上海空军某部文职干部、原柳州市邮电局长途台话务员孙安琳，桂林市邮电局长途台杨祯、陈安娣……

在本套丛书的写作过程中，我还得到了许多专家、学者以及曾经是我的朋友，也是电信客户的帮助：中国现代文学馆首任馆长舒乙，中华文化发展促进会辛旗、杨为华，中央电视台曹东，新华社王云辉，上海电视台冯乔，上海市台湾事务办公室张伟栋、邓一飞，上海市民委特聘专家安俭，华东师范大学教授田兆元，上海外语学院教授那传林，复旦大学民族研究中心纳日碧力戈，上海知青张刚、王杰、吴延海、娄曙光、刘惠明、朱和平、龚招娣、邹农、胡晓岚、陆亚平、侯大根以及许多与我同一年代的知青朋友，他们与我一起分享了青春岁月的电信故事。

给予我帮助的还有台湾企业家、摄影家冯台源，台湾"百年师铎奖"获得者江格宗、张丽芬，他们帮助寻找和提供台湾地区电信历史资料，使我能够比较完整地叙写台湾地区的电信往事。他们给予我的友情和帮助，是海峡两岸同胞血脉情深之文化本根的再现和延续……

给予我帮助的还有丹麦驻中国大使馆文化处、丹麦大北欧公司博物馆、管理史温生先生墓地的丹麦有关当局，还有丹麦社会活动家鄢爱华女士（Aihua Yan），她与丹麦朋友一起帮助查找和翻译大北欧电报公司、丹麦实业家泰特捷（C. F. Titgen）、丹麦大北电报公司经理史温生（E. Suenson）的图片和历史资料，使本书得以完整叙写丹麦大北电报公司水线敷设至中国乃至亚洲之全过程，也完善了中国电文明信息开源历史的人文记录。

编写本套丛书需要阅读大量的历史资料，为我提供通信历史档案资料的档案馆有：上海电信公司档案馆、上海移动公司档案室、北京邮政档案馆、中国第一历史档案馆、中国第二历史档案馆、复旦大学图书馆、上海图书馆、成都市档案馆、河南大学图书馆……

感谢之余，我的心中充满着感伤。一套四本，百余万字的《中国通信史》，是我文学创作生涯中艰难的一次创作。在创作过程中，远在柳州的父亲白永胜、母亲高秀坤，已是八旬高龄，2012年10月，父亲在不慎从楼梯上摔下，肋骨骨折，脑震荡入院抢救之时，母亲心脏病住院之刻，他们的内心是多么希望我回到他们的身边，然而，由于我时在创作《上海电信史》，为了让我能安心创作，年迈的父母为家人定下的原则是非到万不得已不许告诉我。在这个原则下，爸爸和妈妈与照顾他们的我的弟弟、弟媳妇，编造了一个个善意的说辞，总是在电话中告诉我他们一切都好，家中一切都好；当我回到家中得知此事后，不由得潸然泪下，为了女儿心中对电信文学如此挚爱的心愿，他们冒着也许是我和他们都人生永远的遗憾，而奉献出如此浩瀚的大爱，怎能不让我每每想到此事而心怀愧疚和感恩？！感伤？！此世终生，感恩父母与家人。

感激我亲爱的夫君侯国华给了真挚的爱情，与我共同营造了我们温暖的家。我与夫君因电话而跨越万里，结缘相识于桂林，耳鬓厮磨，真情相爱，共同养育了儿子，有了一个温暖的家。为支持我的电信文学创作，夫君承担了所有的家务，给我以时间走北往南，探访高山上的移动铁塔，寻访偏僻山村的电信服务点，倾听同事们讲述亲身经历的电信故事，汲取电信文学的营养，得以在巨大的时空中，脚踏实地，一心文学创作。在本书的创作期间，夫君在患重病两次大手术尚未痊愈之时，进行一次次的化疗之后，仍帮助我整理资料，此夫妻之爱比山高，比海深，时时回

后 记

荡在我脑海中，让我终生难报；感激我亲爱的儿子侯超斌，儿媳孙燕，他们为本书的排版做了大量的工作。感谢我的亲家孙伟建、黄晓芬夫妇，在本书定稿修改时，逢两个孩子婚期，他们承担了全部的准备工作，使我得以专注改稿。《中国通信史》一书，是我们全家人共同的心血、坚韧的毅力和坚持所成就。

岁月悠悠，一套四本的书稿历16年而写就，何时能够付梓刊印？大千世界，人海茫茫，人与人的相遇，尽管在现实世界里是远隔千山万水，然而互联网的世界却是一线相连。感激2014年的春天，一个电话，一条微信，一个QQ，连起我与北京京邮电大学出版社社长代根兴、副社长白长清、编辑陈岚岚共同的心愿——齐心协力，精心编撰出版中国第一本《中国通信史》。在本书创作期间，他们以"面向信息与通信院校、面向信息产业、面向社会大众"的使命感，筹划申报工作，使本套丛书荣誉申报为国家"十二五"重点规划图书项目，并在中国通信科技进入后工业4.0时代之际开始了本套丛书的编校和出版准备。如此竭力扶持，让我时时心怀感激，也更让我珍惜这共同的知遇之缘，认真负责地做好写作工作。

翻开本书，一段段章节让我落泪涟涟，那是多少电信人平凡的生命经历？一个个字句让我感慨回望，那是多少电信人赤诚的报国情怀？一张张照片让我心怀崇敬，那是多少电信人永远的职业记忆？我能够以心、以笔敬写他们一个半世纪所走过的道路，我感恩上苍赐予我如此的职业生命经历，感恩能在这一生中唯一的职业生命经历中与他们同行。

《中国通信史》的正式出版，让我写电信文学之梦成为现实。感激欣喜之余，作为本书作者，深感百年中国通信史，其浩瀚，其深厚，让我为之高山仰止，也让我诚惶诚恐，我的沧海拾珠，我的山中寻宝，肯定会有遗落，也会有叙述之误，我真诚地期待专家、读者和同仁对本书的不足之处进行指正。在今后的日子里，我将继续在电信文学的田野上耕耘，把心中的感谢化为文字的果实，奉献给我为之服务终生的电信事业，奉献给读者和信息通信业界同仁……

2016年5月17日